天下‧文化
BELIEVE IN READING

科學文化 BCS233

AI科學家
李飛飛的
視界之旅

THE
WORLDS
I SEE

Curiosity, Exploration,
and Discovery at the Dawn of AI

李飛飛 Fei-Fei Li———著　　廖月娟、林俊宏———譯

感謝我的父母，他們勇敢面對黑暗，
使我能看見光明。

感謝薩貝拉一家，在我漂流異地時，
慷慨點亮了一盞燈。

感謝西爾維奧，以智慧、耐心、堅強，
照耀我的人生旅途。

感謝我的孩子們，在我的世界裡，
你們永遠是最亮的光芒。

◦ 目次

賦 AI 以人性

李飛飛

2023 年 3 月，我曾到臺灣參與「AI 進行式—技術展望與產業應用論壇」，並和作家龍應台有一場「AI 需要人文素養？」跨界對談。論壇後，我又南下花蓮，有幸與近千位臺東的中學生們見面，共同討論 AI 的發展與未來。臺灣各界人士的熱情與對 AI 的關切，讓我印象非常深刻。當時我正在寫作本書，一本寫給大眾如何理解 AI 的科普書籍。很高興這本書能以中文和英文兩個版本同步出版，正如我生命中經歷了自己和他人、學術和工作上的種種不同世界，AI 不只是科學發展，同時也須有人文關懷。

或許您會好奇，為什麼我在書中著重探討 AI 技術與人文倫理？人類在發展 AI 的科學進程，是一條長達半世紀的漫長科研路，我和研究夥伴們幾乎用盡生命的一切，在成就與失落之間擺盪與前行，逐漸闖出一條新的路徑。AI 做為工具十分強大，它跟我們過去發明的所有工具一

樣，對人類而言是一把雙刃劍——用得好，便能改善我們的生活和工作；用得不好，便會帶來有意或無意的傷害。關鍵在於人。創造 AI 的是人，使用 AI 的是人，所以應當管理 AI 的也是人。正如書裡寫到，2018 年我在美國國會聽證會上回應了社會對 AI 的擔憂，而我在聽證會結束後，覺得 AI 已然成為所有人的責任。

此刻讀這本書的您，可能是學生、老師、程式設計師、專案主持人、醫生、律師、企業家……，我希望您能明白什麼是 AI，儘管它是一門新科學，但已逐漸深入我們的日常生活，衝擊某些產業，而且發展愈來愈快。未來是深具挑戰的時代，我們須隨時將人性放在心中，讓 AI 的應用能以人為本。

本書最初只打算介紹 AI 這個熱門議題，討論其發展史，並試圖澄清大眾對於 AI 的部分誤解。第一個版本後，一位亦師亦友的朋友建議我用自己獨特的經歷和視角，寫下我自身成長與 AI 發展息息相關的故事。本書的主題其實關於好奇與探索、堅持與信念。我把這樣的追逐稱為「北極星」。對我來說，這一切最初來自父親與母親的言教與身教，他們是我生命中第一顆北極星，默默掛在看似不遠的天際，明亮了我在科學與人文的路途上；驀然回首那些年對 AI 的困惑與追尋，那源自我心中的好奇心

與勇氣，是他們給我最好的禮物。

我能在新的國度追尋夢想，在不同階段的生命夜空中，總有北極星現身遠方，引領著我，這一份感激之情，是我寫作的動力，也是我「AI 應以人為本」主張的根源。

我希望能以自身做為範例，鼓勵您保有與生俱來的好奇心，那是人類探索世界最根本的動力；也希望看這本書的您能發現自己的「北極星」，鼓起勇氣堅定追尋夢想。

附帶一提的是，儘管達特茅斯學院研究計畫書中首次提及的「Artificial Intelligence」一詞，原本是希望讓機器能使用語言、具有抽象思維、形成概念，進一步取得人類的認知能力，在臺灣常翻譯成「人工智慧」。但在目前這個時期，並不足以「人工智慧」的中文意義來表達現在 AI 所能做的事，且易引起不必要的恐懼。所以，本書將譯 AI 為「人工智能」。AI 目前仍與人類的智慧有相當大的差距，它們雖然能高速運算，但若因此認為 AI 已達到某種智慧程度，那可能太過抬舉而不符現實。

我們對 AI 仍有期許，期待 AI 能協助人類應付現有的挑戰，希望您能一同探索 AI 的發展，關注 AI 的未來，確保 AI 的應用能帶來正向的影響。

第 **1** 章

如坐針氈

　　飯店大廳樸實簡約。畢竟，地點近就夠了，奢華體驗並不重要。這裡的氣氛悠閒舒適，客人與禮賓部的服務生輕聲交談，行李箱的輪子骨碌骨碌地滑過地面，玻璃門嗖嗖地開合。但我焦慮不安，我的鞋跟摩擦薄薄的地毯，發出急促的節奏，似乎反映出我的心情。身為一直在學院裡做研究的科學家，我即將前往美國國會眾議院，就人工智能議題，在科學與太空暨科技委員會舉行的聽證會上作

證，我想，緊張是難免的。我搭紅眼航班從西岸過來，整晚幾乎完全沒闔眼。再過幾個小時就要上臺，我緊張兮兮地排練，一遍、一遍、又一遍。這天是 2018 年 6 月 26 日，我在國會的聽證會進入最後倒數計時。

一走出飯店就看見蒼白的晨光。街道兩側都是密密麻麻的聯邦辦公大樓，線條粗獷、單調，與我習慣的加州景象大不相同。加州到處是整齊劃一的房子和時尚的辦公園區，以及偶爾冒出來的西班牙修道院風格建築；首都華盛頓則流露出濃厚的歷史感，連石材都有更沉重、更古老的氛圍。

我想起第一次來到華盛頓的時候。那時，我還沒開始研究人工智能，甚至還沒踏入學術圈，更沒去過矽谷，移民這個身分，像牢籠，把我與這個世界隔離起來。對入不敷出、英語能力極其有限的家庭來說，旅行簡直跟登天一樣難；所有的活動大多可分為兩類——不是「免費」，就是「貴死了」；第二語言像霧霾，籠罩一切，似乎永遠不會消散。儘管如此，去國家航空太空博物館（National Air and Space Museum）參觀的印象依然在我的記憶中閃閃發光。數百件驚人的展品，例如火箭、飛機、太空梭等，都是原物展出或是備用機型，展現宏大、壯觀的航空史，震懾我的感官，點燃我的想像力。即使當時的我只是個活在

社會邊緣的少女，但我心中已有個炙熱的願望：我想活在科學世界裡。

多年後，我發現自己正朝向那個世界的最遠端前進。這是年少的我始料未及的。但我前進的方向不是航空科學，而是大腦科學——研究尚在萌芽階段的智能機器。在我的職業生涯，近十年才出現所謂的「深度學習」，這種劃時代技術開始創造歷史時，AI（人工智能）成了驚天動地的大事。

雖然經歷半個多世紀，AI 的先決條件才逐漸湊齊（演算法的演化、大規模數據和原始計算能力這些條件，全在 2010 年代初期誕生，並匯聚到一起），只經過四、五年的光景，已掀起驚濤巨浪，改變世界。這股狂潮使企業脫胎換骨，吸引數十億美元的投資，從產業分析師、政治評論員到哲學家，似乎在一夜之間，每一個人都爭先恐後地想要了解，何以一個學術小眾領域會成為全球變革的力量。不出意外的話，AI 發展的神速、影響範圍之大，可說是前所未見，值得立法者關注，如我即將面對的眾議員。

當然，事情沒那麼單純。在短短幾年內，記者、倡導團體甚至政府，日益憂心科技產業過熱。媒體關注報導歧視性演算法會帶來的禍害，對失去大量工作位置的恐懼，以及對影像監控的疑慮，致使公眾對 AI 的看法趨向負

面。就科技發展而言，這種現象實屬罕見。

　　幾個月前，我在《紐約時報》發表的一篇專欄文章中簡要地分析這些衝突。儘管文章只有 800 字左右，我盡力平衡我對這個研究領域未來的興奮和批評人士提出的種種合理憂慮。我寫道，AI 之所以令人不安，是因為對發展這個技術的動機有疑慮：它對臉部識別應用和目標式廣告的普遍使用將對這個世界帶來什麼真正的影響？但如果我們能擴大 AI 的願景，**確實**納入其對人類和社群的正面影響（假使我們對成功的定義包括這些內容），我相信 AI 可以改變世界，讓世界變得更好。現在，我依然秉持這樣的信念。

　　這種對未來的信念似乎是我受邀作證的原因。我最近與人共同創立了人工智能普及計畫（AI4ALL），這是一個教育型的非營利組織，目的在使 STEM 課程（科學、技術、工程和數學）有更大的包容力，開放大學實驗室給高中學生，尤其是女生、有色人種及其他弱勢群體，使他們免費獲得 AI 訓練等資源。其實，眾議院科學與太空暨科技委員會請我參與這場聽證會，正是著眼於我在 AI 領域多元化所做的努力。有鑑於此次的議題很複雜，充滿爭論，像我這樣的一個科學家能讓人聯想到包容力與多元化，也是可喜可賀之事。

　　我加快步伐。國會大廈已在我的視野中央。這棟古色古香的建築和照片一樣宏偉、壯觀，我實在不敢相信這個地標就是我的目的地。然而，我倒是注意到一點，青少年時期旅行時，我總是地圖不離手，但此行我卻一張紙本地圖都沒有──這提醒我，這十幾年來，智慧型手機已改變了我們的日常生活，包括旅遊。只不過，智慧型手機也開始顯現其負面作用。因此，對一個來自科技世界的代表來說，在 2018 年這個時間點要宣揚以人為本的樂觀訊息，可說是艱困的挑戰。

　　無論如何，我那篇專欄文章剛好出現在「科技抵制潮」如火如荼之時；愈來愈多人認為矽谷野心太大，甚至已到了極端，顯現出掠奪的個性。對像我這樣一個不怎麼知名的學者來說，這種爭議似乎有好幾光年那麼遙遠──至少在我職業生涯的其他時候是如此。然而，就在十個月前，我向我任教的史丹佛大學請了二十一個月的進修假，並利用這段假期擔任 Google Cloud 人工智能首席科學家，導致我剛好落到本次巨變的漩渦之中。除了我協助父母經營過的洗衣店，Google 是我的第一個非學術機構的雇主，再過幾個月我就要回史丹佛大學任教。不過，專欄刊出當天下午，局勢並沒有改變。

　　矛盾的是，我一方面擔心被誤認為是科技產業的「圈

內人」，另一方面幾十年來，我在主流社會則常被認為是
「局外人」。我跟很多移民一樣，覺得我的人生充滿文化差
異所帶來從隱形到顯然的束縛。我每天大部分時間都在說
第二語言，很少講母語；我是一名女性，在被形容為「穿
著連帽運動衫的男人」主導的男性行業領域中工作。多年
來，我一直想搞清楚自己的身分定位，國會殿堂看來也不
是個能使我放鬆警戒的場所。

如果科學與太空暨科技委員是擔憂 AI 技術的未來，
那麼只加強了我們之間的共同點。我確實也心存顧慮。一
直以來，我都對科學的力量抱持樂觀的態度，然而這幾年
的風風雨雨告訴我，守株待兔無法獲得樂觀主義的果實。
未來確實會光明璀璨，但不是靠運氣，而是必須一起透過
努力、付出心血才能得到的——只不過我們還不清楚要怎
麼做。

然而，當我往國會大廈前進時，我還有件心事。不到
二十四小時前，我還在帕羅奧圖一家醫院陪我母親。這幾
個禮拜我都在那裡。幾十年來，她多病纏身，有慢性病，
也有急症，最近一次發病，更是教人惶惶不安。其實，這
次在國會的書面證詞，我幾乎都是坐在加護病房外面一張
窄小的椅子上寫的，一個個身穿藍色手術服或白袍的人影
在我身邊閃過。我甚至用視訊參加了此次聽證會的準備會

議。我們在筆電螢幕上交談時，不時傳來勤務員的叫聲、醫院廣播、對講機和呼叫器的聲音。

我是獨生女，也是雙親唯一的經濟支柱，更不用說我得充當翻譯，把醫護人員說的英語翻譯成中文給我父母聽，我不得不懷疑飛到東岸的決定是否正確。然而，疾病無法減損一位移民母親的驕傲——來到這個國家二十多年，有機會看到自己的女兒在美國國會殿堂上發言，實在太難得了，怎麼可以錯過。在我的職業生涯，她一直不遺餘力地支持我，正如我所料，她很堅持，說我非去不可。

因為她的鼓勵，我決定飛到東岸，但鼓勵並不足以消除我的恐懼。萬一她最後還是需要我，該怎麼辦？打從在西岸登機到現在，我隨時都擔心會接到電話。如果，撇開科技、文化或政治等因素，離開母親根本就是個可怕的錯誤呢？

不久，我來到舉行聽證會的地點。一棟巨大、灰撲撲的建築映入眼簾，強行把我的思緒擱置一旁。這裡是雷本眾議院辦公大樓（Rayburn House Office Building）。這棟大樓俯瞰街對面的大草坪，儘管不像國會大廈的圓頂那樣具有標誌意義，依然忠實地表現出這個城市特有的新古典風格——自從我上第一堂美國公民課以來，這種風格就給我很深的印象。只要接近入口，就會發現那高聳的廊柱與三角

楣上雕刻的老鷹，跟整個建築物外觀一樣氣勢非凡。

　　進入大樓後，我穿過一道金屬雙開門，跟著訪客隊伍緩慢移動。登記、佩戴名牌、安檢。打從一開始匆匆忙忙訂機票和飯店、馬不停蹄地準備，以及想太多帶來的緊張和煩躁，這趟旋風般的行程此刻總算逐漸平息，但也提醒我，聽證會即將開始。我找了個地方坐下。從一早睜開眼到現在，我終於能放鬆下來呼一口氣。我伸長脖子，看著高聳的拱形天花板和懸掛在各個角落的國旗。這裡的大廳也展現出泱泱大國的氣派。

　　母親要我來是對的。我確信人工智能的未來取決於科學之外的機構，包括教育、行動主義，當然還有政府的支持。在矽谷看來，華盛頓特區似乎很古板，但政府機構的重要程度不下於全世界像史丹佛那樣的大學和 Google 那樣的企業。美國的建國理想崇高，儘管在近幾個世紀的實踐仍有不少缺陷，但這些理想似乎不只是為未來的科技建立了良好基礎，也為個人尊嚴、民意代表的內在價值打下扎實根基，並相信人類社會的發展最好由多數人來引導，而非少數人。

　　人工智能將由多個機構組成的聯盟來決定，包括公部門和私營企業，涵蓋技術（科技公司、研究機構）與哲學

領域（教育機構、哲學學術組織）；每每想到這一點，我的內心就澎湃不已。稍早，在路上，興奮的火花消弭了我的不安。此時，我注意到會議廳的入口已經開放，我忍不住想在聽證會占據我的注意力之前好好瞧瞧這個地方。我機警地左右張望，確定沒有問題，就邁開步子走了進去。

　　入內之後，我發覺這個會議廳莊嚴肅穆，有著大面落地窗、木質百葉簾和流蘇裝飾的窗簾。一排排觀眾席和記者席擠滿了整個空間，牆上掛了一幅幅政治家的肖像。主席臺是個加高、有著雕刻裝飾的檯子，座位上有軟墊，委員會的成員即將就座，他們的位子上都有麥克風和木刻名牌。會議廳中央有一張大桌子則是證人席，正等我入座。我看到我的名字「DR. LI」以中規中矩的新羅馬字體（Times New Roman）簡簡單單地印在白色的美國標準信紙上，塞進可以重複使用的塑膠立牌中。在這麼大的場合中居然能發現如此不起眼的東西，實在挺有趣，我已經不緊張了。

　　不久，窸窸窣窣的雜音打破寧靜，眾議員及其助理、媒體人士以及與我一起作證的官員、專家一一入場。此次出席的證人共三位，除了我之外，還有政府問責署

（Government Accountability Office）首席科學家柏森斯博士（Tim Persons），以及 OpenAI[1] 共同創始人暨技術長布洛克曼（Greg Brockman）——這家新創公司才剛成立。好戲即將登場。

我就座，然後做了幾個深呼吸。我感覺到第一波腎上腺素來襲，因此設法保持冷靜。我提醒自己：這裡不是我的課堂，這些人不是我的學生，我也不是來這裡講課的，我今天來到這裡，是為了分享一個想法。我像念咒一樣，不斷在腦中重複我要傳達的理念：**不管是在科學界或是在產業界，人工智能發展的動機非常重要，而且我相信動機必須要很明確，也就是以人類的利益為中心**。我努力把其他的一切抛在腦後——例如人工智能的黑暗面、科技抵制潮，有幾分鐘，我甚至不去想我母親的病情。我重新回到我要傳達的理念：**人工智能發展的動機非常重要……**

「科學與太空暨科技委員會的議程即將開始。」會議

1　譯注：OpenAI 是馬斯克（Elon Musk）、霍夫曼（Reid Hoffman）、奧特曼（Sam Altman）等人在 2015 年創立的人工智能研究實驗室。這個實驗室一開始曾經是非營利機構，研究目的是促進和發展友好的人工智能，使人類全體受益。微軟在 2019 年投資了 10 億美元，並決定在 2023 年進行第二筆為期數年、總計為 100 億美元的投資。

廳擴音系統最先傳出的這幾個字把我帶回當下。「各位早安，歡迎參加今天的聽證會。我們所要討論的題目是『人工智能：能力愈大，責任愈大』。」

我驅除內心的焦慮。不論有什麼在等著我，我確信一件事：人工智能科技有能力改變世界，讓整個世界變得更好。至於，我們究竟該怎麼做才能實現這樣的未來，此問題還沒有答案。儘管如此，顯然只有開始對話，我們才有機會找到答案。既然我已從西岸飛到東岸，離開我母親的病榻來到這裡，我就得把事情說清楚。

不管委員會今天的議程為何，我已漸漸明白我的目標。這裡坐滿了人，攝影機正在錄影，麥克風也已經開啟。幾分鐘後就是我職業生涯的關鍵時刻，我將在這個最重要的場合發表我的看法。會議的每一刻似乎都以慢動作在進行，從一個瞬間慢慢地轉移到下一個，我下定決心，要分享這一切：我的希望、我的恐懼、我的信念，以及我無法確知的事。我將毫無保留地說出來。一如既往，科學的力量使我們樂觀，但如果想真正安全、公平、持續不斷地駕馭這股力量，需要的不只是科學。

我相信我們的文明正來到科技革命的風口浪尖，這場革命將重塑我們熟悉的生活。然而，現有社會的基礎是人類用數千來的努力打造出來的，若是忽略這點，一味地

想要用這個世紀的創新來「顛覆」，將引發不可容忍的錯誤。這場革命必須好好根植於我們已有的基礎，必須尊重全球社群的集體尊嚴，而且要牢記我們的起源。別忘了我們只是普通的原始人物種，由於對自己的本質無比地著迷，從而產生不安分的想像力，企圖利用矽基技術來模擬或重新創造人類的本質、意識和智慧。因此，這場革命必須明確地以人為本。

二十多年前，我開始了決定我將成為何種人物的旅程。這條不可思議、令人費解的道路帶我飄洋過海，從中產階級到顛連窮困，然後從社會底層翻身，在長春藤名校任教，甚至進入矽谷大公司的董事會。我經歷的一切塑造我對人工智能科技的看法——令人興奮、充滿挑戰，也使人畏懼；我也知道接下來會如何發展。最重要的是，我花了二十年從中了解到人性在科技探索中扮演的關鍵角色。我確信科技的創新與發展將決定二十一世紀的走向。

第 2 章

追尋

　　枝繁葉茂的樹冠在我們頭頂高處搖曳，純粹的陰影環繞著一幅夜空畫卷。我和四散在附近的同學伸長脖子，目不轉睛地看著嚮導指出星座。我們聽得如痴如醉，安靜得連他那近乎耳語的話語聲似乎都能傳到下方的峽谷。每當一顆流星偷走了我們的注意力，一陣**哦**的驚嘆聲如浪潮，打在我們身上。

　　他說：「此刻，在我們頭頂上方的是牛郎和織女這對永恆的戀人。」我們不知道該怎麼回應，只是繼續凝視著上方。

「看到那邊了嗎？」他一邊問，一邊伸出食指，圈出幾顆閃亮的星星。「那是織女，編織雲霧的女神。織女星是天琴座最明亮的恆星，天文學家以 Vega 為之命名。而那是牛郎星 Altair，天鷹座最亮的星，代表凡間的牛郎。[2] 兩人的禁忌之戀觸怒天帝而被放逐到銀河的兩邊。」

我們在美術老師的帶領下到野外徒步旅行，已走了幾天。儘管山路崎嶇難行，但對喜愛冒險的十歲小孩來說，這趟旅程處處有驚喜，簡直是奢侈的享受。我們沒露營，而是在山上人家借宿。主人的熱情好客教我永生難忘。他們讓我們睡在溫暖的床鋪，用最原始的自然食材烹煮給我們吃，例如香噴噴的米飯、臘肉等令人懷念不已的絕讚美味。當地人把竹筒鑿空、連結起來，變成接水網路，蒐集來自高處、遠離工業汙染的清澈溪水。我還記得那水純淨得近乎甘甜。

「於是，織女和牛郎隔著銀河相望，看到那道星河了嗎？」他指著天空一道長長的、像雲層的朦朧光帶。「那就是我們的銀河系。」

在一個天空老是灰濛濛的地區，像這樣晴朗的夜晚實在非常難得，不但點燃我的好奇心，也激起我對大自然的

2　譯注：織女星的拉丁名「*Vega*」來自貝都因阿拉伯語，意思是「俯衝之鷹」，而牛郎星的拉丁名「*Altair*」也是來自阿拉伯語，意為「上升之鷹」。

迷戀。在我幼年的記憶裡，**感知**事物的純粹經驗教我深陷其中，無論感知的是哪一種事物，都能帶來難以用言語表達的體驗。不管我的目光停駐在哪裡，似乎總有新的東西在等我發現，帶來驚奇的火花，無論是植物的靜止狀態、昆蟲小心翼翼的腳步或是遠山深處的朦朧。我對這個世界還不大了解，然而我已知道這是一個值得探索的地方。

「啊，你們看——這是我的最愛。」

老師指著更高的地方。

「這七顆星就是北斗七星，狀似一根大杓子。現在，沿著這條線往上，」他指著右邊，「看到那顆明亮的星星了嗎？幾世紀以來，它可能是天空中最重要的一顆星星，也就是北極星。」

✦ ✧ ✦

我是獨生女，生於一個動盪的時代。幼小的我已感覺到家裡有一種未知和不安的氣氛。我察覺父母經常為了某些事情（或許是很多事情）苦惱。日子久了，遺憾和怨氣層層堆疊，新的不滿逐漸顯露，諸如未能實現的夢想、瀕臨崩潰的悔恨，以及揮之不去的感受：我們不屬於這裡，即使我們嘴裡稱這個地方為「家」。這是我逐漸拼湊出來的生活圖像——孩子總會這樣，自然而然地把聽來的對話和零碎的旁白串聯在一起。

我雖然在中國北京出生，卻是在千里之外的四川省省會成都長大。成都是母親名義上的娘家，因為他們是搬遷到這裡的「難民」。他們祖上本來住在杭州，離上海沿海地區不遠，在 1930 年代中日戰爭期間，和成千上萬的人一樣倉皇逃離慘遭戰火摧殘的家園。他們慶幸自己活了下來，但無法擺脫的顛沛流離依然影響到下一代。

外公回想起往日的生活，同樣不勝唏噓。他曾是前途無量的優等生，為了養家，不得不放棄學業，可多年後仍舊跳不出貧窮。幾十年來，他一直背負著壓力，這種負擔也傳給了他的子女。日後，我也被這種死寂、無言的感覺籠罩，那就是家鄉遠在他方──連生活本身也是如此沒有著落。

成都雖是個文化遺產豐富的古城，但我童年時的成都卻是一首反映蘇維埃中央計畫風格的頌賦，有著一圈又一圈同心圓的環狀道路，往郊外無限延伸。城市垂直發展，樓房設計一致，但高度不斷攀升，伸向常年籠罩在薄霧中、被周遭山脈包圍起來的溫暖天空。

建築密密麻麻地從地平線的一頭延伸到另一頭，壯觀卻呆板；這是個由圓形和長方形組成的世界，色調是一系列的灰和棕，規律地點綴著大紅色的宣傳海報，交織出一種獨特的工業風格。當然，仔細觀察狹窄的街道、低矮的屋頂、層層傾斜的瓦片、周圍的露天庭院和翠綠的景觀，

還是能發現整座城市的根源。況且，俯瞰便能看出明顯的趨勢。功利主義彷彿已提升到都市藝術層次，表面的素樸掩飾了一種尚在早期但毫不妥協的國家雄心。

但即使是在一個朝著 1980 年代現代化方向發展的國家，甚至是在一個努力擴張的城市，小孩子的世界觀本質上仍是狹隘的，就像以管窺天，只能從看到的蛛絲馬跡去揣想外面的世界。如果想看得更遠，眺望等待探索的邊境，還需要一種特殊的影響力。

＊　✦　＊

關於父親，我所能給的最高讚譽是：如果一個孩子能在完全沒有大人的監督下，為自己設計理想的父母，那他就是這樣的人──這同時也是最嚴厲的批評。他英俊瀟灑、乾淨體面，戴著一副牛角框眼鏡，跟自己身為電機工程師的職務相稱。他有一頭濃密的捲髮，給人的感覺像是一個年輕演員或是落魄詩人，然而這樣的外表卻掩蓋了他最突出的一個特質：啥事都不在乎，不在乎的極端程度可以用永遠保持青春少年之心來形容。他並非拒絕成人的責任，而是似乎真的無法感知那些責任，好像缺乏對他人來說自然而然具備的基本常識。他會異想天開，給自行車加上邊車，載著女兒穿越擁擠的街道；他夠大膽，從無到有打造這樣的一臺車，並且夠精明，知道怎麼做才會成功，

因此我可以經常跟著他去市區裡的公園或是鄉間。我們會在這些地方待好幾個小時，做他最喜歡的事，比如捕捉蝴蝶、觀察水牛懶散地在水田裡消磨時光，或是把野鼠或竹節蟲抓回家當寵物。

哪怕人家一眼看上去，也會發現我們之間不存在傳統的親子關係，因為他表現得更像我的同輩，而非父親。他並不在乎那些如何做父親的細節。雖然我看得出來他喜歡跟我一起出去玩，但從他對大自然的專注來看，不管他有沒有孩子，他都會渾然忘我地盯著眼前的東西，**就這樣**度過他的下午。不過，這也更加凸顯他的特質。他已不知不覺向我展現了最純粹的好奇心。

父親是個自然愛好者，不是專家，他帶我出去玩，並不是想教我什麼。然而這一次次出遊播下了哲學的種子，對我人生帶來最深遠的影響：給我一種永不滿足的渴望，想要去探索視野之外的地方。我因此知道，即使是在成都這樣一個由人行道和混凝土構成的迷宮，總有比眼前的一切更值得探索的東西。

在我出生時，父親扮演的角色最能體現他的性格——喜歡玩鬧，讓人惱火，經常衝動行事，但頭腦機靈。後來有人告訴我，母親生我那天，在產房痛得死去活來，我父親卻姍姍來遲。那時，我們一家還住在北京，她在離紫禁城不遠一家醫院的二樓分娩。我父親遲遲未到，不是因為

交通阻塞或突然有急事，而是一時興起，待在附近公園賞鳥，完全忘了時間。他有很多怪癖，其中之一是對文字遊戲情有獨鍾，這次事件讓他聯想到一個字，也就是「飛」，這個字是象形字，模擬鳥兒振翅起飛的樣子，自然而然把我取名為「飛飛」。

這個名字剛好是中性的，男女皆宜，可見他對性別這個文化基本概念漠不關心。由於「飛飛」這樣的名字並不常見，符合他與眾不同的品味。名字也是他身為父母的第一個貢獻，表現出真誠、溫柔的一面。儘管他那天的浪漫疏忽招來我母親的抱怨，她也喜歡和接受了這個名字。

如果我強烈的好奇心主要源自於父親，母親則引導了這好奇心的方向。她就像我父親，她自身與世界對她的期望有所矛盾，因而形塑了她的個性。只不過我父親是一個困在成人軀體中的孩子，而我母親則是被困在平庸生活裡的知識女性。母親天生具備強烈的意志力，加上她的祖母是晚清民初第一代上大學的女性，自然流有知識人的血統，所以從兒時開始，父母就要求她，不僅要學習，還要把知識運用在有原則的目標或行動。要成為世界的一部分，探索這個世界的每一個角落，並留下自己的印記。這股力量將她推向班上第一名的位置，將來她想唸哪一所大學似乎都不成問題。

可惜天不從人願，文化大革命爆發，在以階級鬥爭為綱的大時代，她不幸生於被鬥爭的階級——執政黨的對立面，被打敗的國民黨與我母親的家庭有關聯。儘管她自己的政治觀念尚未形成，出身還是讓她一生注定多苦多難。

母親就像偏見的受害者，以緩慢、不為人知的形式遭受挫敗。她不曾受到暴力威脅，也不曾被監禁，不曾與人密謀，也沒鬧過醜聞，可總是面臨難熬的景況——學校的老師、主任、校長總是有意無意地潑她冷水，提醒她，就算她成績再好，也上不了最好的學校。他們的否定無所不在，令人窒息，像是一種病症，讓她從少女時期到成年都不好受；所以不只是我外公飽受委屈，他的下一代負擔更加沉重。我母親的活力與熱情因此產生質變，雖然和我父親一樣好奇心強烈，卻缺乏天真，總是咄咄逼人、言辭尖刻。命運使母親永遠對束縛和禮教規範嗤之以鼻，只不過她天生麗質，上鏡頭，有著突出的顴骨和水靈靈的眼睛，能以美麗的外貌掩飾了骨子裡的叛逆。

歲月流轉，母親的挫折感與日俱增，她的博學被一種簡單、更原始的東西掩蓋——她想逃。這種欲望在她內心燃燒，使她緊張兮兮，變得更不耐煩，也很難相信別人。無論她想的是逃離工作環境、她的國家，還是她的世紀，她相信，她的前途在別的地方等待著她。同時，她感覺自己永遠無法平靜下來，只能等待時機，直到眼前出現一條

道路，通往未知的地平線。她知道這將是漫長的等待。

　　她只剩下想像力可以無拘無束、無遠弗屆，因此從小就窩在書堆。書成了她的窗口，讓她窺看無法觸及的地方、生活和時代。就像父親熱情地帶我探索大自然，母親熱切地與我分享她對書的熱愛。她樂意把書放在我手中，任何書都好，書中的歷險愈是曲折幻妙，她的熱情就愈有感染力。因此，儘管我對魯迅的書或是《道德經》等道家經書並不陌生，我對西方經典作品的中譯本更是愛不釋手，例如《第二性》、《雙城記》、《老人與海》和《基度山恩仇記》等。

　　一開始，我不明白是什麼驅使母親想要逃離，但我讀得愈多，愈跟她一樣，熱愛想像遙遠的世界。即使我讀完一本書的最後幾個字，把書闔上，書裡的故事依然在我腦中盤旋，就像另一個現實，與我所生活的現實相互競爭。不管走路上學、騎車到公園，或是去雜貨店買東西，書中世界就像萬花筒，疊加在我看到的日常生活之上，例如狄更斯描寫的英國鵝卵石街道、海明威描繪的驚濤駭浪，以及大仲馬筆下歐洲海岸的浪漫冒險。每一抹敘事色彩都讓我覺得自己與眾不同，似乎母親為我拉開某種祕密帷幕，讓我看到我根本想像不到的種種可能。對一個喜歡孤獨、思索的少女來說，每一本書都是無可抗拒的邀請。

　　無可否認，我父母是對尷尬的組合，兩人個性之間有著一種岌岌可危的平衡，有如雙人舞。父親的古怪中藏著一絲真正的創造力，而母親樂於在家庭生活中運用這樣的創造力，可以視為一種間接的讚美。當然，他們之間的化學反應仍不穩定，母親老是對父親做的東西吹毛求疵，或是父親有時失去耐心，雙方就會因此擦槍走火，爆發衝突。一旦事情過了，確定母親不在，聽不到我們講話時，父親常會跟我坦白，說我母親是他見過最聰明的人。

　　然而，他們婚姻的真正基礎是一種連結，除了他們自己，沒有人了解這種連結：兩人都對自己所處的社會體制灰心，儘管原因不同，他們還是成了一對叛逆的夥伴，甚至同謀。父親沒有事業心，只是熱愛大自然，他們的同輩多半汲汲於名利，想要飛黃騰達，母親則是對這種野心嗤之以鼻。

　　雖然母親也許會對人品頭論足，甚至抱有菁英的優越感，但母親的無所畏懼、藐視規範讓父親崇拜。他們的朋友為了奉承上司宴客，送禮巴結，喋喋不休地談論身分地位，我父母則高傲地坐在一旁——儘管他們的工作似乎只是為了餬口飯吃。父親其實在一家化學工廠的電腦部門工作，而母親本來是一名中學教師，後來改行，擔任辦公室行政人員。他們兩人的關係潛伏著無數的陷阱，卻也有值得稱道之處，儘管不多見但意味深長。

　　他們的婚姻並不傳統，教養方式理所當然一樣非正統。在一個注重培養孩子敬畏之心的社會裡，衡量成功的標準不是成績，而是守規矩、認真聽講，以及獲得師長的稱讚，但我父母不在乎這些，甚至不以為然。母親調整了當時的教養規範，並引以為傲；當然，她希望我努力學習，充分發揮自己的潛能，但不是為了任何人或任何事情。雖然她從未明白說出來，但我可以感覺到，她認為「模範生」和「社會楷模」這樣的觀念會讓人覺得自命不凡，不把別人放在眼裡。她告訴我，努力讀書不是為了老師，也不是為了某種意識型態，甚至不是為了某些抽象的原則，而是為了我自己。

　　儘管我父母的價值觀與社會主流大相逕庭，存在著文化斷層，但他們真的很愛我。兩人都努力持家──母親很有責任心，追求完美，而父親則漫不經心，恰好形成鮮明的對比。他們雖然經常鬥嘴，但母親很少拿我當出氣筒。就我們的關係而言，她知道如何把自己的精力導向有益的地方。她積極教導我、鼓勵我，讓我能堅強面對這個世界。她才開始學裁縫，就興致勃勃地幫我縫製了些款式簡單的帽子、洋裝和褲子──儘管這只是她的興趣、愛好，做工之精良仍是令人稱奇。

　　其實，對外界來說，我父母理念的區別幾乎無法察覺。不論從哪個角度來看，我們似乎都是中國新興中產階

級裡極為典型的一群人，大抵免於前一代人的物質匱乏，而且尚未被消費主義的旋風捲入。即使如此，如果把他們那溫文儒雅的外表解讀為屈服，甚至是冷漠，那就大錯特錯了；他們知道，變革，有歷史意義的變革，終會到來，而他們願意耐心等待。

✦ ✦ ✦

我們家在成都最外環的道路上，那是一個由三棟完全相同的高樓組成的社區，我們住在四樓。這裡是世界擴張的前沿，一邊是工業，另一邊是農業。我們這棟樓房和這個城市一樣是功能取向，外觀則是次要的。在現代人眼裡，這裡的日光燈和水泥地面看起來格外樸拙。雖然有愈來愈多家庭會在牆面塗油漆，加上仿木紋地板貼或彩色磁磚，利用裝潢來呈現個人風格，讓視覺感受沒那麼單調，不過蘇聯美學的影響是藏不住的。

除了父母，外公和外婆是我生命中最重要的人。每個禮拜天，我和父母會步行八百公尺左右到他們住的公寓。我們圍著一張圓桌吃飯，餐桌大小剛好容納全家人。外婆總會大展身手，為我們端上米飯、紅燒肉、蔥燒豆腐、如意十香菜等佳肴，教人食指大動。儘管這麼做巧妙地強化了我們外地人的身分，但去外婆家是我在一週中最開心的事。對四川人來說，我外婆家的菜具有沿海地區的外省風

味，濃郁、略帶甜味，與四川菜的鮮香爽辣大異其趣。直到今天，外婆家的菜仍是我最懷念的味道。對一個土生土長的成都女孩來說，這點頗不尋常。

奇怪的是，在我的童年記憶中，沒有爺爺、奶奶留下的痕跡。我知道爺爺在父親少年時就過世了，而奶奶一直跟姑姑住在北京，由於在戰火中成長，身心皆受到重創。但某方面來說，他們缺席也好，頗能吻合父親超凡脫俗的性格。一個作風完全不像父母的人，其實自己就沒有父母，這種無拘無束讓人感到一種詩意。

儘管如此，外公外婆給我的教養是我父母共同價值觀的延伸。儘管他們對我很好，很疼愛我，我從未認為這樣的溫柔代表他們不管我；他們同樣堅持原則，而且尊重我，首先把我當成一個人，其次才是一個女孩，他們和我父母一樣鼓勵我發揮自己的想像力，不像同一時代的人那樣重男輕女。他們跟母親一樣，買了很多書給我看，各種主題的書都有，包括海洋生物、機器人和中國神話。

我外公和外婆育有三女，沒生兒子，而三個女兒都固執己見、意志堅定，所以在我出生之前，這個家庭已沒有大男人主義施展的餘地。表弟（首位男孫）出生之後，我也從未懷疑他們對我的愛變少。我長大成人之後，才知道外面的世界可能複雜得多。

我在成都上學時，學校的一切都是繞著學生轉的。每一個學生都坐在固定的座位上，從清晨一直到下午，老師則輪流到各個教室講課。我們的學習天賦才剛展露，師長就看到了，然後透過有組織、有系統的方式加以培養。至少在一開始，天賦的性別屬性並不重要。即使我們還是孩子，我也能明顯感覺到老師真的關心我們的成長。他們一直認真地指導我們，除了我父母和外公外婆，他們似乎是最先在我的未來投注心血的人。

我們學習的內容廣泛，也很有趣，數學、科學與人文學科相輔相成，從地理的詳細研究到古詩，乃至跨越千年的歷史。例如，我得知自己所在的城市是中國歷史上三國時期蜀漢的國都，不禁覺得驚奇。我發覺我的知識世界漸漸擴大，學校延伸了母親與我分享的書籍和父親引領我去探索的大自然。

然而，這段滿足時光在一個下午戛然而止。在我小學快畢業時，一個平凡無奇的日子，老師在放學前提出一個很不尋常的要求。她讓女生先回家，要男生留在座位上。因為好奇，我躲在門外，偷聽老師說什麼。我永遠忘不了她說的這一番話。

「我讓女生先走，是因為我有話要對你們說。你們的成績慘不忍睹。你們是男生，天生比女生聰明。數學和科學應該是你們拿手的科目，但你們的平均成績卻比女生

低。這是沒有任何藉口可以開脫的。今天，你們真是讓我失望透頂。」

然而，或許老師覺得這些男生也需要一點鼓勵的話，她的語氣似乎在最後緩和了。

「但是，我不願看到你們失去希望。等你們再長大一點，就會發現女生自然會變得愈來愈笨。她們的潛力會消退，分數也會下降。儘管如此，我還是希望你們能更加努力，發揮男生的潛能，不能輸給女生。明白了嗎？」

過了一會兒，這些話語才激發我真正的反應。同時，我心中生出很多問題：老師真的認為男生天生比較聰明嗎？女生自然而然會**變笨**？所有的老師都是這樣看我嗎？他們一直都這麼想嗎？可說這些話的竟然是……一個女人，這該如何解釋？

然後，又過了一會兒，這些問題被一種新的感覺推到一邊。那種感覺既沉重又尖銳，從我的內心爬升出來，而我甚至不知道我內心有這麼一個地方。我不是氣餒，也沒被冒犯，可我就是憤怒。這種怒氣我並不熟悉，但的的確確是我自己的憤慨，它像一把靜靜燃燒的火，而我曾在母親身上見過。

隨著時間推移，我開始了解，外面的世界和家裡不一樣，可不像我父母那樣開放、包容。大多數的跡象都很微妙，甚至是無形的，例如我隱隱約約感覺到，在數學和科

學方面，老師比較會鼓勵男生。還有一些則是公開、毫無掩飾的。比方說我曾自願參加一年級足球比賽，明明我要加入的是「校隊」，不是「男子隊」，但師長直截了當地告訴我，女生不能參賽。

老師的話讓我震驚，但我並沒有灰心。他們愈是輕視女生，我的信念愈是堅定：無論受到什麼樣的阻礙，我得跳脫井底之蛙的視野，想像更廣闊的世界。現在，我不只是想看得更遠，還想走得更遠。如果數學和科學等領域是男生的主場，就這樣吧。反正這不是足球，他們無法阻止我參賽，而我決心要贏。

後來，我進入一所吸引全市資優生的重點學校。說什麼女生學業成績比不上男生以及種種對女生的偏見都教我不屑。儘管在同輩眼裡，我已經成了「男人婆」，但那個老師的話依然在我記憶中迴盪。我的行為表現在別人看起來是怪癖，其實那也是我個人使命的體現。我頭髮剪得很短，拒絕穿裙子，我的興趣更是讓人跌破眼鏡，我特別關注航太科學、超音速飛機的設計，甚至像幽浮這類的超自然話題。

就像青少年傾向把生活看成一齣鬧劇，我認為我獨自一人在孤軍奮戰，反抗中國的性別規範。我習慣和一群男生混在一起。我們常一起騎自行車、打打鬧鬧。我們對校

園八卦沒興趣，比較喜歡聊戰鬥機，他們似乎不在意我不像一般女孩。然而，不管我有多麼厭倦，我知道，父母總站在我這邊。

我父親喜歡巧妙地搞怪，而我們共同的基因造就了這項注定「與眾不同」的傳統——因為遺傳到父親的關係，我是班上唯一的捲髮女生。父親總是在找機會表達自己立場，在愚蠢和顛覆之間遊走。還記得小學時，有一次舉行全校運動會，學校要求家長為自己的孩子準備領尖釘有鈕扣的白襯衫。我父親仔細研究老師發的通知單，臉上浮現一抹調皮的微笑。結果，運動會那天，我的捲髮不再是我唯一的標誌，我的彩虹領扣在一片白當中格外顯眼。

然而，我母親的作風可不像父親那樣調皮。如果父親是搗蛋者，那母親就是保護者。一旦母親發現她或**我們**的價值觀受到質疑，她就會毫不猶豫地挺身而出。她就曾讓我的一個中學老師碰釘子。

「飛飛確實是個聰明的孩子，但我擔心她對自己的前途不夠上心。例如，現在得趕緊準備期末考，不能再拖了。我經常要求每一個學生跟班上同學分享他們正在閱讀的書。大多數學生讀的是課本、學習手冊，或是學校指定閱讀書目，並分享心得。然而，飛飛這個禮拜讀的東西讓我擔心……」

「我女兒從小就愛看書。」我母親插嘴道，毫不掩飾她

的輕蔑。

「噢，當然。她讀的書肯定比班上任何一個同學都要來得多⋯⋯」

「所以，有問題嗎？」

老師嘆了一口氣。顯然，她沒想過會碰到這麼難纏的家長。

「問題出在她讀的書。她怎麼在讀《生命中不能承受之輕》？還有勃朗特姊妹的小說？還有，她訂的雜誌⋯⋯都是海洋生物、戰鬥機、幽浮之類的。她應該先讀反映課程價值和思想的文學作品。」

「是嗎？然後呢？」

在接下來的靜默裡，我坐在母親身旁。我血液中流淌著喜悅，但我努力克制自己，不喜形於色。這種緊張對峙又持續了一、兩分鐘，接著老師傾身向前，做最後的努力。她的聲音多了一分嚴厲。

「我就老實跟您說吧，您的女兒也許很聰明，但她班上有**很多**聰明的學生。所以說，聰明才智只是成功的一個因素，另一個因素是紀律，必須放下個人興趣，專注於對未來最有用的學習。」

我不知道我母親接下來說的話是不是在回應老師。她低著頭，聲音比之前更輕柔。「這是飛飛要的嗎？我希望她這麼做嗎？」

「您指的是?」老師靠過來,顯然和我一樣困惑。

我母親無聲地嘆了口氣,看著老師,臉上恢復堅定的表情。然而,她也只能這樣。該說的,她都說了。她站起來,對老師說聲謝謝,並向我示意我們得走了。

她快步走,我努力追上。「飛飛啊,也許我把你教得太好了,」她無奈地說,「你和我一樣,都不屬於這裡。」

✦　✦　✦

1989 年,一切都變了樣。

首先,學校開始停課。我們本來以為只是停個幾天,結果愈來愈久。沒有人告訴我們為什麼,讓人更加困惑。學校終於復課時,我們發現老師的態度變了。每天,不管上什麼課,都暗示我們要愛國,不只是國文課、歷史課、公民課,就連上數學課和科學課,也都不斷灌輸愛國思想給我們。

更奇怪的是,學校和家裡的生活形成鮮明的對比,我父母變得神祕兮兮,用隱晦的言辭窸窸窣窣地談著即將到來的某件事,看起來既恐懼又興奮。父親似乎不像平常那樣吊兒郎當,母親好像懷抱著一種新的希望。無論我對政治有多少了解(其實,那個年紀的我對政治所知甚少),我知道我父母跟其他人的想法不一樣。這是否和這種奇怪的新現象有關?不管發生什麼,已超過一個十二歲少女的

認知範圍。但有一點很清楚──這個世界比我知道的要複雜得多。

然後，在某個本來生氣蓬勃的夏日，我們家突然變得死氣沉沉，歡樂突然消失得無影無蹤。以朋友家的標準來看，我們家可說是異常的坦率、民主，但這樣的開放被一反常態的閉門談話取代──而且是刻意把我排除在外。家裡的氣氛變得非常嚴肅，但這不足以打消我窺探的念頭。深夜，我躡手躡腳地在門外豎起耳朵偷聽，依稀聽到這樣的隻字片語：教育……機會……自由……讓她過更好的生活。我也一再聽到我的名字。這樣的父母讓我覺得好陌生。我溜回床上時，只是更加困惑。

「飛飛，我們有話要跟你說。」

總算要打開天窗說亮話了。我們圍著餐桌坐下──這裡過去一直是我們家「民主」精神展現的地方。

「你父親要離開一陣子。他要去美國。」

此刻，我的大腦變得一片空白。太多問題湧上心頭，教我一時之間不知從何問起。他們從我驚愕的目光看到大大的問號，於是為我解釋：這個決定其實只是第一步，還有更大的計畫。我很快就了解，這是我母親一手策劃的，第一階段是我父親先去美國工作，尋找一個可以落腳的地方。在隨後不久的第二階段，我們會去美國跟他會合。

我頭暈目眩，覺得莫名其妙，沒想到事情發生得這麼快，讓我難以置信。我的世界突然天翻地覆，而且似乎沒有人在乎我有什麼想法。在短短幾週內，父親就遠渡重洋。我從出生開始就熟悉的家庭生活就此少了三分之一。一切都變得不一樣。

直到長大成人，我才了解父親一人去美國奮鬥需要多大的勇氣。當時，我只是個小女孩，當然一無所知。他留下來的世界開始枯萎，我失去了視角，更別提毅力。他的遠離對我來說，無異於遺棄。與此同時，母親慢慢被一種似乎不同尋常的陰鬱籠罩。她愈來愈無精打采，需要休息的時間愈來愈長，而她的倔強漸漸轉為無助。我覺得很不對勁。

我也在改變，即將進入青春期。每天醒來，我發覺自己因處於一個單親家庭而困惑不已。我不明白為什麼會變成這樣。我的情緒變化也使家人受到影響。母親於是身兼父職，盡力扮演好這兩個角色。她曉得我因處於青春期，情緒起伏不定，愈來愈需要發洩，因此總是耐心地聽我傾訴。但這不能替代一個完整的家庭。我無法擺脫這種感覺：父親和母親在我之外追尋某種莫名其妙的夢想。

更糟的是，這個計畫的第二階段，也就是母親和我去美國與父親相聚，由於兩國移民官僚作業程序問題一延再

延。雖然我父親很幸運，很快就取得簽證，可我們的簽證卻一直辦不下來。三年多後，我們一家才團圓。

在這段等待期間，我成績退步。七年級的時候，我第一次上物理課。一想到可以把我的技能運用在一門新學科，我就興奮不已。但打從第一天開始，我就碰到困難。我的直覺觸礁，無法像上數學課那樣得心應手，無論我怎麼努力，還是一再碰壁。即使是最簡單的力與速度等基本概念，我都無法領會。經過一年的挫敗，我帶著受傷的自尊與下滑的成績蹣跚地跨越終點線。

是父親離去帶給我的心理創傷？還是我對母親莫名的衰弱愈來愈焦慮？或者，我小學老師說的沒錯？女生在數理方面的天分的確不如男生——想到這一點，我就覺得胃在翻騰。最糟的是，我得不到答案。這比成績不好更令人心焦。

又一個夏天即將來臨。我通常勇於接受挑戰，討厭退縮，但這一年來飽嘗挫折加上失去父母的支持，讓我心灰意冷。這是我有生以來感覺最低落的時候。我有兩個選擇：一是利用暑假好好休息，另一是好好鞭策自己，發憤苦讀。我決定讓自己放空，給自己一段空白。

然而，在這段可喜的平靜時光，我的麻木要多於放鬆。我的視野邊緣不再有閃閃發光的新世界，我也不想去理解我周圍那曼陀羅般複雜的現實世界。我的生活只剩平

凡的日常：家人的擁抱、朋友嘰哩呱啦地閒聊、固定齒輪
自行車疾行發出的嗡嗡聲，以及擁擠街道的嘈雜喧囂。我
手中書籍的重量，母親從長廊盡頭傳來的聲音。每個清
晨、下午和夜晚。

　　倒是有件事一直沒變，也就是我對父親的思念。因為
他不在我們身邊，學年之間的假期因而變得難熬。在我的
生命中，似乎沒有人像他那樣了解快樂的本質，沒有他，
我自己感覺快樂的能力就像被削弱了。

　　奇怪的是，他的離去愈讓我難過，我愈是發覺，他最
讓我心心念念的，正是物理學教我的東西。他自然而然會
從光、速度、力矩、力、重量和張力來看世界。他也會使
用萬用電表和焊接套件來修理或製造電子產品。物理一直
是父親心靈中的隱密基礎，直到現在，在我最思念他的時
候，我才體悟到這點。這次的體悟很重要。他也許在萬里
之遙的西方世界，但我突然意識到，他已給了我所需要的
一切。

　　我的心理障礙來得快，去得也快，我突然能從一個全
新的角度看物理學，甚至**愛上**物理。我似乎重見光明，能
像父親那樣觀看自然世界：一個純粹的奇蹟之源。在我看
來，物理概念不只合理、有意義，而且**很美**。開學後，我
再研讀物理時，彷彿獲得重生。我盯著課本，如饑似渴地

探索其中內容。這是前所未有的感覺。我的任督二脈就此打通，豁然開朗，不知自己上個學年是怎麼回事。我心跳加速。

這不只是一種感覺。第一次考試，我就拿到全班最高分。第二次，我的分數甚至更高。第三次、第四次、第五次，沒有人是我的對手。牛頓力學、光學、電學。從開學的第一天到期末考，這一連串的佳績，每一個人都看到了，包括老師。對我而言，過去物理像是難解之謎，現在物理已成一種語言，我能駕馭的語言。

儘管在物理方面，我似乎天才橫溢，我真的覺得我還有很多要學的，而且因此興奮。在物理學中，我看到的不是複雜，而是宏偉。物理具有數學的優雅和明確，也像化學那樣可以實際操作。物理最吸引我的一點是，我實在想不到科學也具有人性，像文學一樣詩意。物理的發展史就像戲劇，生動、豐富，高潮迭起，跨越多個世紀，教我欲罷不能。

我想像阿基米德為他的發現欣喜若狂，從浴缸爬出來，赤身裸體地在西西里島的街道上奔跑，引得鄰居紛紛側目、皺眉。我想像瘟疫席捲歐洲時，牛頓在伍爾索普莊園閉關、隔離，以修道士般的虔敬，用拉丁文振筆疾書，最後寫成《自然哲學的數學原理》。我想像愛因斯坦，一個在瑞士專利局上班的小職員，他的才智照亮宇宙的深處，

像打開包裹一樣，解開時空之謎，探究曾經只屬於上帝的宇宙觀。

我對文學的熱愛依舊不滅，然而，不管我走到哪裡，物理已成我觀看世界的視角。我像在做白日夢：我想知道我騎自行車轉彎時加速度和角動量的變化；我計算我們家的貓從最高的櫃子上面跳下來的重力強度和牠落地的撞擊力；我研究光線穿過窗戶，如何在牆壁反射，然後投射到我的枕頭上。我思考熱能在我家、我住的那一帶和世界的每一個表面傳遞。我想像熵，既無情又永恆，慢慢地拆解我周遭的一切。

到了下一學年結束時，我又有新的體認：我父親離去後，我的青春期出現空虛，而物理不只是填補了這個空虛，我愛物理，就像我父母在我小時候與我分享他們最愛的東西。這是一種簡單、純粹的愛。他們使我的視野更加廣闊。他們帶我冒險、說故事給我聽，讓我發揮想像力──我的人生就是這樣塑造出來的，直到今天。這些事情都很重要，但物理的美妙是我自己發現的第一件事，因此感覺很不一樣。這是我想要**追尋**的東西。

✦　✦　✦

1992 年，我過完十五歲生日不久，我們的簽證終於下來了。再過幾個月，我們就要離開中國，我的情緒在興

奮和焦慮之間擺盪。有時，我幻想美國的生活會如何，就我所知，美國是魅力萬千、充滿機會的國度。我的一些同學似乎也是這麼想的。誰說他們不對呢？我父親已在美國奮鬥了好幾年，準備迎接我們，而我和其他學生一樣，接受基礎英文教育，學習英文文法和字彙。也許這個荒謬的計畫真的行得通。但有時，我會突然想到我即將失去的一切，諸如我的朋友、外公外婆，還有我熟悉的世界，每每都覺得深受打擊。

因為成都沒有直飛紐約的航班，我們必須去上海搭機。由於我們還得在上海等好幾個小時，我要求母親帶我去外灘。外灘在黃埔江畔，有老上海的歷史風情，是上海最著名的景點，吸引世界各地的攝影師前來拍攝殖民時期的建築和黃埔江的美景。但我最好奇的是浦江飯店的傳說。這家飯店就是外國人口中的「Astor House」。[3] 有人說，愛因斯坦在 1922 年榮獲諾貝爾獎前後，曾在浦江飯店下榻。此刻，我需要出去走走來維護我的精神世界。愛因斯坦和這個城市的關連讓我覺得是個好兆頭。我想，**也許去美國也不賴，畢竟愛因斯坦也是移民。**

3　譯注：浦江飯店原名禮查飯店（Richards' Hotel and Restaurant），建於 1846 年，是蘇格蘭商人彼得・菲利克斯・禮查（Peter Felix Richards）所建，1859 年改名為「Astor House Hotel」，兩年後賣給了英國商人亨利・史密斯（Henry Smith）。飯店的中文名稱則在 1959 年從禮查飯店改為浦江飯店。

　　我一直懷抱樂觀，到登機的前一刻都緊跟著母親。舉家赴美似乎極其不可思議，在我的感覺中，與其說美國是目的地，不如說是一個遙遠、抽象的概念。然而，不論面對眼前的未知多麼令人恐懼，母親她已鐵了心，勇往直前。這是她叛逆人生的頂點，她決絕地踏上這條路，不再回頭。我不得不佩服她的決心。

　　果然，我們跟著彎彎曲曲的人龍來到登機門前，她一如既往鎮定自若，步伐堅定，抬頭挺胸，目光冷靜。至少有一點是肯定的，她等了那麼久，終於等到了逃離的機會。在等待期間，有時她懷抱希望，有時怒火中燒，但總是全心全意地相信我們一定走得成。這一天，終於到了。我不一定和她一樣興奮，但我感謝她的信心。

　　接著，我看到一個微不足道的動作，改變了這一刻。多年來，我一直努力以我母親為榜樣，但我瞥見的這個動作顛覆了我的認知。我希望自己能閉上眼睛，視若無睹。她藏在大衣底下的那雙手不小心露出來，正在微微顫抖。

　　我們在其他乘客的包圍下登機。飛機輔助動力轟轟作響，我們腳底下的空橋發出吱吱嘎嘎的聲音。我們跨越門檻，進入飛機，我發現機艙比我想像的要來得小──沒想到這麼小的飛機能帶我們飛越重洋。幾個世代以來，我們家族在命運的作弄下顛沛流離，大江南北遷徙，年輕一代

的我在地球的另一端開始新生活，似乎也不是怪事。然而，對一個涉世未深、懵懂無知的少女來說，卻是不可思議的事。

我坐下來，盯著前方的椅背，仔細盤算我擁有的一切。我有我深愛的外公外婆，離開他們等於失去他們，至少目前是如此。我有父親，我期待與他重逢，即使過去幾年的別離帶給我的創傷依然隱隱作痛。我有母親，我相信她，但我不知道她是否依然相信自己。此時，我還沒有身分認同——畢竟，我只是個十幾歲的少女；但無論如何，我還有物理學。我想，剩下的只能聽天由命。

第 **3** 章

敉平鴻溝

　　我人生的起點是在東方，與我日後熱愛的科學世界相隔一個半球的直徑。以地球上的尺度來看，這似乎是無法跨越的鴻溝。我們乘坐的 747 飛機艙門關閉，引擎發出悶響，飛機開始在跑道上緩慢滑行。

　　當時，我和母親渾然不知，我們的目的地是一個年輕領域的起始點；這個領域正在努力獲得認可，希望建立像傳統學科那樣的學術地位和價值，沒想到日後竟然掀起一場革命。那是幾十年之後的事，對我來說更是遠在千里之

外。此刻,飛機升力愈來愈大,將我們推升到空中,我與西方世界的鴻溝也漸漸縮小。

二十世紀最巨大的兩次變革恰好發生在我旅程的起點和終點。當中國歷經百年滄桑,文化和經濟出現巨變的時候,美國則經歷一場完全不同的革命,也就是數位革命。在我的祖父母輩因為戰爭顛沛流離,我父母遭逢文化大革命苦難的同時,美國和英國有一群科學家和工程師分別踏上長達數十年的科學研究之路,他們從劍橋到波士頓,再到北加州,度過人類史上影響最為深遠的科學之旅。

正如牛頓以其聰明才智,洞悉物質和能量世界背後的運作機制,又如愛因斯坦更進一步重新想像時間和空間的關係,二十世紀中葉的電腦科學革命也有自己的先知。他們不受傳統束縛,懷抱同樣的求知精神,想像一個新領域可能隱藏在眼前,沒有人看得到,於是踏出第一步,揭露這個領域的樣貌。

當時,最先進的技術需要一整個房間那麼大的電腦來執行運算,然而像二次世界大戰期間破譯德軍密碼的電腦科學先驅圖靈(Alan Turing),已看出機器與大腦的相似之處。圖靈的想像力令人驚嘆,大膽的程度不亞於幾個世紀以來帶領科學革命的物理學家。就像愛因斯坦、波耳

（Niels Bohr）和薛丁格（Erwin Schrödinger）一樣，圖靈及同一時代的科學家提出的問題引發爭論，至今仍然具有挑戰性，引人深思。智慧究竟是什麼？能用數量、機械化的術語來解構嗎？也許最大膽的問題是，我們是否能夠打造出能體現智慧的機器？

　　圖靈的信念得到美國電腦科學同行的認同，於是在1956 年擬定如今眾所周知的達特茅斯學院研究計畫書，並在文中首次提出「人工智能」一詞。此即「達特茅斯夏季人工智能研究計畫」（Dartmouth Summer Research Project on Artificial Intelligence），這是一個非正式的研討會，探討如何運用電腦程式來實現類似人類的理解、感知與知識的整合。計畫發起人是長期以來對大腦好奇的數學家麥卡錫（John McCarthy）和明斯基（Marvin Minsky），以及 IBM 701 電腦系統的設計者羅徹斯特（Nathaniel Rochester）和資訊理論之父夏農（Claude Shannon）。

　　就像愛因斯坦在專利局的公務之餘發展自己的理論，這些早期的思想家也是在繁忙的工作中利用空檔，以真正的冒險精神，探索人工智能的早期發展，邁出通往新世界的第一步。其實，人工智能的研究與物理學不只是在主題上有所關連。雖然人工智能的許多創始者後來會往不同的領域發展，包括心理學、認知科學等，但他們幾乎都是數

學、電機工程或物理出身的人才。然而這是一把雙刃劍，雖然他們都具備嚴謹的思考能力，能從第一原理[4]去思索，可他們還是傾向幾乎把這樣的研究視為純粹的理論。

在他們看來，人類的推理能力好比電腦程式，不過是邏輯規則的產物。根據他們的設想，一旦我們完全了解這些規則，任何一部機器，只要依循這些規則，自然而然就能辨識照片的內容、理解人類的語言、探索抽象概念，甚至能用有創意的方式來解決新的問題。這嘗試很勇敢，特別是在那個時代，我們不得不佩服這麼做的自信。但這畢竟過於簡化。

參與達特茅斯會議的科學家很快就發現，雖然人類行為的**各個層面**確實可以用簡單的文字來描述，但沒有一組有限的規則或標準可捕捉現實世界中人類思維的深度和多樣性——這些規則或標準將多到我們無法想像。令人吃驚的是，這次會議只是一個「夏季研究計畫」，這個名稱完全沒有諷刺意味，真的只需要兩個月的時間和幾個研究生。正如該計畫的宗旨所言：

4　譯注：第一原理最早由亞里斯多德提出，是一個最基本的命題或假設，意指回歸事物的本質，將其拆解、分析，從而找到實現目標或解決問題的最佳路徑。

我們提議 1956 年夏天在新罕布夏州漢諾威的達特茅斯學院，進行為期兩個月、由十個人參與的人工智能研究。此研究是以下列猜想為基礎：原則上，學習的每一個層面或者智能的其他特徵都能精確描述，讓機器得以模擬。我們將研究如何讓機器使用語言、具有抽象思維能力、形成概念，以及解決迄今只有人類才能解決的各種問題，甚至讓機器具有自我改善的能力。我們認為，一組精挑細選出來的科學家利用一個夏天的時間切磋琢磨、腦力激盪，必然能在一個或多個問題上取得重大進展。

然而，一旦科學家意識到，若要在模擬人類認知能力的深度與廣度方面取得「重大進展」，需要的時間可能不只八個禮拜，因此一開始那種一定要搞出什麼些名堂的急切感消失了。科學家變得比較有耐心，起先也許只是因為好奇，有點像鬧著玩，後來才真的把人工智能當成重要研究，踏出探索的第一步——結果過了半個世紀以上，人工智能卻仍是未竟的事業。但無論如何，還是可以看到一些轉變。

儘管開發人工智能所面臨的挑戰很快就超出其研究先

驅最初的預期，但是這種理念依然令人信服，而且吸引了各路英雄好漢。1959 年，麥卡錫和明斯基在麻省理工學院進行「人工智能計畫」，一個組織鬆散的研究計畫進化成麻省理工學院的人工智能實驗室。1963 年，麥卡錫去了史丹佛，把人工智能研究帶到西岸，並成立了史丹佛人工智能實驗室（Stanford AI Lab, SAIL）。到了 1960 年代末期，這兩個實驗室已成全球公認的人工智能研究重鎮，就人工智能的硬體、軟體和機器人學，各自發展理論、進行實驗、激烈辯論，並追求進步。

科學家也從這個領域早期過於龐大的野心和一意孤行得到教訓，尤其是史丹佛人工智能實驗室。到了 1960 年代，研究人員對小型、抽象的虛擬世界產生濃厚興趣。這些虛擬世界通常是由積木等簡單的物體組成，讓研究人員得以專注於智能的基本要素，避免日常現實諸多細節的干擾。最著名的例子是麻省理工學院博士生維諾葛拉德（Terry Winograd）開發的自然語言理解程式，讓使用者透過英語控制機器人，移動積木世界裡的彩色積木。下面就是一段使用者與電腦的互動，令人嘖嘖稱奇：

使用者：找出一塊比你手中這塊還要高的積木，然後把它放在盒子裡。

電腦：我想，你說的「它」是指比我手中這塊還要高
的積木。

電腦：好了。

使用者：盒子裡有什麼？

電腦：藍色金字塔和藍色積木。

使用者：金字塔是什麼支撐的？

電腦：盒子。

使用者：有幾個積木不在盒子裡面？

電腦：四個。

即使是現在，在 AI 對話模型和人類交談無比相似的
時代，我們不由得感覺上面是人類使用者跟一個完全具有
意識和智能的東西在說話。也難怪維諾葛拉德的程式被譽
為劃時代的成就，讓很多觀察家相信，AI 革命將是一股
銳不可擋的狂潮。

但更複雜的現實是，這個程式表面上看來流暢、靈
活，卻其實是有限制的。雖然電腦可就積木這個主題嘰哩
呱啦地發表意見，但能談的，也**只是**積木。而且，問題和
答案都很有限，只要有一點點偏離，便可能讓程式出錯，
產生無意義的話語。儘管如此，這個程式就是把焦點鎖定
在積木，似乎也成功了；雖然只是利用程式移動積木，卻

是了不起的人機互動。

1970 年代，史丹佛大學的另一位教授費根鮑姆（Edward Feigenbaum）更進一步研究人工智能。他也是史丹佛人工智能實驗室研究員，經常與麥卡錫合作。然而，他並沒有發展維諾葛拉德的程式，因為如此一來可能會重蹈覆轍，遇上在人工智能發展的早期階段，從零開始建構通用智能（亦即擁有與人類智慧相似的能力）時的種種障礙和挑戰。他決定另闢蹊徑。畢竟，為何不能把同樣精湛的語言和推理能力應用到現實世界中的某些領域，如醫學檢查或財務分析？如果機器能做的，不只是回答幾何圖案的問題，甚至能憑藉資料庫來處理疾病症狀及病人屬性，或是交易紀錄和季度報告呢？

費根鮑姆的創新開啟後來稱為「知識工程」（knowledge engineering）的次領域。在這個領域中，關於某一個領域（如醫學、藥物、金融或任何其他領域）的事實，能組織成機器可以判讀的數據圖書館，而這些數據就像維諾葛拉德的幾何圖形，可用自然書寫的語言和答案來分析，透過電腦獲得向人類專家諮詢的體驗。

這種稱為「專家系統」（expert system）的智能軟體大大證明了人工智能可在現實世界執行有用的任務，並顯示人工智能可能成為一個企業甚至是一個行業的基礎。專家系

統顯然可用在商業上，加上長久以來計算成本逐漸降低，在 1970 年代和 1980 年代因而冒出很多公司，企圖將知識工程的力量引入市場。

內科疾病診療諮詢系統 INTERNIST-I 是最早且最著名的專家系統，它的資料庫涵蓋五百種疾病的描述和三千種疾病表現。早期試驗結果令人振奮，只要使用者（內科醫師）輸入觀察到的症狀，這套系統就能正確診斷出病人的疾病，即使是複雜的病例也能提供有用的輸出結果。其他早期的例子如 MOLGEN，是把電腦科學方法應用到計算分子生物學，幫助分子遺傳學家規劃涉及 DNA 的實驗，還有 VM（Ventilator Management，呼吸器管理）協助臨床醫師監控依賴呼吸器的病人，以及 SECS（Simulation and Evaluation of Chemical Synthesis，化學合成的模擬與評估），也讓人瞥見人工智能在藥物開發方面的潛力。

儘管專家系統的發展在早期掀起一股熱潮，由於一開始需要組織的資訊量非常龐大，在資源分配、人力安排和時間管理等後勤作業方面遭受重重阻礙。開發人員必須輸入的東西愈來愈多，包括醫學教科書、研究報告和藥學文獻，甚至還得與執業醫師進行訪談。更糟的是，即使這些系統似乎已具備夠多的數據，在現實世界往往無法與人類的專家相提並論。雖然系統中有大量的資料，檢索和處理

速度也超人一等，在推理方面依然差強人意，流於僵化、
膚淺，拘泥於正式定義的規則，缺乏常識，而且經常會被
意想不到的盲點困住。

由於投資人愈來愈覺得無利可圖，資金蒸發，很多人
都覺得：智能機器的想法雖然有趣，但看起來仍不可行
──這種機器再度令人失望。不管人工智能的未來是什麼
樣子、何時會到來，以及我們要如何實現這樣的未來，顯
然，這條路不會一帆風順。

✦ ✦ ✦

機輪著地，在甘迺迪國際機場的跑道上滑行，震醒了
我的白日夢。之前的十四個小時，我幾乎都在看書。我別
無選擇，只能逃到書裡，從裡面的故事得到安慰。現在，
我得直接面對眼前的新現實，這個現實攫獲我的注意力，
教我無法抗拒。機艙廣播傳來悅耳但陌生的聲音，提醒
我，我已不在自己熟悉的地方。這不是度假，也不是冒
險，對我而言，唯一有意義的人生莫名其妙地突然終止，
我無法想像的新人生即將開展。長時間坐在又小又擠的座
位上，實在很不舒服，抵達目的地讓我有解脫之感，但我
並沒有因為可以下飛機而興奮。

我和母親忐忑不安地來到行李提領區。我們和父親約

好在出口的地方見面——這是唯一讓我開心的念頭。我們
等了好幾個小時，卻遲遲不見父親人影。天黑了，陌生人
一再與我們擦身而過，我們的困惑漸漸被恐懼取代。由於
一直看不到父親，我們開始胡思亂想，我們當下的處境又
使思緒籠罩在陰影之下：母親口袋裡只有二十美元，我們
沒有回程機票，我不久就發現，儘管過去幾年在學校學了
基礎英語，現在幾乎完全聽不懂，也不敢講，根本派不上
用場。

　　後來，我們才知道，父親的車半路拋錨，卡在隧道中
央動彈不得。很多移民家庭都是開老舊的二手車，因此不
時會碰上這種窘況。如果是在老家，碰上這種倒楣事，我
們也許會一笑置之，但在這一天，簡直就像世界末日。他
終於趕到，氣喘吁吁地從門口衝進來，我們已累到說不出
話來，絲毫沒有團聚的興奮。

　　我們行駛在陌生的高速公路，我吃力地辨識路標，也
開始意會到現實——我是這個陌生國度的永久居民了。儘
管這似乎很荒謬，卻是事實。我不得不承認，就是這樣
了。我已在美國。

　　我們的目的地是紐澤西的一個小鎮，名叫帕西潘尼
（Parsippany）。我父親選擇在此地落腳，因為這裡有不少

移民人口，且離高速公路不遠。這是我的美國郊區生活初體驗，給自小生活在地球另一端的我留下深刻的印象。中國的密集程度沒有極限，貪得無厭地塞滿了每一條軸線：汽車和自行車塞滿街道、人行道人滿為患，一棟棟建築高聳峭拔，伸向霧霾，所有的空隙都被壓縮都最小，無時不刻都在喧鬧、燥熱、混亂之中。這就是城市的特色。

相反地，帕西潘尼空間開闊：空空的人行道、居民悠閒地開著車，空間寬廣，一覽無遺。房子多半只有一、兩層樓高，四周都是草地。小公司和商業建築都有巨大的停車場，很多空間都沒被占用。樹木蓊鬱，花團錦簇。甚至空氣也不一樣，清新爽颯，我記憶中的工業氣息已消失得無影無蹤。

然而，我沒有時間多想就得回神。打從我們抵達新家那一刻，便正式開始我們的美國生活，眼前有一大堆事等著我們處理。首先是得適應大幅縮減的居住空間。儘管這裡街景如畫，寬廣怡人，但我們家在一棟紅磚公寓的二樓，只有一房一廳，要安頓一個三口之家，著實困難。我的床只能塞在廚房和餐桌之間的狹窄空間。至於家具，我們則去別人家的車道和路邊尋寶，撿人家不要的回來用。四十八小時後，還有一件重要任務在等我：上學。

　　對一個在成都長大的中國學生來說，在帕西潘尼高中上學的第一天對我的感官造成劇烈衝擊。我覺得狂躁不安，周圍的一切都比我離開的那個世界要來得明亮、快速、沉重、喧鬧。這一切讓我眼花撩亂，彷彿光線和聲音的本質都不同了。

　　光是顏色就令人目不暇給。學生和老師都穿著我從來沒看過的衣服，色彩鮮豔，從大地色到原色到螢光色，有單色，也有條紋和圖案，有的還加上字母、插圖、抽象的設計和標誌。帽子、太陽眼鏡、耳環、皮包和名牌背包使他們的打扮更加亮眼，更不用說女孩的化妝——我從未在青少年身上看過這樣的妝容。

　　我一拿到教科書，就知道背包的必要了。相形之下，以前在中國使用的課本真是輕薄。儘管這裡的書封面破舊、邊緣磨損，但內容充實。每一門課都有一本厚重的教科書，封面圖案鮮豔奪目，全彩頁面多達好幾百頁，每一本都重得像巨大的磚頭。

　　更令人驚奇的是，這裡的學生總是跑來跑去。在中國上學，我們總是固定不動地坐在座位上，在美國，一到下課時間，整個學校的學生都從教室蜂擁而出，跑到下一間上課的教室。在中國，下課時間幾乎都是安安靜靜的，但在這裡，一旦鐘聲響起，青少年的精力有如瞬間爆發的山

洪，哄鬧喧譁貫穿整個走廊。

最後，這裡的人也大不相同。這裡的孩子活潑吵鬧，不拘一格。即使我有語言障礙，也聽得出這裡的學生跟老師說話非常直接，這是我前所未見的。更讓我驚訝的是，老師和學生之間的互動似乎隨意、輕鬆，會互相詰問、開玩笑，甚至熱情洋溢。打從在美國上學的第一天，我就發覺：我喜歡這裡的老師。

對我來說，美國公寓生活總算沒那麼陌生了——但日常生活依然令人疲累。我突然活在英語世界，即使是最簡單的家庭作業，也得花好幾個小時才做得完。我覺得舉步維艱，兩隻腳像是各綁上一本厚重的字典，一本是英漢字典，另一本是漢英字典。在中國求學時的得心應手已成過去，更別提我剛萌生不久的物理之愛，我得放下傲氣回到起點，重新開始。在可預見的未來，我只有一個目標，也就是重新獲得表達自我的能力。

幸好我父母跟我一樣忙，我們的生活有了規律。父親剛到美國不久，遇到了一個臺灣商人，由於他有一雙會修理東西的巧手，就在那個人的店裡工作，負責修理相機。雖然這份差事薪資微薄，工作辛苦，還算能養家活口。母親則在紐華克一家禮品店當收銀員，老闆是那個臺灣人的

太太。多一點收入總是件好事，然而看母親把自己的抱
負、才華擱在一旁，學非所用，實在教我於心不忍。由於
母親必須工作到很晚，我們又吃不起外賣，準備晚餐的工
作就落在父親身上。不管他有多累，每晚還是得做飯。

　　如有閒暇，我就像過去三年的父親，不斷寫信給家人
和朋友。每一封手寫的信都是一種懇求，希望收信者能告
訴我，我關心的人和東西都還在，尤其是我外婆的拿手好
菜。只要看到回信躺在信箱裡，我就很興奮，但展信來讀
則苦樂參半。有生以來第一次，我夢想的遠方不再是異國
他鄉，也不是未知的疆土，而是我最熟悉的地方──我的
故鄉。

　　現在回想起來，由於那時我已身在科學盛行的西方世
界，和現代科學革命的距離拉近了，不知我的鄉愁是否因
此淡化？我家在帕西潘尼，這意味我的出身與未來的鴻溝
不但已經縮小，甚至急遽拉近。我渾然不知，人工智能的
新紀元即將開展，而我少女時期最後幾年住的地方離花園
州公園大道 109 號出口附近的貝爾實驗室不遠，只有八十
幾公里，開車不到一個小時就能抵達。

✦　✦　✦

　　法國科學家楊立昆（Yann LeCun）是臉書 AI 研究機構

的掌門人，但在 1990 年代初期，他在紐澤西州貝爾實驗室的研究生涯才剛起步。我們一家也差不多在這時期移民到美國。他為人低調，但胸懷大志，在 1993 年率先運用一種神經網路，開發出手寫數字辨識模型，因而掀起一陣波瀾。這項技術比較新，當時還不普及，與之前數十年人工智能傳統截然不同。楊立昆不是用特定的規則來描述手寫的數字——例如「1」有一條直線，「2」有個曲線，「3」有對稱的兩個部分等，而是利用神經網路來推論數據中的模式。

也就是說，楊立昆用幾千個真實人類筆跡來訓練神經網路，包括各種風格、質地，甚至包括常見的錯誤。為此，美國郵政局提供了超過 7,200 個手寫郵遞區號掃描檔案。電腦就像人類一樣**學習**這些模式，結果發展出內化的直覺，雖然很難以傳統的電腦程式表述，卻能用前所未見的方式理解現實世界的混亂。

楊立昆開發出來的人工神經網路可說是驚人的成就，辨識的準確率極高，因此短短幾年內美國就用它來讀取自動提款機上的支票金額。自從達特茅斯學院研究計畫書向全世界揭櫫人工智能的概念，幾十年後這個領域終於有了一個最實用的成果。

所謂的「符號人工智能」（symbolic AI）以嚴格、死板的

演算法發展了好幾代，企圖用規則巨細靡遺地描述智能，然而到了 1980 年代末和 1990 年代初，潮流終於轉向另一種更自然的方式，這也預示了一個大膽的未來。在利用演算法解決問題時，愈來愈多人開始關注如何從眾多的例子去發現模式，而不是透過明確的程式指令和規則——換句話說，是讓電腦**學習**怎麼做，而不是依照人類的命令去做。研究人員為這個領域起了個貼切的名稱：機器學習。

科學演化史比較富有詩意的部分就是思想的醞釀期，即使某些理論的概念一時之間無法實現，依然具有價值。歷史上就不乏在數年前、幾十年前或是幾百年前就冒出靈感火花的例子。真正激勵人心的是，這些早期思想家不願放棄，緊緊抓住自己的洞見和發現，無論前方的道路看來有多不切實際，或者實驗成功的前景有多麼渺茫，內在的渴望驅使偉大的科學家去探索。即使是在最艱困的環境下，這種渴望依然像是一把火，熊熊燃燒。幾十年來，這就是機器學習的本質。

在人工智能發展史中，機器學習一直是相當冷門的研究，可能比較鮮為人知，儘管圖靈本人很早就提出這想法。圖靈在 1950 年發表了一篇論文，題為〈運算機器與智慧〉（Computing Machinery and Intelligence），簡明扼要地比較「基於規則的人工智能」與「機器學習」，前者是指從

零開始建立一個完整、能展現智慧的實體，後者則允許這樣一個實體自行發展。圖靈問道：「與其打造出一部可以模擬成人思維的機器，何不讓這個機器模擬兒童思維？」其實，打從一開始，機器學習多多少少也從人類認知汲取了一些靈感，這大抵歸功於神經科學等領域在同一時期的發展。

早在十九世紀，科學家對大腦功能已有一點模模糊糊的了解，直到二十世紀，我們今天所知的神經科學才開始成形。然而在那個時候，我們的知識還很粗淺。就像最早的天文學家盯著夜空苦思，意圖了解天體軌道，二十世紀初科學家對大腦的了解，也僅限於當時所見──電流脈衝和化學物質的湍流在潮溼、神祕的層層皺褶組織中傳播。

這懵懂未知的時期閃爍著希望的銀光──在世界關起大門，拒絕科學探索時，有好奇心的人反而會展現最旺盛的創造力。科學家幾乎無中生有地提出各種假設。即使是最微不足道的進步也能帶來變革。然後，滾雪球效應發生了，接下來的發展令人眼花撩亂。接近二十世紀中葉之時，神經科學的基本規則就快確立。在這個基礎上，真正的理解就可一層一層地疊加上去。這個時代就像現代物理學曙光初露之時，我們開始瞥見物理世界的本質，了解我

們看到的萬物都是由粒子和力所組成，也顛覆了我們對自然的了解。

1943 年，科學家麥卡洛克（Warren S. McCulloch）和皮茨（Walter Pitts）發表了一篇新穎的文章，探究大腦的基本單位（神經元），大腦研究因此邁出一大步。麥卡洛克和皮茨幾乎完全避開生物學，把焦點放在神經元行為的**數學模型**。他們刻意簡化，不管真實大腦變幻莫測的電化學反應，將神經元簡化為簡單的訊息交換。所做的分析純粹是看輸入什麼、輸出什麼，以及兩者之間的關係。他們的結論深具啟發性：大腦不像身體其他結構，也不像其他已知的任何自然結構，似乎是唯一適合處理**訊息**的組織。

從某個角度來看，這個發現對神經科學意義之重大，猶如物理學的核分裂。麥卡洛克和皮茨揭示了一種基本模式，這種模式似乎會在整個大腦以驚人的一致性重複出現：在一個由簡單元素構成的龐大網路中，透過複雜行為的散布，這些元素之間的連結會隨著時間改變，大腦幾乎可以完成無限的任務，同時能不斷學習新任務，即使在生命的晚期也是如此。

人類大腦的複雜程度已讓宇宙中的任何事物相形見絀，然而人類大腦構造之優雅幾乎掩蓋其複雜度。與汽車引擎蓋下的結構或手機內部的構造相比，大腦並不是由可

以清晰區別的零件組成的——起碼不是人類設計師認為直觀的形式。相反地，大腦是由近千億個神經元組成的網路。這些神經元是電化學傳輸的微小單元，在巨大的網路中互相連結。

不過，至少就麥卡洛克和皮茨的模型看來，仍有類似的概念支配著諸多神經元的種種行為，例如神經元**網路**的排列和位置可以對應人類的種種感覺或能力，如視覺、聽覺、行走，甚至抽象思考等。此外，大腦最初在子宮內形成後，過了很長一段時間，神經元網路的結構才變得完善。這就是為什麼，從解剖學結構來看，不同的人大腦灰質（大量神經元聚集的部位）看起來也許沒有差別，但個性、技能和記憶都是獨一無二。

有了這麼一個清晰的模型，技術自然會急起直追，總有一天追趕上研究圈子的好奇心。這一天就在 1958 年，康乃爾航空實驗室的心理學研究員羅森布拉特（Frank Rosenblatt），開發出名為「感知器」（perceptron）的機械神經元。他的概念雖簡單，但要在沒有數位技術的時代提出這些想法並不容易。他具有心理學研究背景，融合對電機和機械工程的了解，經過好幾個月的努力，終於把一個數學模型轉化為一個功能強大、可在現實世界使用的東西。

更大膽的是，羅森布拉特不只是落實麥卡洛克和皮茨的想法，還納入哈佛心理學家史金納（B. F. Skinner）的假設，以收相輔相成之效。他擴展了神經元的基本模型，認為某些輸入的東西會對行為產生更大的影響，好比讀者在看新聞的時候，對自己閱讀的報章雜誌有著不同程度的信任和懷疑。經過一段時間之後，若是讓這些影響出現變化，隨著任務的成敗增強或減弱，這樣的神經元網路，就其本質而言，是能夠學習的。

羅森布拉特運用這個原則打造出一部人工神經網路的雛型裝置。這個系統包含 400 個光感測器，就像是一部 20×20 像素的相機（以模擬視網膜）。他在索引卡上面畫一些東西，放在這個裝置前面，把每一個光感測器輸出線路連接到感知器，使之學習辨識視覺模型。

由於每一個光感測器的初始影響是隨機設定的，因此系統對看到的東西進行分類時一開始也是隨機的。羅森布拉特做為此感知器的訓練者，利用一個開關來告訴機器其行為表現的對錯。如此一來，這個系統就能確定每一個感測器輸入項對答案的影響，接著再視其表現加強或削弱影響。這個過程一再重複，感知器就漸漸具備可靠的形狀辨識能力。

羅森布拉特的感知器使機器重現認知基礎，為機器學

習樹立了一個重要的里程碑，他的研究因此轟動一時，在研究社群引發極大關注。然而，隨著感知器的局限逐漸顯露，羅森布拉特掀起的熱潮消退，研究人員質疑這種感知器究竟能解決哪些問題，甚至從理論去判斷是否可行。由於當年技術的限制，羅森布拉特只能進行最簡單的實驗。

有趣的是，人工智能元老明斯基，也就是達特茅斯夏季人工智能研究計畫的發起人，1969 年與電腦科學先驅派普特（Seymour Papert）共同出版《感知器：計算幾何學導論》（*Perceptrons: An Introduction to Computational Geometry*）一書，竟成為感知器的頭號批評者。儘管此書承認感知器是個優雅的東西，但也對感知器發動全面、火力猛烈的批判，惋惜羅森布拉特的設計缺乏嚴謹的理論基礎，且列舉出諸多缺點，說這個系統只能應用在最狹窄的範圍。明斯基等於是給感知器判了死刑，儘管大多數的人不同意，同一時代的人也提出反駁，但傷害已經造成。在人工智能這個研究領域，感知器以及整個機器學習在之後的十幾年都被打入冷宮。

✦ ✦ ✦

廚房很吵，幾乎無法講話，即使大吼大叫，別人也不一定聽得到。雖然雇用我的餐廳經理說普通話，這裡的廚

師大都是難民，只會講廣東話。我不會講這種方言，也聽
不懂。我是笨拙的新人，甚至常礙手礙腳，於是我縮在角
落，遠離這裡的風暴與混亂：風扇呼呼地吹，炒鍋鏗鏘作
響，各種金屬器具的邊緣互相碰撞、摩擦。爐火旺盛，閃
爍著純粹的橙色，嘩啦啦的水柱在鍋碗瓢盆上彈射。

　　一個廚子對我咕嚕一聲「**喂！**」，朝我的方向比劃，
匆匆把一份完成的點餐單塞給我。我心想，**好，上吧**。我
用最快的速度把外帶餐盒放在袋子裡，丟進紙巾、餐具，
附加幸運籤餅和醬油包，然後把袋子的提把打了個結。我
環抱袋子，深呼吸，悄悄從廚房溜到用餐區。我的腳步慢
慢加快，因為焦急，又走得更快。

　　「飛飛！」我聽到經理小聲地叫我。

　　我立刻停下腳步，嘆了一口氣，馬上意識到自己做了
什麼。

　　「我跟你說過多少次？**不要在餐廳奔跑**。你的工作是
把客人訂購的餐點送到前檯，不是打擾顧客。不要讓我再
說一次了。」**該死**。我點點頭，結結巴巴地道了歉，踩著
小心翼翼的步伐把那一袋餐盒送過去。

　　每個月，我們都會打電話給外公外婆，一解思鄉之
情。我真的好想他們，聽到他們的聲音，煩惱立刻被拋到

九霄雲外。但國際電話費貴得要死，我們的話語不由得變得急促。好殘忍。為什麼跟親人話家常要算幾分鐘？每次聽母親講電話，講到最後，她怕超出時間，語速自然加快，跟機關槍一樣，我就心頭一揪。幾個月後，我受夠了。我不想再接受這樣的屈辱。如果只有錢能鬆開我們的束縛，不被勒得死死的，我下定決心，我要去賺錢。

分類廣告指引我來到第一份工作的地方。那是一家在商場中的中餐廳，狹小、昏暗。這是黑工，所以不用管勞工法和紐澤西州最低時薪的規定，我的待遇也反映了這一點：學校沒課時，我就到這裡打工，從早上 11 點做到晚上 11 點，一天工作 12 個小時，時薪 2 美元。那一帶破舊髒亂，當地人警告我，夜幕低垂之後就不安全。有人勸我，晚上一定要搭車回家。我乖乖照做。

由於打工的差事不穩定，我只好一直翻看分類廣告找其他工作。我在高中時期，除了在餐館打工，也做到府打掃的清潔工，這份工作時薪較高，但工時比較短。我也幫人遛狗，雖然賺的錢很少，我卻非常開心──我父親也特別喜歡這樣的工作。

儘管城裡有些地方很危險，只要固定時間上下班，搭車就不是問題。即使工資一直很低，但我沒有工作經驗，就不能比較。不管如何，就算薪資微薄，積少成多，也能

為生活帶來改變。工時長也是可以忍受的，因為可幫家裡增加收入。

移民生活總讓人有朝不保夕之感，工作也就特別累人。我周遭的人都很有紀律、勤奮工作，他們的故事都跟我差不多，卻沒有一個人可以擺脫貧困和低階勞動的循環。似乎，我們注定只能做這樣的工作。我們來到美國，追尋其他地方沒有的機會，但我覺得前途茫茫，看不到通往這些機會的道路。

我們所處的情境令人喪氣，更糟的是，華人圈子缺乏支持與鼓勵。這一點在工作中尤其明顯。我們都被生活的壓力制約了，凡是看到偏離常軌的行為，都會視之為離經叛道。我在餐廳工作時就有這樣的親身體驗。每個下午，我總會利用唯一的休息時間，重溫母親與我分享的西方文學經典名著中譯本。即使在那個時候，我還是對豐富的文字感興趣──其實，正在苦練英文的我急於重拾表達自我的自信，對文字的興趣**尤其**強烈。一頁頁的中文帶我回到過去，那時我清楚知道自己在這個世界上的位置。

然而，經理卻毫不客氣地說我是在浪費時間，與其看書，還不如去掃廁所。現在回想起來，我認為他不是有意擺架子，畢竟他也是從中國來的移民。但這又一次冷酷地提醒了我，像我們這樣的人，想像力在我們的新生活中是

多餘的。

　　不過，努力還是會有回報。我們開了一個銀行帳戶，每週去銀行櫃臺，把我的收入存到戶頭——當然，都是現金。於是，我們有了一點自由的空間。可喜可賀。我們每一個月終於可以存一點錢。食物和生活用品的採買也可稍稍隨興一點。最重要的是，母親打電話回家能有尊嚴，不用急著掛電話了。她講電話的聲音給我安慰：這是我們努力工作的回報。儘管她跟外公外婆還是長話短說，但我又可以聽到記憶中他們在成都家中餐桌上話家常的那種輕鬆、悠閒的語氣。

　　科學史往往是迂迴、諷刺和殘酷的。有人靈機一動，有了發現，接著這些發現被人遺忘，然後又重見天日。也有世世代代視為基石的範式在一夜之間被推翻，起因只是一些極其明顯、簡單的觀察，甚至連該領域思維縝密的權威都沒注意到——這就是外來者顛覆一切的契機。然而，由於這種追求的節奏蹣跚、顛簸，既和諧又有雜音，因此高潮起伏。

　　很巧，就在羅森布拉特開發感知器時，另一個領域的研究人員解釋何以這種感知器未能大行其道，而後繼者是

如何成功的。1959 年，神經生理學家休伯爾（David Hubel）
與魏澤爾（Torsten Wiesel）在哈佛進行了一項實驗，影響深
遠——他們觀察貓的視覺皮質細胞反應，以探究哺乳動物
的大腦。他們把微電極插入小貓的視覺皮質細胞，在暗室
中把基本幾何形狀的圖畫投射到牆上，以精確控制貓看到
的圖形，如線條、縫隙、角度、物體移動方向等細節，並
仔細觀察小貓神經元的反應。

　　休伯爾和魏澤爾的頓悟是，感知不是發生在單層神經
元中，而是在多層神經元——這些神經元是按照層次組織
起來的，從辨識表面細節開始，一直到複雜、高層次的感
知。例如，第一層神經元可能會注意到細微的視覺特徵，
如具有特定角度方向的邊緣、特別的圖樣或是一大片色
彩，每一個神經元只專注整體場景的一個狹窄區域，這個
區域就叫做「接受域」（receptive field）。單獨來看，這些刺
激神經元的閃光沒有什麼意義，然而傳遞到下一層，就會
整合成更複雜的形狀和特徵，覆蓋更廣闊的接受域，就像
拼圖，拼接起來就能展現更大的片段。

　　最後，這些逐漸整合起來的細節傳遞到最後一層，就
能感知人臉、物體、地點等有意義的事物。由於大腦的網
路結構允許這許許多多的步驟同步展開，我們的體驗是不
間斷的，能敏銳感知周遭的東西和環境。休伯爾和魏澤爾

的研究成果改變了我們對感官知覺的認知，因此在 1981
年榮獲諾貝爾獎。

　　雖然休伯爾和魏澤爾的發現是早期人工智能研究者想
要仿效的模式，可惜他們的發現過了很多年才傳到人工智
能的研究圈子—— 1971 年，羅森布拉特駕船出海，結果
溺水身亡，享年 43 歲。然而，這個發現還是在 1980 年帶
來變革。在東京 NHK 廣播科學研究實驗室工作的福島邦
彥開發出一種多層人工神經網路。這種演算法是由多個以
軟體形式的感知器所組成，並以階層架構相連。由於每一
層都能感知比下面一層更複雜的模式，因此整個演算法能
識別很多層的細節及各層之間的關係。

　　這就是福島邦彥開創的「新認知機」（Neocogintron）。
這個人工神經網路對輸入的異常情況特別具有彈性和容忍
力，在解讀手寫筆跡方面締造劃時代的成就。手寫筆跡極
度不規則，風格多變，正確辨識的難度很高，新認知機成
功克服了這個問題。

　　然而，新認知機的成功只是帶來新的障礙。這種事在
科學史上屢見不爽。儘管福島邦彥的演算法功能強大、用
途廣泛，然而由於結構非常複雜，是密集連接的多層結
構，與以前那種簡單的演算法不可同日而語，無法用舊方
法來訓練。人工神經網路的研究再次停滯不前，直到幾年

後，機器學習的下一塊拼圖終於拼上了。

1986 年，加州大學聖地牙哥分校教授魯梅哈特（David E. Rumelhart）領導的一個研究小組投書《自然》（*Nature*）期刊，發表一種能讓新認知機這類演算法有效學習的技術。他們稱之為「反向傳播」（backpropagation），名稱是來自於這種技術的關鍵特徵：每一個訓練的實例中，人工神經網路對某一刺激反應正確或錯誤的程度差異，會從一端傳到另一端、一層傳到另一層，形成一種級聯效應。

然而，真正使反向傳播影響深遠的是，人工神經網路結構會隨著時間產生變化。人工神經網路接觸到愈來愈多的實例，如照片或音訊聲波，神經元之間的連結也會因所見所聞而重塑，留下愈來愈詳細的印記。就像幾百年來河水湍流不息，鑿蝕峽谷峭壁，人工神經網路在訓練之後，也會**出現**可供辨識的特徵。經過多年的努力，人工神經網路突然能用前所未見的規模進行學習，準確率也是前所未見的，這預示一個真正的轉捩點。

雖然就發表在《自然》的那篇文章而言，魯梅哈特是研究團隊領導人，還有兩位共同發表人，其中一位是傑佛瑞·辛頓（Geoffrey Hinton），他才是反向傳播最重要的人物。辛頓當時是卡內基美隆大學的教授，從小就被智慧與智力之謎所吸引，畢生以探索重現智慧的新方法為職志。

在《自然》那篇文章發表後,他努力為機器學習開闢種種新的路徑,促成這個領域的早期復興。這是一個人工神經網路穩步成長的時代,涉及層數愈來愈多,神經元的連結也漸趨複雜,訓練技術也日益進步。最後,楊立昆成功實際運用在辨識手寫郵遞區號,揚名天下。楊立昆就是辛頓最早教出來的得意門生。不到十年,機器學習不再是遙不可及的夢想,可在現實世界執行任務。

※　　✦　　·

父親專注地打量眼前的一切,我則在研究他。比方說,我們去買東西,他那驚奇的神情看起來一定很格格不入——在這再尋常不過的地方,這股熱情不知是怎麼回事。但是,這是我熟知的表情,打從兒時最初跟他去野外玩,我就知道了。但那天看到的地方,連我自己都有大開眼界的驚奇。記得那是某個禮拜天的下午,我和父親一起逛車庫拍賣,逛了好幾個小時。這是他來到美國之後最喜歡的消遣。

每逢週末,我們都會開車到處跑,在別人家的車道或前院草坪流連,尋找二手拍賣品。這種可以尋寶的地點常常不只一處。儘管這些車庫拍賣看起來大同小異,父親似乎不以為忤。一堆又一堆過期的雜誌和幾十年前出版、封

面褪色起皺的平裝書。布面覆蓋的音響喇叭。孩子穿不下的溜冰鞋。古早時代的桌遊。公仔。不要的行李箱。老舊但用起來沒差的鍋碗瓢盆。被主人打入冷宮的露營裝備。一盒又一盒雅達利遊戲卡帶。錄放影機和家用電影錄影帶。健身器材。對父親而言，這是全新的荒野，等待我們去探索。

父親幾乎不會說英語，但在車庫拍賣，我竟然聽到他開口，跟賣家說他要買，有時甚至還會討價還價。我很高興他能設法完成買賣，我也知道他苦於英文不好，日常生活經常受阻。對他來說，說話是一種藝術，他為自己的言語技巧感到自豪，早在為我取名之前，他就熱愛中文的文字遊戲，常利用文字來表達幽默和關愛。就我對父親遣辭用字的了解，看他支支吾吾地用最基本的幾個英文字與人溝通，這樣的左支右絀，教我看了著實難受。但他的興奮很有感染力，看他興致勃勃地看人家擺出來的牌桌，我只記得他的眉開眼笑，其他的一切都忘了。

父親有個特別有趣的怪癖，也就是迷戀任何源自義大利的東西，尤其是皮革製品。他英文程度不好，無法辨識義大利品牌名稱，但他練就了一對鷹眼，一眼就可看出這幾個誘人的字：義大利製──儘管是用英文寫的。因此，他的尋寶有了目標。有時，他看到一些二手物品會眼睛發

亮，那愛不釋手的樣子真的很可愛又令人費解，這些東西的價值往往低於我們開車過來花的油錢。他會如此一見鍾情，只因這東西來自他從未去過的一個地中海國家。不過，我也有自己痴迷之物，因此能夠理解這樣的行為。

這才是我父親真正的才能——不是機械、相機修理，甚至不是雙關語。他善於在任何情況之下，無論多麼單調乏味，挖掘出等待被發現的快樂。我們為了追求夢想，遠渡重洋，踏上這塊機會之地，卻陷入貧窮，為了生活，汲汲營營。然而，看父親在人家車庫，滿心歡喜地檢查他們要賣的滑雪鏡或咖啡壺，好像忘了所有生活的折磨。我知道這種純粹的滿足。

我甚至覺得這是一種潛在的心靈之旅。就像他在老家，他會從一個細節到另一個細節，一點一滴地去了解周遭的環境，每個細節都津津樂道，然後儲存到他腦中不斷擴大的瑣事資料庫裡。雖然討價還價是我們一家生存的重要本領，我很快就發現，省錢並不是最重要的動機。似乎父親想把這個世界的萬事萬物**編成目錄**。他很隨興，甚至不是特別為了什麼原因，單純只是從這個過程找到快樂。

身為移民，很容易覺得自己所有的問題都來自外面世界，但最大的挑戰其實來自內部，在中國的時候是這樣，

地球上任何一個地方的家庭也是。

　　我最擔心的是母親。在我們眼前，她的健康似乎一天比一天糟。她在中國最後幾年的任何疾病，到了美國都變本加厲。無疑，新生活的壓力讓她喘不過氣來。在收銀機前站一整天的日子，對她來說，必然是一種折磨。回到家後，她身心俱疲，整個人像被掏空一樣，她的疲憊不只是工作造成的。

　　然而，就在生活似乎變得再複雜不過之時，我父親失業了──或許更正確的說法是，他被解雇了。雖然我知道的只是片段，但我能推斷，他跟相機店老闆發生爭執，演變成激烈口角，最後老闆請他離開，永遠別回來。當然，具體細節並不重要，對一個本來就入不敷出的家庭來說，生計頓時陷入困境。

* ✦ ·

　　「你剛剛提到的問題在哪一頁？」

　　「134 頁最下面，黃色方框旁邊。」

　　「啊，我看到了。謝謝。」

　　我和三個同學共組讀書小組。我們都是以英語為第二語言的學生。他們三個，一個是來自臺灣的女生，一個是中國北方的男生，還有一個是韓國來的男生。能跟我合得

來的亞洲學生一起讀書，我覺得比較自在。但在圖書館其他學生看來，我們就像異類，特別是溜出一、兩句母語的時候。

　　放學鈴響。我們把作業和書本塞進背包，掛在肩上，隨著一群學生走出大門。一大群學生就這麼匆匆忙忙、摩肩擦踵地往前走。但那天下午，有人越界，跨越一條無形的界線。讀書小組一個男生不小心碰到一個美國學生——只是極其輕微的碰撞，踩到腳、刮到背包拉鍊，或是其他一閃而過的小動作，根本就沒有人看到。然而，不管發生什麼，有人偏要小題大作。

　　對方的反應既無情又直接。他瞬間暴怒，把那個男生從出口拖到外面，推倒在走廊上，路過的學生本能地讓出一塊空地，圍在他們旁邊。隨後依稀可以瞥見，攻擊者從一個變成兩個，這兩個人一邊大聲辱罵，一邊狂踢猛踹，儘管他們的目標縮成一團，試著保護頭部，但鼻血仍然流了一地。

　　我的思緒紛沓而至，快得無法歸類。我生起一股同理心，這種感覺強烈到讓我反胃，同時，一種不知如何是好的感覺讓我無法動彈。我嚇得魂飛魄散，為那個被打趴在地上的男生，也為我自己。也許讀書小組的其他人會是下一個。我想說些什麼，哪怕只是吐出隻字片語，求他們別

再打了。但我發現一件怪事：在這個混亂的時刻，我不知道該用哪種語言。

那晚回家之後，我的無助傳染給我父母。也許，他們的無助比我更甚。雖然他們的反感跟我一樣明顯，但我感覺到，由於他們過著與世隔絕的生活，一旦面臨暴力威脅，會更加無能為力。他們英文程度不好，就連打電話向校長反映，也做不到。他們無計可施，只能活在恐懼中，擔心孩子的安危。

這次暴力事件之後，我們這個讀書小組有好幾個禮拜都沒碰面。那個被打的男生鼻子骨折，還有腦震盪，他獨自療傷，等我們終於見到他時，發現我們認識的那個男生就像變了一個人。本來樂觀開朗，會用蹩腳英文開玩笑的他，變得退縮、孤僻。那次的暴力實在太殘酷，肉體上的苦痛加上精神上的羞辱，完全侵犯了人身、奪走了人的基本尊嚴，造成這種個性上的轉變。

除了他，我們讀書小組剩下的這幾個人也改變了。原本鬆散的小團體變得緊密，把我們綁在一起的，與其說是友情，不如說是緊張。緊張鑽入我們的每一個毛孔。在我努力適應的過程中，我從未想過會有人身安全的問題。現在，我害怕一個人去上廁所或去學校餐廳，一瞥見圖書館的門就毛骨悚然。而這一切全都發生在我開始適應新環境

之時。

在美國高中求學，我依然對數學和物理情有獨鍾，沒想到的是，又有一個學科讓我怦然心動：美國歷史。我愈研究美國建國的故事，愈讓我想起心愛的物理。又是一群來自東南西北的思想家，聚在一起，提出激進、前衛的想法，超越時代，引領未來。例如美國開國元勛富蘭克林（Benjamin Franklin）就是一個從事科學研究與實踐的科學家，這種對比不只是比喻。

也許最重要的是，我開始體會《權利法案》等文獻的精神。1989 年，父親離開中國前幾個月，母親低聲說的那些話正呼應這樣的理念。我開始意識到，這些理想正是我們千里迢迢來到美國的原因。

我更加埋頭苦讀。我心急如焚，想要藉由轉移視線和鼓勵來穩定自己的思緒。我希望成績快點趕上之前在中國的水準，即使只是一部分也好，但總是因為語言而處處碰壁。我寫作業的速度慢得像蝸牛爬行，飽嘗挫折，幾乎每一句都得查字典。我逐漸重建了熟悉概念的字彙表，像是「velocity（速度）」、「acceleration（加速度）」、「angular（角度）」、「force（力）」、「potential energy（位能）」等，這些術語以全新的面目展現在我面前。但這一切得來不

易。每晚，我終於完成作業上床睡覺時，並沒有獲得成就感，只覺疲倦重重地壓在我身上。對母語不是英語的學生來說，每堂課都是英文課。

更令人沮喪的是，我的數學大有問題。我不得不承認，語言不是藉口。不知怎麼回事，我發現自己一再地計算錯誤，甚至不知道是怎麼錯的。幸好，我不是唯一注意到這個狀況的人；最後，老師要我在放學後留下來，跟我討論。顯然，**某個地方**出了問題，但老師只是困惑，而非擔心。

「飛飛，你可以讓我看一下你的計算機嗎？」他問。於是，我把計算機擺在桌上，看他按鍵。

「啊**哈**！」他驚呼。「是正切（tangent）！飛飛，你的**正切鍵**有問題！你看一下？」

他把自己的計算機放在我那一臺旁邊。果然，儘管輸入相同的數值，按了正切鍵之後，我那臺出現的結果跟他那臺完全不同。

「你一直用有故障的計算機在運算！知道這點，你應該鬆了一口氣了吧？嘿，你可以告訴我，你的計算機是哪來的？」

突然間，真相大白。他這麼一問，我就知道答案為什麼重要。

我有點不好意思，一邊努力回想正確的英文術語，一邊低聲說：「呃，車庫拍賣買來的。」

「嗯。」他答道。我說的似乎不是他期待的答案。「好吧，我們看看能不能借一臺讓你用。」

隨著自信心逐漸恢復，生活也變得愈來愈自在。不管如何，我和父母空閒時都在一起，像是出去買東西、打掃，偶爾窩在沙發上看租來的錄影帶，依稀記得我們看的是臺灣連續劇。我們的生活一點也不完美，母親仍被謎樣的症狀糾纏，儘管不是大病，症狀卻日益惡化。然而，從剛踏上美國到現在，我們第一次覺得平靜安穩的生活似乎觸手可及。

過了幾個月，我們家開始利用週末一些時間探索我們住的這一州。有一次，我們去了普林斯頓大學。這所大學在我們家南邊，車程約一個多小時。我對這所學校的歷史與傳統一無所知，儘管學校的景觀和建築給我留下深刻的印象，其他則只是走馬看花，沒多大興趣。直到我看到一座半身銅像──那面孔是我熟悉的。我立刻停下腳步，我確認這個人是誰時，周圍的世界似乎消失了。我呼吸急促，細讀大理石基座上的銘文：

阿爾伯特·愛因斯坦，1879 年 3 月 14 日生於德國烏爾姆，自 1933 年定居於普林斯頓市默瑟街，直到 1955 年逝世。

愛因斯坦擔任普林斯頓高等研究院教授之前，由於在 1905 年提出《狹義相對論》以及 1915–1916 年發表《廣義相對論》而聞名於世。這兩部著作解釋了宇宙的基本定律。他的名字成為天才的代名詞。

他是諾貝爾物理獎的得獎人、哲學家、人道主義者、教育家和移民，在世界上留下了一個無可磨滅的印記，也對普林斯頓表達無比的感激之意。

　　幾乎每一個字都教我戰慄，我就像發燒了。我重讀碑文，之後又讀一遍。在我醒著的時候，我一直專注於生存。這碑文提醒了我遺忘已久的愛：物理。我對這門學科的熱情已經褪色。我每天都得做一大堆事，上物理課只是其中之一。然而面對我心目中最偉大的英雄，來到他的雕像前，我感覺這份愛回來了。

　　我想起浦江飯店，以及登機前在我心中閃現的樂觀。我跟著母親，毅然決然地把我關心的一切拋在腦後，飛到

千里之外的大陸。也許，我沒錯。也許，這**是個**好兆頭，只是來晚了。到了新環境之後，我與生俱來的好奇心也許畏縮退避，但一直沒消失。

我又有了追尋的目標。

✦ ✦ ✦

「你該知道，在這個班上，有很多學生都很聰明。」

以嚴厲著稱的鮑勃・薩貝拉老師巨人般的身軀轟立在我面前，用冷冰冰的語調對我說。我站在講桌旁，沒有獲得想要的答案。儘管我的英語有待加強，我聽得出來，他要表達的是，我不夠格，而且毫不客氣。

我就讀 11 年級時（相當於高二），也是我在美國的第二年。打從這一年開始，我決心更加努力，證明自己在數學和物理方面的能力。這是一種本能，對想要證明自己、確保未來有希望的移民來說，成績是一個明確的目標。然而，對我而言，一開始是為了恢復自尊，但很快就變成矯枉過正；對未來的惶惶不安使我過度注重考試成績。

這個學年，我剛考完第一次考試，雖然我對自己的計算能力還有些信心，但我擔心自己因為英文程度的緣故，對題目的解讀有誤。考卷發下來的時候，我可以感覺血液在耳朵裡奔騰。我屏住呼吸，翻開考卷，希望自己的分數

至少有 90 出頭，這樣子可以拿到 A-。回到座位之前，我盯著分數，看了一會兒：89.4。

下課後，我沮喪地跟著其他同學，聚集在薩貝拉老師的講桌周圍。基於自尊心，我不是想拜託老師施恩幫我加分，就算把分數進位，也不能改變什麼，但我還是希望能有爭取額外分數的機會。對我來說，A 和 A 以下的分數，有如天堂與地獄之別，我想要一個超越自我的機會。可惜的是，他那天沒有心情給我額外的待遇。

我黯然離開教室，之後整個下午都在回想老師說的話，用另一個角度來解讀。成都的老師似乎只希望我合群，與他人融合，但我開始感覺薩貝拉老師用不同的方式激勵我，希望我脫穎而出。他似乎在說，**沒有人欠你什麼，如果你真的很想拿到 A，下次再努力一點**。我無法假裝心服口服，但我不否認，他這麼做或許是有道理的。

薩貝拉老師不是普通老師。他擁有最高級的學位，因此有專屬辦公室和首席數學教師的頭銜。他是真正的數學行家，收藏了大量的教科書和參考書，形成一面又一面的書牆，朝外的書脊五顏六色，像極了彩虹。我開始跟很多學生一樣，放學後往他辦公室跑，問問題，做作業。很快地，這成了我每天的習慣。

我們私底下稱他的辦公室為「數學實驗室」。那裡成

了我的避難所。日子一天天地過去，一轉眼就是幾個禮拜，不知不覺，已過了好幾個月。數學對我來說，不但要解題，還要解謎——破譯一種新的語言；因為他的輔導，我比較容易克服障礙。上回在圖書館發生的暴力事件還不時在我腦海裡重演，而薩貝拉老師的辦公室讓我真正感到安全。我也重新發現交談是一件單純、快樂的事，對一個移民青少年來說，這是難得的奢侈。

儘管英語不是我的母語，我覺得開口說話不是問題。我依然需要很多單字，也需要別人用英語為我解釋一些概念。於是，我們的問與答演變成漫無邊際的閒聊。我們聊得愈多，我愈發覺，他一點也不像那個否定女孩智力的中國老師，也不像嘲諷讀書沒用的那個餐廳經理。儘管言辭犀利、直率坦白，他從不像別人那樣否定我。他在激勵我，成功點燃我的鬥志。

除了熱愛數字，我們還有很多共同點。一天下課走出教室時，我問他一個簡單的問題：

「薩貝拉老師，您可以推薦幾本書給我嗎？」

「數學方面的書嗎？」

「任何類型的書都行。閱讀可以提升我的英文能力。」

我看得出來，他很樂意為我介紹。薩貝拉老師是那種一打開話匣子就合不上的人。他想了一下，露出微笑。

「你知道亞瑟·克拉克嗎？他是我最喜愛的科幻小說

作家之一。我想，你可能也會喜歡他。」

「啊，科幻小說！我也喜歡，我還喜歡……呃……」

我試著說出我崇拜的一位作家的名字。但我知道我的發音很糟糕，聽起來像是**儒夫・凡納**，他大概聽不懂我在說什麼。

「嗯，儒夫，呃……？」他歪頭皺眉，試圖猜測我要說的名字。

「他寫了一本關於幾萬……呃，公里的書，您知道嗎？海底幾萬公里。」

薩貝拉老師想了一會兒，然後似乎恍然大悟。

「飛飛，你是不是指**儒勒・凡爾納**？」

「對！對！就是**儒－勒**……呃，**凡爾－納**。」我笨拙地重複唸一遍，笑了出來。「我不會唸他的名字，但我好愛他的書！」

他眼睛一亮。後來，我才知道，薩貝拉老師畢生熱愛科幻小說，特別喜歡儒勒・凡爾納。

「你還知道其他西方作家嗎？」

「我知道很多呢！我喜歡馬克……呃，吐－溫，傑克－阿・倫敦，噢，還有海明－阿威、狄更斯……」不知怎麼，這些名字對我來說，容易多了。

「等等——你是說，這些作家的書你都讀過？」

「不是英文書。我看的是中譯本。在中國的時候，我

母親拿給我看的。」

這答案好像出乎他的意料，坐在椅子上的他往後靠，吃驚地大笑。我想，第一次有美國人看出我不只是一個說中文的移民。漸漸地，我們什麼都聊，也不那麼拘謹。他眼裡的我，除了是一個在語言中掙扎、有潛力的中國學生，也是一個狐獨、努力想要融入社會、渴望表達自我的孩子。經過一段時間，我也發現，他不只是老師，我萬萬沒想到，他能做我的朋友。

在接下來的幾個月，去薩貝拉老師的辦公室成為我一天中最期待的事。他總是有一些引人深思的話題，也繼續推薦一些書給我。在他的建議之下，我開始讀克拉克的作品，但我覺得克拉克的英文不好懂。他甚至問我，我是否有推薦他閱讀的書。我的閱讀範圍變廣了，他也是。我推薦他讀一些中國古典名著，如《紅樓夢》、《三國演義》、《西遊記》等。看這些課外讀物，不但沒有影響我的功課，甚至能使我更全面地思考問題。他提醒我，在學習中也能找到樂趣。他幫助我充分發展自己的學術能力和潛力。而我的成績自然而然愈來愈好，沒有什麼好擔心的。

我不是唯一在課後去數學實驗室的學生，然而不久之後，我就成了最常去那裡報到的人，而薩貝拉老師也尊重我的學習欲望。同樣地，我感謝他的耐心。贏得移民學生

的信任是很不容易的一件事，但他的用心與付出教我感激不已。

　　過了一週又一週，我們要學的東西愈來愈抽象，問題也愈來愈困難，例如切向量、弧長、偏導數、連鎖律等，但另一方面，我覺得可以自由自在地對他傾訴，我從來沒想過我能跟美國人說心事。像是家裡經濟狀況不好、青少年時期對父母的不耐，我一直把這些事埋在心底，直到遇見他。久而久之，他不只是我的數學老師、我的心理輔導師，也是我的朋友。在遇見他之前，我一直像是沒有宣洩出口的火山。

　　從很多方面來看，他補足我與父母關係的缺口。雖然我母親一直鼓勵我，但她對數學和物理沒興趣，而且身體愈來愈差，時間久了，相處就變得困難、複雜。儘管我父親對我影響最深——我對自然世界的好奇心就是父親激起的，他甚至是我的物理啟蒙老師，但我得承認，他早就沒辦法教我了，我需要進一步的指引。薩貝拉老師在我身上看到別人無法看到、連我自己都不知道的潛能，而他的專長能幫助我培養潛能。

　　有趣的是，我的出現似乎也對薩貝拉老師起了類似作用。我對他的了解愈來愈多。我一直以為像他這樣一個美國社會菁英應該是天之驕子，沒想到他是在沒有家人的支持下，一個人刻苦奮鬥出來的。他其實是義大利移民之

子，家人嘲笑他，說他是沒用的書蟲，只會沉迷於科幻小
說。即使他有兄弟姊妹，依然覺得自己是個棄兒。久而久
之，他在心靈中找到一個庇護所，日益退縮到孤獨的知識
世界。就這點來看，我們可說同病相憐。

✦ ✦ ✦

我和同學一樣，在畢業的前一年，滿腦子都是升學的
事。我的目標是州立大學和社區大學，至於長春藤名校是
我做夢也不敢想的，但有一所學校一直教我念念不忘：普
林斯頓。在命運的安排下，我來到紐澤西，離愛因斯坦所
說的家只有一個小時的車程。上次去這所學校探訪的情景
仍歷歷在目。一個家境清寒，生活用品和計算機這類學用
品要去車庫拍賣撿破爛的學生，怎麼可能負擔常春藤名校
的學費？但我還是忍不住申請了普林斯頓。就把它當成特
別的象徵吧，當作是一個遙不可及的夢想。

12 月，一個天寒地凍的下午，申請結果通知送達。
放學後，我發現家裡的信箱被雪覆蓋。我撥開髒雪，看到
最上面的郵件，倒吸了一口氣。我一眼就認出信封上的徽
章。黑橘兩色的盾牌。**普林斯頓**。這封信很輕薄。只有錄
取通知書才會沉甸甸的，因為會附上一大疊資料，包括入
學手冊、新生報到須知等。顯然，這是另一種。

我不用看，也知道沒錄取，但我還是想親眼看到才死

心。沒錄取就算了，反正也不用擔心錢的事。我隨意撕開
信封。映入眼簾的第一個字是用粗體字打出來的「**Yes!**」我
很困惑，再掃視一下，了解此信內容；看來，我的申請是
列入提早申請方案，在這段期間，**不管錄取與否**，只會用
簡單的信件通知。我真的不確定自己看到的內容，如果我
沒解讀錯的話──我被錄取了。

　　驚喜還不止於此。信中附上一份「學費補助」的申請
文件，其中涉及的法律細節已超出我的閱讀能力。第二
天，我把這封信帶到學校，拿給薩貝拉老師看……他似乎
也不甚了解。他停頓了一下，瞇著眼睛看著那一頁。我在
一旁注意看他表情的變化。他終於抬起頭來，深呼吸一
下，問我是否能讓他再研究一會兒。

　　他說：「我**想**，我大概知道是什麼意思，但我想確認
一下。」

　　我大吃一驚。**他**怎麼會跟我一樣困惑？

　　薩貝拉先生建議我們去找校長，聽聽他的意見。不出
所料，這封信似乎對校長產生同樣的影響──至少一開始
是這樣。校長也是一臉疑惑，接著坐在椅子上的他往後
靠，看著遠方。沉默片刻之後，他解釋說，我的確錄取普
林斯頓，此外，學校還提供一份近乎全額的獎學金。

　　多年後，我才完全了解這一刻對我有多麼關鍵，甚至
對我父母也十分重要。儘管我母親聽到這個消息的時候，

鎮定自若，但是我感覺得到，這對她意義非凡。她人生的每一個重要事件都在提醒她，她生錯地方了，而這是沒有辦法彌補、調適的。幾十年來，她一直裝出很有自信的樣子，但我知道她從未真正擁有自信。此刻，她第一次有理由相信，未來還有其他可能——說不定她在這之前從未相信過。畢竟，她賭上了一切，現在總算鬆了一口氣。我想，我永遠不可能完全了解這種心情。

畢業前最後幾個月，可能是我來到美國之後第一次充滿自信。薩貝拉老師的指導幫我重新找回尊嚴，而且提醒我，外來者也能獲得友誼和信任。我甚至認識了他太太琴恩。他們倆都很高，也都在高中教數學，但他性格內向、沉默寡言，琴恩則外向活潑、非常健談。顯然，他經常在家提起我們在課後聊的東西，於是琴恩在年末邀請我去他們家吃飯。這是我第一次看到郊區美國人的家庭生活。

在學習方面，數學和物理都是我最主要的目標。畢竟，我熱愛這兩個學科，再者，它們是大學先修課程。然而，經過三年夜以繼日地上課、工作以及努力跨越語言障礙，我有生以來第一次覺得我該放慢腳步。這是一種苦樂參半的平靜，我的世界終於可以不必瘋狂運轉，但我心中升起一絲不安：我不可能永遠當薩貝拉老師的學生，我不知道畢業後是否還能見到他。

　　他似乎與我心有靈犀，知道我在想什麼。一天，放學的時候，他一反常態怯生生地走向我。我很少看到他這樣：表面上看起來並不緊張，講起話來特別拐彎抹角，像是他知道自己想說什麼，卻說不出口。他想說的似乎也不是什麼大不了的事。他想知道，我畢業之後，是否想跟他和他的家人保持聯繫？

　　我不禁啞然失笑。這豈是一個可以隨口回答的問題？他顯然沒有意識到，他已經成為我最親密、最真摯的朋友，也是我**唯一**的美國朋友。我已感覺我們親如一家。問題不是我是否想保持聯絡，而是如果沒有他，我要如何在這個國家生存下去。

✦　★　✦

　　風穿過樹枝，嘶嘶作響，脆弱的葉子跟著窸窸窣窣。淺灰色的水泥路徑將綠色草坪切割成一個個多邊形。棕色磚牆靜靜地守望著，牆面有幾個世紀以來留下的痕跡。在這一切之上，天空是如此澄淨，讓我難以相信這是真實的情境。在這麼一個秋日午後，普林斯頓就像是一場夢。我不得不再三提醒自己：我不只是個過客。

　　我生於中國的中產階級家庭，度過田園詩般的童年，青少年時期來到美國，飽嘗貧窮的滋味，學習第二種語言。由於我前段時間取得綠卡，距離成為合法公民那一天

又更近了一步。我生活在一個移民社區,那裡的人聰明、勤勞,卻永遠在財富階梯底下,爬不上去。我只能站在一旁,直愣愣地看著和我一樣的外國學生,因為無法融入,被打到遍體鱗傷、眼冒金星——我永遠忘不了那一幕。

這些時刻確實黑暗,但也使我更加感激一路走來對我伸出援手的人。我感謝社區給我們一個立足之地,讓我們這個移民家庭得以在這裡展開新生活。我感謝很多老師鼓勵像我這樣幾乎不會說英語的學生,其中一位甚至不斷地為我加油、吶喊,把我的成敗當作是他的責任。我感謝一所常春藤名校給我求學的機會。這個國家看似陌生,卻開始讓人覺得是可以親近、了解的。

儘管我的語言能力已出現轉機,但仍有待鍛鍊。我終於敢說話,不再是沒有聲音的人。就算不完美,但仍是我的聲音。如果我打算將這一生獻給科學,無論會在哪個領域發展,我都感謝我在人生低谷遇見的貴人。我漸漸找回失去已久的感覺。因此,我滿心感激。

無論我家的故事最後會有什麼樣的結局,這故事還沒完。我們還是很窮,依然是局外人,而且不知道未來會如何。但我們不再孤單。

第4章

探索心智

　　實驗室一片漆黑，每一個人的目光都緊盯著投射在牆上的一段循環播放、十六秒的黑白短片。幾乎所有的眼睛都是人的眼睛，只有一對例外——這兩隻眼睛最為關鍵，因為是一隻貓的眼睛，而這隻貓正躺在我眼前的桌上。我們用一組電極，小心翼翼地探測牠的大腦。在昏暗的燈光下，一束束纏繞在一起的金屬線，將電極和放大器連接在一起。放大器會把貓視覺皮層（大腦中負責視覺的部分）的尖峰活動轉化為聲音訊號。當圖像不斷地向貓播放時，

一對喇叭發出一種不規律、雜亂的劈啪響聲，充滿了整個實驗室。

貓看到什麼，我們就**聽到**什麼。

這一年是 1997 年，雖然我是以物理系學生（正確來說，我是個大二生）的身分進入實驗室，但隨著實驗的進展，我感覺我的內心也出現某種變化。我正面對一個謎，這個謎似乎比宇宙本身還大，而且比宇宙微妙無數倍。在短短幾年內，這個謎把我整個吞沒。

「嗯，你的大學生活怎麼樣？」

上普林斯頓之後，我第一次打電話給薩貝拉老師。

「該從何說起呢？校園很夢幻，就像一場夢。我有生以來第一次看到學校餐廳能有這麼多的選擇——噢！**對了**！我還有**室友**呢！說真的，您恐怕不會相信我們今天的午餐有什麼。」

「所以，你對普林斯頓的第一印象，嗯……都是跟食物有關？」他笑道，「宿舍怎麼樣？」

「很好玩啊，我聽到很多人抱怨新生宿舍太小。老實說，跟我家裡的房間相比，宿舍房間還大幾平方英尺呢。」

　　我進了一個夢幻般的世界。我大概喋喋不休地講了二十分鐘，講述這所長春藤名校許多教我驚奇的地方——說白了，也就是過去五天在學校的體驗。我發現了學校的藝術收藏品[5]，這些藝術品是真正的人間瑰寶。校園裡還有種種便利設施，對我們這些靠獎助學金上學的人來說，看到每間寢室都配備了專用電話和郵箱，真是眼界大開。

　　此外，這裡也是科學研究的聖地。我第一次去參加生物學研討會時，經過一扇通往實驗室的玻璃門，我有一種門那邊是我夢想之地的錯覺：研究人員戴著護目鏡、身穿白色實驗長袍，在裡面來回穿梭，助手在精密儀器上把樣本移來移去，牆上貼滿了結果和發現的海報，這一幕看起來就像電影裡的場景。

　　這裡讓我流連忘返，但校園裡的圖書館更吸引我。最主要的燧石圖書館在校園諸多建築之中巍峨矗立，這樣的外觀和精神，呈現不可思議的壯美。數學與物理圖書館都在地下室，也是我最常去的地方。雖然這兩個圖書館稱不上宏偉，其中的學術奇蹟卻教人驚豔。這裡一天到晚都有學生，藏書極為豐富。我知道，這裡是學術聖殿。一走進

5　譯注：普林斯頓大學藝術博物館創建於 1882 年，內有九萬多件從遠古時期到當代的收藏品，包括亞洲藝術、非洲藝術與美洲藝術。

這裡，我就有回到家的感覺。

普林斯頓就像是我來到美國後呼吸到的第一口真正的新鮮空氣，我慢慢地吸入。身為移民，我無法擺脫那種獎學金就是經濟命脈的感覺。踏入醫學、金融或工程等收入豐厚的領域，是逃脫在社會邊緣掙扎命運的出路。這個邏輯無可辯駁。況且日後我有供養父母義不容辭的責任。

但我內心有一個聲音在和這種務實思想唱反調。這個聲音很小，像是耳語，但不屈不撓地懇求我去追逐從小養成的那點好奇心的火花：在普林斯頓這個現代物理的大本營攻讀物理吧。這純粹是感情用事，一點也不實際，但我擺脫不了這種呼喚。無論未來四年會是什麼樣子，我都無法想像自己去攻讀別的領域。

我內心的聲音不是唯一的投票。儘管母親在美國過著幾乎一貧如洗的生活，打從來到這裡，她每天都在出賣勞力，夜以繼日地工作。但她依然堅持我要追隨自己對科學的熱愛。多年的艱苦生活並沒有改變她，她還是那個從小就鼓勵我閱讀經典書籍的書生文化人。即使身陷貧窮的泥淖，她仍孜孜不倦，堅定不移。父親也毫不猶豫地同意我。除了我們這一家人，其他人都認為我的決定莫名其妙——尤其是我們在帕西潘尼移民社區的朋友，他們認為我

這是在浪費賺錢的大好機會。但我有家人的支持就夠了。

　　如果我需要更多的鼓勵,可以在周遭找到,特別是我第一次踏入物理學講堂時。那裡像一個巨大的洞穴,天花板很高,由線條柔和的椽條支撐著。實心硬木的長凳從門口往下延伸,一直到最前方,也就是教授即將站立的地方──那裡就像一個舞臺,正在等待表演者。牆上掛了一排黑板,比我在高中時看到的任何黑板都要大得多,前幾堂課授課老師寫的方程式還留在上面。講堂後方有高聳的窗戶,俯瞰著這一切,一道道自然光柱照亮室內。

　　我在尋找空位。我的心怦怦跳,節奏大約是步調的兩倍。我環顧四周,每一個學生似乎都懂得比我多。他們或坐或站,還有一些人在交談,似乎這裡是他們的地盤。最後,我找到一個可以坐下的位子時,教授出現了,大廳頓時鴉雀無聲。

　　「這門課是物理 105 高等力學。歡迎各位。這門課不容易,但對願意努力的人來說,應該能獲得很大的啟發。」教授看起來有威嚴,隨便梳理的灰白頭髮,斜紋軟呢大衣隨意扔到椅子上,流露出的沉著與自信顯然來自對這個專業研究幾十年的深厚積累。

　　「聽說,有些學生稱這門課是『**死亡力學**』。」他笑著說,「我想,就學生流失率而言,這種說法很中肯。」

我在座位上坐好，吸了一口氣，既緊張又興奮。

「對歷史感興趣的人或許知道，愛因斯坦在本校授課期間，多次在這個『帕默講堂』講課。就在這裡。」

什麼？我正襟危坐。

「其實，高等研究院就在附近，它就在愛因斯坦大道1號。據說，這裡是特別為愛因斯坦挑選的，因為他喜歡在這一帶的樹叢中散步，思索……只有在孤獨時能思索的問題。」

這一切像是排山倒海而來，教我招架不住。彷彿我被這所學校的數百年歷史和高聳的哥德式建築迷得還不夠。彷彿我還需要確認物理是我正確的選擇。彷彿我愛物理愛得不夠深。

周圍的一切似乎更令人著迷。教科書紙張的氣味、磚瓦，以及剛修剪過的草地散發出清新的氣息。老師們在人滿為患的講堂裡悠閒地來回踱步，有時停下來靠在講桌上，隨意地歪著頭。還有他們穿毛衣的樣子，他們拿粉筆的姿態，他們說的每一個字都蘊含畢生的知識，他們的眼睛炯炯有神，他們上課講的東西早就倒背如流了吧。我一直覺得自己夠有激情的了，他們的**那種**激情卻是我還未曾想像過的。

特別讓我難忘的是威紹斯教授（Eric Wieschaus）。他主

持的遺傳學研討會讓大一新生也能接觸到這個領域最尖端的研究。他是專家中的專家，給我印象最深的是他的語調；他的聲音輕柔、溫順，卻永遠充滿激情。他毫無菁英派頭，身穿寬鬆的格子襯衫、頭髮蓬鬆散亂，留著濃密的鬍子，看起來更像是個木匠，而不是科學家。即使是最複雜的想法，他都願意慷慨分享，不會當成祕密據為己有。然而，一個秋天的早晨，他更證明自己是超世之才。

「各位同學，很抱歉，今天恐怕要提早三十分鐘下課。我實在不願意這樣，但是，呃……我想，有人也許已經聽說了……」

幾個學生緊張起來，你看著我，我看著你。

「今天早上，我接到電話，得知我和努斯蘭－沃哈德（Christiane Nüsslein-Volhard）和路易士（Edward B. Lewis）獲得今年的諾貝爾生理醫學獎。」

所有的人都倒吸了一口氣，屏氣凝神。

「哇！」一個學生的歡呼聲打破寂靜，接著有人拍手。突然間，掌聲響遍了整個講堂，震耳欲聾。

「可以講講你們做了什麼嗎？」另一個聲音說，緩和了緊張的氣氛，全場掀起一陣笑聲。

教授露出靦腆的微笑，答道：「你們可以放心，我保證這學期會教給你們！」

全班同學開玩笑似地發出失望的呻吟聲。

「嗯，好吧。」他讓步。呻吟聲立刻轉為歡呼聲。

「這一切是始於**果蠅**突變表型的紀錄。我們發現有些基因會引發致命的併發症，因此開始尋找相關的例子。我們在偶然間發現了意想不到的東西。這是不得了的發現。我們發現這些基因在人體裡也會表現，和很多人類疾病的發生有關。」

「你們必須了解，」他繼續說，「這是一項**艱巨**的工作。我們篩選了數以千計的基因，只為了找尋極少數會導致果蠅先天缺陷的基因。這並不是明智的生涯選擇，特別是在那個年代。但我能說什麼呢？那時我們都很年輕，所以天不怕地不怕。我想，我們的努力有了回報。」

最後，值得一提的是天體物理學家泰森（Neil deGrasse Tyson）。他在普林斯頓任教時還不是很有名，後來則成為全球知名的宇宙學網紅「泰森教授」和節目主持人。他的教學風格生動活潑、極具感染力，而他的親和力則是他的註冊商標。他剛被任命為海登天文館館長，每週一次會從紐約搭火車來為我們上課。他一走進講堂，每一個學生都目不轉睛地看著他。在上課前，他的一舉一動幾乎就像表演：他鄭重其事地脫下外套、解開領帶、拿下手錶，然後從口袋把皮夾掏出來，擺在桌上，有時甚至脫掉鞋子。顯

然，他不希望在和我們分享他對天體物理學的痴迷時，身上有任何東西會造成干擾。

最後一堂課尤其令人難忘。他把燈光調暗，投影出哈伯太空望遠鏡拍攝到的超深空照片，呈現遙遠的宇宙景象。他用極富磁性的嗓音對我們說，那聲音彷彿是來自宇宙深處的呼喚。

「各位，深呼吸。就讓……讓這張照片洗滌你的心靈。」他說的每一個字都經過精挑細選，他用溫柔的語調喃喃地說。「這些微小的光斑不是恆星，甚至不是恆星系統，而是整個**星系，數十萬個**星系。我們弱小的大腦根本無法消化這樣的規模。多虧有哈伯太空望遠鏡這樣的工具，我們這個物種才能瞥見宇宙。這就是為什麼我在最後一堂課讓你們看這張照片，因為我不希望你們忘記這種感覺。保持好奇心。勇往直前。永遠不要害怕提出難以回答的問題。哈伯超深空這張令人驚異的照片，證明答案可能無限美妙。」

✦　✦　✦

兩個世界正在成形。一個是現實生活，在這個世界中，我依然擔心母親的健康、我們的經濟能力，以及我做為外來者的身分（儘管我愈來愈覺得自己很幸運）。另一

個世界是普林斯頓——知識的天堂。

薩貝拉老師和師母琴恩是這兩個世界的橋梁。高中畢業後，我和他們的友誼更加深厚。（母親給薩貝拉老師取了個既親暱又正式的綽號：**大鬍子數學老師**。）在我生命中出現的成年人當中，他們倆是唯二真正上過美國大學的人。在剛上大學的頭幾個月，拙笨的我幸好有他們做我的知己。我和薩貝拉老師每個禮拜都會通電話，從未間斷。儘管我熱愛目前的新生活，但常常覺得壓力很大，而我去薩貝拉老師家做客時，能暫時獲得解脫。

他們的孩子長得很快，最大的已經十幾歲了，他們一家似乎都喜歡取笑我的心不在焉，像是我在最寒冷的時候竟會忘記戴手套，還有我總是穿不成對的襪子。除了通電話、共進晚餐和嬉笑打鬧，他們也是我的第一個美國榜樣。他們為人謙和、熱心公益，而且永遠親切。

儘管我想同時腳踏這兩個世界，大一還沒結束，這兩個世界就碰撞在一起了。母親謎樣的老毛病持續惡化，現在進入危機。我很快就知道，其實我父母早就料到會有這一天（也許打從我出生開始，他們已有心理準備），只是他們仍然沒有能力面對這個問題。現在，他們似乎別無選擇。是該讓我知道實情的時候了。

母親在少女時期曾罹患風濕熱，反覆發作了一段很長

的時間，致使心臟瓣膜組織受損，成年之後，心血管狀況逐漸惡化。醫生甚至曾警告她，懷孕生產風險太大。知道她賭命生下我，我既感動又傷心。我早已虧欠她太多，她的叛逆造就了我，理所當然也包括我這條命。如今，長年糾纏她的慢性病可能演變成急症，甚至可能威脅到她的性命。如果不開刀，每一天都可能是她生命的最後一日。

「唉……真教人難過。」薩貝拉老師語氣流露出一種脆弱。我真不習慣聽他這樣說話。

「怎麼辦？醫生說，她得開刀才能**活下來**。」

他沉默一下，但這片刻足以讓我的心為之一沉。就連他也沒有答案。

「飛飛，我希望我知道該怎麼辦……」

我陷入恐慌。

我無法想像的情景悄然浮現在我腦海中：沒有母親的生活，這個念頭如此黑暗，教我迷失方向，以致我不知如何是好。一種純粹、原始的重量壓在我心頭，無形、冰冷，讓我喘不過氣來，甚至深深地鑽到我的胃裡。孤獨來襲，教人猝不及防。

更糟的是，我們的悲傷伴隨著令人尷尬的現實問題。雖然荒誕，但我們不得不承認。我們以為，多年來我們拚命省吃儉用，應該存了不少錢。現在才知道，手術費遠超

出我們支票帳戶裡的錢。我們匆匆了解我們的選擇（或者該說其實我們沒有選擇），情況愈來愈清楚，光是術後檢查、藥物和照護的費用就可能讓我們破產。

一旦失去母親，我們家的未來會如何，對我來說實在不堪設想。母親有一份全職的工作，儘管收入微薄，我們一家還能勉強維持生計。少了這份收入，我們要如何生存？雖然父親很愛我們，要他養家活口著實困難；他還是跟以前一樣童心未泯，永遠像是一個孩子，需要母親認真、嚴肅的性格做為互補。而我還在普林斯頓大學攻讀物理。一張又一張骨牌即將倒下。我實在無法想像，塵埃落定之後，我們的生活會是什麼樣子。

接著，我們的運氣有了轉變。儘管薩貝拉老師不知道如何幫我們解決手術費用的問題，幾個禮拜後，他和一位同事（也就是我的高中美術老師）談到我們家的情況。美術老師的鄰居知道一家名叫德博拉心肺中心（Deborah Heart and Lung Center）的醫院，說德博拉不只專精於我母親需要的那種手術，甚至為低收入家庭提供所需的醫療補助，而這家醫院甚至就在普林斯頓附近。

我馬上打電話詢問。為了讓我父母和醫院服務人員得以溝通，我壓抑住自己的興奮，擔任翻譯的角色。很快，

我就發現了一個驚人的事實：他們真的能幫我們，不只是能為我母親手術，而且我們似乎有資格獲得全額補助。我連聲道謝，手顫抖著把話筒掛上去。

母親的手術日期剛好碰上第一學期期末考，但由於學校的榮譽守則，只要自律、承諾遵守考試規定，就能遠距考試，因此我能在醫院應考。我在手術室消毒區外邊找地方坐，一邊寫試卷，一邊在我母親接受手術時和術後幫忙翻譯。

我不得不承認，在焦急等待時能分散注意力也是件好事。雖然這是很安全的微創手術，我們不必擔心失去她，但醫生已經說了，她的預後取決於手術結果。不管出於什麼原因，如手術成效不如預期，我們也沒有其他選擇。在可見的未來，我們只有一次的機會，而且我們已經做了。

我寫完考卷時，父親在醫院大廳踱步。我不由得反思我們在美國的處境。去年，我們非常幸運，但這依然掩飾不住我們在這個國家沒有根的事實。我想知道，一旦我們的運氣用完了，等待我們的會是什麼。目前，我們仍在邊緣，儘管沒跌下去，卻岌岌可危。而在這一切之下，最簡單、最深刻的一個事實是，我還沒準備好，無法跟母親告別。我希望還有更多的試卷可寫。

最後，醫生從手術室出來，比了個手勢，要我們跟他

一起坐在長凳上。

「我們有很多事情要討論，就從最重要的開始吧：手術很成功。」

那天，我第一次長長地吐出一口氣。我知道父親幾乎聽不懂我和醫生在說什麼，但在我為他翻譯之前，我的身體語言已把結果表明得一清二楚。我感覺父親也和我一樣如釋重負。

「她還能活很多年，前提是，從現在開始，她必須把健康放在第一位。」

「好的，當然。」我有氣無力地說，「但是，她要怎麼做呢？」

「像她這樣的病人，壓力是最大的敵人。她的精神和身體都不能承受壓力。首先，最重要的問題是：她目前有工作嗎？」

「有，她有一份全職的工作，」我小心翼翼地答道。

醫生的表情變得嚴肅。

「這點必須改變。這是沒辦法的事。**最多**只能兼職。即使這樣，也得非常小心。你們必須了解：這次手術確實幫助很大，但**基本上**，她的心臟功能仍有異常而且非常脆弱。她根本**不能**勞累。」

即使我滿懷感激，也不禁沮喪。當然，跟醫生沒有關

係。我知道，他是好意，才會這樣勸告，我也毫不懷疑他說的是對的。但我依然喪氣。

「我明白，那她有多久不能工作？」我問道。

醫生停頓了一會兒，突然明白了我們之間期望的差距。「飛飛，在她有生之年，都不適合再工作了。」

半個月後，她就回去工作了。一樣是全職工作。

我毫不懷疑，她的叛逆精神使她對新的約束嗤之以鼻，但現實問題是無法靠浪漫主義解決的。我們家的情況前景不明，她要去工作就是冒險，但她別無選擇，只能每天冒險──她甚至比以前更堅決地要我繼續普林斯頓的學業。她和我父親費盡千辛萬苦跑來美國，冒了那麼大的風險，無論如何，現在不能放棄。

幸好，手術確實大有幫助。她比以前更有活力了，似乎也擺脫糾纏她多年的胸痛。開完刀才幾個禮拜，我週末回家，發現她不再像從前那樣喘不過氣。儘管如此，我們還是得調整；要我留在普林斯頓這件事沒有商量餘地，所以我們得找出一個兩全其美的辦法。

術後不久，在我又回家的時候提到這個問題。我們坐在餐桌前，這桌子是我們剛到美國不久時從路邊撿來的。

這幾年，我們都在這裡講話、爭吵、吃飯，餐點則是我利用寫作業的空檔和父親一起準備的。

「飛飛，你也知道，我在禮品店的工作愈來愈吃力。現在該改變了。」

「什麼樣的改變？」我問道。

「我們必須找一個更好的謀生方式，不能老是依賴別人。我跟你爸想自己做點小生意。」

這種想法表面上看起來很荒謬，但我們愈討論愈覺得有道理。這幾年的遭遇讓我們渴望站起來，自己採取行動。這和我母親的手術不同。如果她的手術需要自費，我們就算傾家蕩產也付不起，做生意的話，我們真的有機會。我們要開的店能有一點收入的話，就可以向紐澤西移民社區裡的朋友借錢。不管如何，這次我們是主動出擊。

我們的第一個想法是開一家雜貨店，專門販售中國食品和食材，因為這個社區的移民常常得開車到其他城鎮購物。這是個好點子，但也是把雙刃劍：我們家人手不足，母親體弱多病，父親又無法長時間專注在工作上。再者送貨時間也是一大考驗，一般是在清晨，而紐澤西冬日清晨很冷，總是冰天雪地。由於寒冷最容易誘發我母親的症狀，光是這點就不行了。

我們繼續在分類廣告找要頂讓的店。餐館、以前雇用

父親的那種修理店、像母親工作的禮品店等。我們不斷尋找，大多數都有利有弊，直到最後，那一頁的下方有個讓我們眼睛一亮的啟事——這像是擺在銀盤上，端上來給我們的。當地有家乾洗店想要頂讓。我們愈考慮，愈覺得這是個完美的選擇。

可想而知，乾洗店的營業時間是合理的，因此母親可免冬日風寒之苦。乾洗主要是靠機械設備，如鍋爐、燙平機、輸送帶等。在這種環境之下，我父親的機械天賦終於可以派上用場。週末客人特別多，人手不足，我可以回家幫忙。乾洗店幾乎滿足我們能想到的所有條件（只是，我們一家三口完全沒有經驗）。

當然，還得考慮價格，十萬美元可不是在開玩笑。然而，只要運用一點策略，即使是這樣的難關，似乎也是可以克服的。雖然我們的存款不多（不到兩萬美元），還是可以從這個起點開始努力。這幾年，我們不只存了錢，也累積了一點人脈——朋友、鄰居、雇主，還有許多我父親很早就認識的中國移民。我們費了些功夫，終於湊到了好幾萬美元。要償還每筆借款的本金恐怕要好幾百年，利息就更不用說了，但我們總算有了進展。

可惜，我們的好運無法長久。儘管我們籌到不少錢，對我們這樣的家庭來說，已是驚人的數目，但仍達不到足

以讓賣方願意跟我們談判的十萬元。計畫暫時擱淺。幾個
禮拜過去，我們漸漸斷念。當然，我在普林斯頓有忙不完
的課業，而我父母也有自己的事要忙。目前，我母親只是
忍耐，靜待其變。

約莫一個月後，薩貝拉老師說週末要來載我回家。這
沒有什麼不尋常的，因為我回帕西潘尼時偶爾會去住他
家。但那天，打從我爬上他的速霸陸那一刻，就覺得他有
點怪怪的。他聽來似乎有些事在心上壓著，不知如何啟
齒；有重要事情要說的時候，他常會這樣。他似乎找到了
一條最費力、最迂迴的路徑來切入正題，像是求我把他的
祕密挖出來似的。

「我跟你說，我，呃……幾天前的晚上，我跟琴恩談
了。我跟她說，嗯，我們討論了一些事情……」

「……然後呢？」我問。

「嗯，我只是……我沒想到她這麼大方。她……你知
道，她一直是很大方的人，而我——呃……」

我不知道他想要說什麼。

「嗯，我和她，呃，我們決定……」

「薩貝拉老師，我不曉得……」

「我要說的是，你們不是要買乾洗店嗎？不夠的部
分，我們可以借給你們！」

打從我們最初開始認識，我與薩貝拉老師就無所不談。我們交談、辯論，甚至會鬥嘴。這次，我完全說不出話來。

✦　✦　✦

「嗨，柯恩先生！您的夾克已經洗好了。」

「你記得我？！」顧客笑著回答，既驚訝又覺得有趣。他的表情就像在看魔術表演。「真不知道你是怎麼做到的。」他一邊說，一邊在皮夾裡找領取單據。我母親報以微笑，和他的熱情相得益彰。我很少看到她這一面（也許從未看過），況且她手術後還不到半年，所以這一幕特別教我驚奇。

母親早就記住他來送洗衣物時開著一部深藍福斯Passat，因此一看到他的車開進停車場，就把他的夾克拿出來，準備交給他。儘管柯恩先生不知道我母親是怎麼做的，肯定非常佩服這種本事。「柯恩先生！灰色夾克！」在店門開啟發出一聲叮噹之前，我就在她命令下，匆匆把夾克遞過來。對我們的顧客來說，這種服務簡直神速。由於我母親出生於一個國民黨家庭，在文化大革命成為被批鬥的對象，從此看淡一切。如今，在紐澤西的乾洗店裡，她活出了熱情的笑臉。

其實，一開始並沒有這麼順利。因為單據出錯、衣服

放錯地方和衣物損壞賠償，我們賠的錢要比賺的錢多。我們手腳慢、效率差，顧客來拿衣服常常等得不耐煩，怪我們拖延了他們的時間。我們經常還為了停車場的問題跟隔壁餐廳發生爭執。最後，我們洗壞了一件名貴的喀什米爾毛衣（說實話，我就是那個罪魁禍首），創下我們開店以來最高的賠償金額紀錄，但經過這次考驗後，我們漸漸得心應手。

我們總算知道自己的方向。我們的生意慢慢步入正軌，從手忙腳亂變得駕輕就熟，做事有條有理、小心謹慎，甚至有了節奏；我們的顧客也注意到這一點。愈來愈多顧客成了常客，尤其是每天從郊區到城裡上班的年輕專業人士。直到很久之後，我們才發現，我們的店在最好的時機開在最好的地點：1990 年代後半葉，經濟蓬勃發展，而我們的乾洗店剛好在公車站對面，是帕西潘尼轉車到曼哈頓下城的中轉點。

我想起薩貝拉老師和師母，儘管他們薪水不高，孩子也快上大學了，依然慷慨解囊，拿出好幾萬塊借給我們，只是希望看到我們一家能活下去。他們的慷慨教我無法想像，也讓我更難以承受失敗。無論如何，我都不能讓他們失望。因此，生意穩定的早期跡象也就更讓人欣喜。按照我們的發展速度，還款速度也許能比地質年代表快一點。

最令人欣慰的是，我看到了多年來未曾看到的：我父

母終於能做真正的自己。不只是為了生存被動反應和掙扎，而能**有所作為**。他們是社會的一份子，每天都以自己的方式做出貢獻。他們讓我記起父母是有創造力和聰明才智的人，而且至少就我母親來說，很能吃苦、勤奮工作。

我母親待客親切的服務本領不是唯一令人驚奇的地方。她發現乾洗利潤很低，修改衣服反而比較有賺頭，於是她開始為顧客提供修改衣服的服務。她幾乎完全沒有經驗，真是大膽。但她在成都幫我做衣服時，學到了一點技術，就以此為基礎，把興趣變成職業，邊做邊學。結果，她成功了。就連最早找她修改衣服的客人都不知道她原來是個大外行。她悄悄地迅速掌握訣竅，冷靜、有條不紊地改正早先的錯誤，不到一年就累積了不少回頭客，擄獲顧客的忠誠。

我父親也找到自己能發揮所長的地方。店裡有很多機器，對他來說，就像是個遊樂場，他會定期保養鍋爐、燙平機、輸送帶和乾洗機器。他對機器情有獨鍾，這番熱情不但為我們省下幾千美元的修理費用，他甚至愈來愈有創造力。例如，有一天他靈機一動，在店裡用電線和鉤子做藤架，讓長春藤等藤蔓植物攀爬上去。店裡變得綠意盎然，不但滿足他對自然的熱愛，客人看了也賞心悅目。

有時，我不得不後退一步，靜靜地看著。他們是在中國陪我長大的人：堅毅、機智、卓越。我已經很久沒在他

們身上看到這些特質。如今,再度看到他們展現這些優點,我感到非常自豪。

＊　＊　＊

我的大學生活和大多數的美國學生不同。我對家裡的責任是最明顯的障礙,加上我個性不容易放下警惕和傾向獨來獨往,因此學業以外的事情對我來說都頗為困難。而且還有一些別的因素:我覺得自己和同年齡的人格格不入,除了語言、文化差距,還有階級的鴻溝。

這種隔閡的暗示往往很淺,甚至不明顯,但始終存在。有句成語說,鞋匠的孩子沒鞋穿。我們家雖然是開乾洗店的,並不表示我有穿不完的衣服。不過,這是一個可以解決的問題。唸得起長春藤名校的學生家境都很富裕,因此宿舍洗衣房幾乎堆滿被丟棄的衣服。我既然是靠車庫拍賣撿來的東西讀完高中的,上了大學也能好好利用二手衣物。

其他鴻溝則較難敉平。我們學校的飲食俱樂部 [6] 很有名,我從來沒參加過,我也從來沒有培養出太多長春藤校學生那種天生利用社交網路的本領。回想起來,我懷疑自己是否參加過哪怕一次派對。說到底,即使我能到這所名

6　編注:普林斯頓大學有十多間飲食俱樂部,菁英／有錢學生通常會在高年級時選擇加入其中一間。

校就讀，也無法改變這麼一個事實：我的同年人往往覺得我來自另一個世界。他們不了解我的世界，我也覺得他們的世界難以理解。

不過，這種封閉的生活也有好處。家庭責任之外我剩下的時間有限，不能再讓別的事情侵占我已經擁擠的學習時間。每過一天，我離大學生活的終點就更近了，我無法忍受錯過任何一個寶貴的學習機會。於是，我把一天的時間排得非常緊湊，埋首於數學和物理的學習，在軟木板公告欄上尋找演講和研討會的訊息，從圖書館借了一堆又一堆的書。

我甚至養成習慣在每個禮拜五溜進高等研究院為老師舉行的下午茶會。當然，那個會沒我的份，但這樣的聚會並沒有禁止閒人進入。我偶爾會在那裡跟研究生聊聊彼此的研究。我真正想要的是感受那裡的**氣氛**，混在使得這裡成為科學聖殿的那些聰明大腦中間，甚至捕捉他們交談的隻言片語。

我從圍成一團的人堆縫隙中張望，希望能看到惠勒（John Wheeler）這樣的先驅物理學家或是弦論的頂尖研究者維敦（Edward Witten），一睹他們的風采。看著這些大師走過樓梯轉角、在品嘗開胃菜時伸手去拿餐巾或是在閒聊時點頭示意，這些平凡無奇的小動作讓人覺得超現實──巨人也可以看起來和我這平凡人一樣的平常。

✦ ✦ ✦

　　上了大二，情況有了**轉變**。儘管我對物理的熱愛絲毫未減，我卻開始質疑這個學科對我的意義。我迷惑、動搖，我想知道，物理**本身**真的給了我那麼大的啟發嗎？或者我只是受到**驅動**物理研究的精神所感召？這種精神激勵歷史上最聰明的人對世界提出大膽的問題，我很想追求他們的腳步，揭露一些未知的真相──但我不知道那是什麼樣的真相。

　　這段期間，我不斷閱讀，對一些科學家愈來愈感興趣，他們的想法深深吸引了我的想像力。我如饑似渴地閱讀愛因斯坦、費曼和波耳的傳記，像上課一樣認真地研究他們的歷史。當我讀到他們對次原子粒子和自然常數產生濃厚興趣的時候，我開始注意到一種奇特的模式──而且有著令人匪夷所思的一致性。

　　物理學界最偉大的人物似乎一個接一個，在生涯晚期對生命本身的奧祕產生意想不到的興趣，甚至轉向正式的生物學研究。薛丁格就是我最喜歡的一個例子。儘管他畢生致力於量子力學的尖端研究，他在晚年出版了《生命是什麼？》一書，在這本薄薄的生命物理學講義探討遺傳學、生物體的行為及相關研究的倫理問題。這本書對我影響深遠，吸引我透過更自然、更有機的視角來探索這個世

界。多年來，我一直在物理學這條路上，想要探索宇宙最遙遠的地方，突然間這條路轉了一百八十度，第一次帶我審視內在——看著活生生的軀體、跳動的心臟和騷動不安的心靈。

　　我什麼書都看，閱讀書單愈來愈五花八門。我潛心研讀侯世達（Douglas Hofstadter）的《哥德爾、艾雪、巴哈：一條永恆的金帶》（*Gödel, Escher, Bach: An Eternal Golden Braid*），也看了彭羅斯（Roger Penrose）的《皇帝新腦》（*The Emperor's New Mind*），此書的廣度和深度令我懾服。這兩本巨著挑戰我的不只是思想上的深度，還有兩者之間豐富的關聯。這兩本書探討我們幾千年來想要了解的大腦**心智**（也就是了解智能本身），且向我展示了對抽象思維前所未見的探討，同時明確地保持了人文主義視野，體現了科學的優點——嚴謹、以假設為導向，又不失浪漫或敬畏。對我這樣的讀者來說，作者的嚴謹手法其實使人更加信服。

　　更重要的是，這兩本書打開了我的視野，我第一次發現，心智可以用離散的數學術語來探討。兩位作者提出一個引人入勝的觀點，全方位描述了智能：就本質而言，智能不是魔法，而是**程序**，用可以理解、預測的方式，隨時間變化來運作可測量數量的規則和原則。換句話說，它們讓我理解了運算的哲學意涵。

　　上了大學之後，我才知道，我的同齡人很多都是跟電腦一起長大的。他們認同臥室駭客，廢寢忘食地在永恆的藍光中學習、探索、實驗。他們在孩提時代就會使用 BASIC 等語言寫電玩程式，青少年時期開始上程式設計課程，在網路上尋找志同道合的朋友組織社群。這是一種愛好、願望，也是發揮創造力的無限機會。日後就讀普林斯頓這樣的大學時，很多已是電腦高手。

　　在我成長的過程中，我很少接觸電腦。我認為電腦不過是一種工具。我父親曾在一間電腦倉庫當臨時工，就利用這個機會幫我組裝了一臺桌上型電腦，做為我上大學的禮物。我只是用這部電腦來寫報告或是上網找資料，認為這部機器只是比我高中用的繪圖型計算器再高級一點。

　　然而，隨著我學的東西愈來愈多，我對電腦價值的概念也在不斷擴展。我發現，矽材質組成的處理器、電晶體等，不但能幫我們解構心智的本質，還能幫我們**建立**心智模型。照理說，隨著這些模型變得更加精細、逼真，愈來愈多的人類智慧就可被描繪、解構，甚至用機器來模擬，進而體現這些能力。我原本認為電腦只是單純的硬體，現在才知道，電腦其實是我們破譯人類心智的盟友。這個想法讓人工智能的先驅者著迷（雖然我還不知道他們的名字，但很快就會知道，並加以尊崇），如今也深深吸引著我。下一個學期，我選修了我的第一門電腦科學課程。

　　因為我有物理學的基礎，這門課上起來得心應手。我又學了一種新語言——簡單稱為 C 的**程式**語言。這種語言不像英語，它既清晰又準確，以一種我從未感受過的方式給我力量，讓我得以用複雜、抽象的方式進行運算，處理規模龐大的運算任務。這是我以前無法想像的。我想起我們從中國飛往美國時，母親為了鼓勵我，對我說：「學習一種新的語言，就像打開一扇通往新世界的大門。」在我和英語搏鬥的前幾年，真是吃足了苦頭，因此不敢苟同，然而我對電腦科學鑽研日深之後，她的話竟更加引起我的共鳴。

　　這時，我眼前出現一個機會，而我當時就知道它可能是會改變我的一生。

　　「薩貝拉老師，您一定不相信今天發生了什麼。有一個同學告訴我，今年夏天加大柏克萊分校將進行一項實驗。我還不知道所有的細節，但這和神經科學、生物學及視覺如何運作有關，也就是大腦裡的探索。」

　　「哇，這不就是你最感興趣的？」

　　近幾個禮拜，我一直在談這些。我不用解釋，薩貝拉老師就知道這個消息多讓我興奮。

　　「沒錯！最棒的是，他說，他們需要一個助理，最好是沒什麼經驗的大學部學生。」

「等等，你是說——」

「我想，我今年夏天要去柏克萊了！」

✦ ✦ ✦

對觀察者來說，不管他們是否受過訓練，1990 年代初似乎是一個全新時代的黎明。辛頓的反向傳播技術似乎為神經網路提供最後一塊拼圖，而楊立昆在手寫數字辨識的突破則完全證實該演算法能在現實世界運作。一個幾乎神奇的範式已經出現，有機、類似人類的感知可以設計、開發出來，就像資料庫或檔案伺服器。但是，難關再次成形、浮現。仍在起步階段的人工智能研究很快就會發現，起步錯誤與希望幻滅的日子還沒有結束。

儘管楊立昆有所斬獲，機器學習的理論與實踐卻出現分歧。神經網路的潛力雖然顯而易見，但除了讀取信件上的手寫郵遞區號，在其他方面的應用很快就觸礁了。原因有好幾個。首先，白板上的演算法看來概念優雅，可實際應用時，即使是簡單的東西，也需要大量運算，這種運算能力甚至是大多數公司和政府無法企及的。同樣令人擔憂的是，數位數據的現況。當時，數位數據仍是相當稀缺的東西，特別是涉及圖像、影片、聲音等**感知**數據。這些數據往往支離破碎、分類不一致、被困在私有伺服器的範圍之內、只有特定的人或實體才能使用。無論神經網路能實

現什麼，顯然都還言之過早。

　　不久，所謂的「人工智能寒冬」來臨——對飄搖不定的研究社群來說，這真是一個漫長、艱苦的季節。就連「人工智能」這個詞也被認為是極度空泛之詞，甚至是一種妄想。人工智能似乎沒那麼偉大，只要能運用在決策、模式辨識、自然語言處理（理解人類的語言和文字）就很了不起了。「人工智能」似乎終究是科幻小說家的天地，不是學者的領域。就像我們在物理學發展史看到正弦波那樣的上下波動，人工智能研究也有類似的起伏和變化。

　　楊立昆和辛頓無疑是先驅者。他們是否能在有生之年看到自己的想法改變世界還未有定論。儘管兩人都繼續埋首潛心研究，世界仍在不斷前進，尋找更簡單、更有成效、毋需複雜的生物學解決方案。簡而言之，神經網路是個極妙的想法，只是生不逢時。

　　「謹代表美國航空公司和全體機組人員，歡迎您來到加州！現在當地的時間是下午 3 點 46 分，氣溫是華氏 71 度，涼爽舒適，天氣晴朗。請您現在收好小桌板，繫好安全帶，準備在奧克蘭國際機場降落。」

　　這是我第一次獨自一人在美國境內旅行。我突然發覺廣播傳來的聲音不再是外語時，嘴角不禁露出一絲微笑。

能來加州讓我雀躍不已，但這個決定著實不容易。家裡的乾洗店依然需要我幫忙，如今我將在這個國家的另一端待八個禮拜，真不知道我父母要如何對付。但母親一如既往，堅持我非來不可。

一位研究同仁來機場接我，我們直接去實驗室。之後再找時間討論住宿等實際問題。他似乎和我一樣迫不及待地想投入研究。

「你是哪裡來的？可以說說你的背景嗎？」

「我在普林斯頓讀物理，」我回答。我有點心虛，因為我學的不是神經科學，甚至不是生物學，我突然擔心是否能被研究團隊接納。

「酷喔。我是讀電機的。對了，我叫嘉瑞。」

電機？真的嗎？這麼說，我並不是唯一來自其他領域的人？

「等等，那你也沒有生物學相關背景？」

「沒。瞧，這就是這個計畫有趣的地方。其實，我們不是**真的**要研究大腦，至少不是研究大腦的生理結構。」

我既困惑又好奇。

「我們要從**計算的角度**來研究大腦。」

嘉瑞解釋說，我們的計畫將超越休伯爾和魏澤爾的哺乳類視覺皮質研究。我們一樣會在貓的眼前投射圖像，分析其神經元的反應。不過，這一次我們將採用更先進的技

術，以更深入探究大腦。我們不再投射單獨線條，而是播放全動態影片。而且，我們不只是研究影片激發的大腦活動，更試圖從內部**重建**引發這種活動的圖像。

然而，對我來說，這次經驗獨特的地方在於周圍環境。這個實驗室才剛設立，主持人是位年輕助理教授。我和另一個大學部學生以及正在做博士後研究的嘉瑞一起擔任助理。這個計畫的人員、資金都不足，也特別沒有束縛。儘管多年後我才會擁有研究科學家的資格，研究工作卻落在我身上——這真是太刺激了。我必須負責從頭開始製作實驗器材，包括研究硬體、尋找合適的電極、比較放大器和擴音器的價格和性能。我們聆聽輸出效果，然後把整套東西從頭到尾組裝好。我們要做的事情很多，常常壓力很大，但絕不枯燥。

然而，我要忙的不只是研究。

「呃，飛飛？」

實驗室的電話響了。嘉瑞用熟悉的語調呼喚我。

「應該是……你媽媽打來的？」他捂住話筒，低聲說。

「謝謝。」我接過電話說。

「媽。」我用中文輕聲地說，「嗯，呃？是的，她在問——不是，媽，我跟你說——不是，不是……」

我在這個大陸的另一端幫母親和顧客溝通。

「請她跟我講電話，好嗎？好。謝謝。」

「嗨，魯索太太您好。」我切換成英語。「您似乎擔心布料的問題？是的。嗯哼。是的，沒錯。嗯，應該沒問題。請您把話筒給我母親，我跟她說。謝謝。」

如果有人擔心躋身柏克萊實驗室會讓我驕傲自大，看到這一幕就不會這麼想了。每當家裡需要緊急救援，我不會忘記我是乾洗店的女兒，我會放下手頭上所有的工作，向顧客保證布料不會縮水。

即使在行動裝置、太空飛行器、粒子加速器層出不窮的年代，大腦仍是宇宙中最複雜的東西——而且比其他東西都要複雜得多。大腦比最強大的超級電腦要來得厲害，而這一切都發生在以立方公分為單位的體積裡，動力來源也只是我們每天消耗卡路里的一小部分。

我們窺探它的皺褶時，只會覺得更嘆為觀止。有句話說，量大就會帶來質變，意思是，**數量夠龐大的話，本身的質量或性質就會產生變化**。以這句格言來說，大腦也許是最偉大的例子，畢竟構成大腦的神經元相當簡單。這些基本機制複製 1,000 億次，產生 10 的 11 次方個連結時，就會出現奇蹟。**物質**轉化為**心智**，引發愛、喜悅、悲傷、憤怒、恐懼、歡笑，更不用說科學、藝術、音樂和數學等創造能力。

　　讓我們得以辨別顏色的相同器官，使一些人成為藝術家，另一些人成為評論家，也使數十億人具備鑑賞力。同樣是解讀聽覺振動的灰質，能喚起寫歌的靈感，珍惜聽歌的體驗，甚至在電臺第一次播放某一首歌時，使人刻骨銘心地回想起某位友人的身影。這個奇特的解剖結構完全由有機化合物組成，畢生都被鎖在黑暗的頭骨中，使我們在人生中珍惜的一**切**成為可能。

　　從未接觸神經科學的我，被這個想法深深吸引。我不禁要問，如此微不足道的成分何以產生如此深奧的東西。這個問題占據了我所有的心思，滲透到我們在實驗室做的每一件事，讓複雜、繁瑣的工作變得令人興奮。

　　確切地說，我們的研究目標是透過一個看似簡單的問題，來探討感官訊息處理的方式：如果給一隻貓一連串精準控制的視覺刺激（就我們的實驗來說，是給貓看自然景觀的短片），我們是否能夠利用從貓大腦裡偵測到的訊號來重建影片？

　　為了尋找答案，我們把焦點放在視覺皮質中的「外側膝狀體核」（lateral geniculate nucleus，簡稱 LGN）。這部分位於視神經與大腦中的更高層次處理區域之間，有如一個中繼站，功用是在視野內集中注意力並不斷地追蹤刺激變化。不過，對我們的實驗目的而言，外側膝狀體核還給我們一組可供利用的神經元，我們可把這些神經元和視網膜

對應區域相關聯。換句話說,外側膝狀體核位於眼睛感知與大腦理解之間,我們的目標就是解讀通過外側膝狀體核的訊號,以了解視覺訊息是怎麼處理的。

　　總而言之,理論上是這樣,實際操作則複雜得多。例如,能用於大腦皮質探測的電極非常薄,必須用微米來計算,跟一根頭髮的直徑差不多。我們得用一種機械裝置,緩慢、精準地把電極置入貓的大腦,電極的輸出端則接在一個放大器上,放大器把原始的電訊號轉化為聲音,再由擴音機播放出來。接著,我們把數據輸入電腦,電腦有專門處理訊號的軟體,稍後再進行分析。

　　我們小心翼翼地進行,一切都步上正軌。最後,經過一連串快速的重建、驗證和再驗證的步驟之後,這一套複雜的裝置似乎已準備就緒。我們把燈光調暗、打開投影機,連接電極。

　　「大家都準備好了嗎?三……二……」

　　直到現在,我仍難以用言語形容接下來的體驗。

　　「……一。」

　　開關切換,擴音機傳出一陣劈哩啪啦的聲響。起初是純粹的混亂,甚至會使人受到驚嚇。接著,噪音慢慢消失,出現一點秩序,我們得以把屏幕上的影像和我們聽到的聲音相連——很快地,一種有節奏的嗖嗖聲清晰可辨。我們聽了好幾個小時,稍微調整投影效果,密切注意聲音

的變化。過了一段時間，模式逐漸形成，看似完全相同的神經元顯現獨特的音調和特徵。由於我們已有先進的數位工具可供利用，也許用不著親手做這樣的實驗。但這有助於訓練聽覺、培養直覺，對研究能有更深的連結，而不只是分析。這種感覺就像純粹的科學。

結果愈來愈清晰，我們也就更興高采烈。在我看來，令人驚奇的是，我們的方法真的奏效了。透過訊號處理技巧的改善，我們重建了貓眼看到的影片，儘管有點模糊，但已經很不錯了，畢竟這是我們從貓的大腦截取到的訊號。雖然這些來自貓腦深處的信號時不時仍有一點點模糊，這個實驗也不例外，可我們展示了視覺神經元如何對刺激做出反應，真正了解這樣的運作和功能。我們記錄整個過程，表列結果，提交一份初稿供同儕審查。不到兩年，我們的研究結果發表在《神經科學期刊》（*Journal of Neuroscience*）。對一個菜鳥團隊來說，這已經很不錯了。

除了第一次接觸真正的科學研究帶來的興奮，柏克萊還幫我以全新的角度來看普林斯頓。在東岸的家，我的生活相當規律，每天在大學上課，周末在家裡的乾洗店工作。這就是我生活的全部，沒有別的。當然，我已經很滿足，我知道父母為我犧牲了什麼，而且能上大學像是天上掉下來的禮物。但我也知道，有一天，我得把愛好擱置一

旁（也許永遠都得拋在腦後），找份好工作，比方說當醫生或從事金融業等。家，是我要慢慢為了將來做準備的地方，是我仍然覺得自己是個移民的地方。

相形之下，柏克萊就像是全新的現實。每天，從住宿的地方到實驗室，我蜿蜒地走在這座城市，城裡的五光十色令我目眩神迷。在這裡，騷動不安的抗議活動幾乎永無休止，有時還可在校園看到傳奇的「裸男」——此君是1990 年代柏克萊校園的叛逆人物，擁有不少粉絲。[7] 在這裡，一切都大不相同，包括我自己。我不覺得自己是一個移民，也不會感到孤立，甚至不覺得自己很窮。我只覺得自己是個科學家。

最重要的是，我在這裡第一次瞥見了一些想法，而這些想法很快就使我以前痴迷的東西相形失色。物理學的研究範圍包括整個宇宙，從普朗克尺度到星系超星團，難以想像還有比這個研究更令人興奮、更能刺激思考的。不知何故，智能的奧祕讓人覺得更廣闊，同時也更切身。我沒有任何實驗經驗，也是第一次與人合作研究，覺得工作量龐大、壓力沉重，但我未曾感覺自己像被榨乾那樣筋疲力

7 譯注：他是柏克萊大學學生安德魯‧馬丁尼茲（Andrew Martinez），1992–1993 年間常在校園裸體示威，抗議社會和制度的標準，倡導個人的自由和表達，因而在全美國引發有關個人自由、身體權利和社會規範的討論。

竭。反之，每天，在我踏出實驗室走路回宿舍之前，天早
就黑了。我在柏克萊的街道上彳亍而行，精神抖擻，心滿
意足。

　　雖然實驗只做了一個夏天，但回到普林斯頓之後，我
已判若兩人。物理曾是我最初的痴迷，但我發現，物理的
魅力不在方程式，甚至不在概念，而是在追尋，追尋物理
象徵的意義。更重要的是，此刻我**心裡雪亮**，我熱愛研
究。我能感覺到這點。每次我打開線圈筆記本，寫下一些
想法，每次我拿橡皮擦沙沙地修改方程式，每次聽到實驗
室電腦在運算時風扇呼呼作響，一股新的激情就會從我內
心湧出。

　　記得兒時和父親在成都周邊山區探險，我們發現未曾
見過的蝴蝶或是偶爾看到新品種的竹節蟲，就是這樣的感
覺。在實驗室裡，時間失去了意義，我工作到忘我。過了
迷惘的青春期，我突然找到真正的歸屬。

✦　✦　✦

　　我的一部分一直留在柏克萊實驗室的黑暗之中。擴音
機傳出的另一世界的聲響一直迴盪在我的記憶裡，每一陣
嘶嘶聲和劈啪聲代表一種謎樣的語言，而科學已開始破譯
這種語言。比起普林斯頓，柏克萊更能體現我父母來到這

個國家所要追尋的東西：自由地發現自己的激情、全心全意地去實現目標。無論我的未來會如何，實驗室裡的時時刻刻、我們聆聽時的心跳聲，都是我需要的證明，告訴我他們做的決定是正確的。

　　不受限制地追求機會，這就是我父母的北極星。這樣的願景激發他們無比的動力，給他們的生命刻下深深的烙印，乃至成為生而為人的定義。我心目中的英雄，正是因為這種狂熱的投入，使得我心目中那些偉人從學者變成科學家，然後成為傳奇。現在，由於第一次有了真正的發現，一窺科學研究的奧祕，我興奮到呼吸變得急促。我發現自己也在天空尋找自己的北極星：不管是一個問題、一個假設，或是一個**賭注**──任何一個真正的科學家都會窮追不捨的目標，甚至追到天涯海角之外，我也得找到我的北極星。

第 5 章

第一道光

　　想像一個沒有知覺的生活環境。這裡甚至無法用「黑暗」來形容，因為連對應的光的概念也沒有。想像一個什麼都看不到、聽不到，也感覺不到的世界，在此，所謂的存活不過是代謝的差異。想像在這麼一個世界裡，連基本的自我意識也沒有，只有機械化、冷冰冰的本能，如進食和繁殖，更談不上身分、社群、更廣泛的現實等比較複雜的概念。現在，讓我們從整個星球的角度來看——想像一個星球充滿著生物體，但這些生物體還無法意識到自己的

存在。

這就是 5.43 億年前原始海洋的生命本質。當時,地球大部分的區域都是這樣的海洋。以今天的標準來看,人在每一個清醒時分,都在接受感官刺激,大腦也不斷地在運轉,那些生物體卻原始到近乎抽象,過著蘇格拉底所說的「未經審視的生活」[8]。這是一個真正看不見的世界,水很深但幾乎沒有感覺。

當然,考量當時的環境,我們這些遠祖的單純是很自然的。他們活在一個資源稀疏的水生空間,即使需要食物,也是抱持願者上鉤的姿態。在三葉蟲之前出現的生物會發現獵物,幾乎完全是運氣,下一餐剛好來到嘴邊,就吃吧──這是一種不自主、無意識的行為;獵物也靠盲目的運氣來躲避捕食者。

然而,缺乏感覺的影響是深遠的。由於看不到、聽不到,也觸摸不到任何東西,這種原始生物也就沒有什麼可思考的。由於與外部世界沒有任何聯繫,完全缺乏刺激,也就沒有大腦。無論大腦再怎麼神祕,它畢竟只是一個有機的訊息處理系統。在一個生物沒有任何感官輸入、也不具備蒐集外界訊息能力的世界裡,就完全不需要大腦。

8　譯注:出自《柏拉圖對話錄》〈申辯篇〉中蘇格拉底的名言:「未經審視的人生是不值得活的。」

　　要真正想像這種生物的內心世界，幾乎是不可能的，但這樣的嘗試卻能帶給我們啟發，提醒我們，如果與外界沒有**某種**感官聯繫，我們就無從得知自己的存在，即使是在子宮內。我們無法放棄這種想法，去思考另一種可能。畢竟，如果不是對刺激直接或間接地做出反應，思想**又是**什麼？就算是最抽象的思考能力──如心算，不也是建立推理的基礎之上？這種思維能力是多年來在實體空間穿梭而獲得的。不論我們的思維多複雜，其中發生的許多事情最終都可追溯到外部環境的影響。

　　這個時期雖然非常短暫，卻帶來極大的轉變，至今依然讓演化生物學家感到困惑，而世界更出現天翻地覆的變化。生命的複雜性出現爆炸般的巨變。據估計，演化速率比後續所有年代快了**四倍**，快得令人難以置信，也引發了前所未有的競爭環境。這是一場爭奪主導地位的持久戰。由於生存挑戰愈來愈激烈，每一個新生代都透過細微的調整來適應環境。為了因應日益險惡的世界，生物的軀體變得堅實，軟組織多了尖刺、具有防禦功能的外骨骼，也發展出牙齒、下顎和爪子等攻擊型特徵。

　　這就是我們現在所知的寒武紀大爆發，這個事件打亂了秩序，造成演化大洗牌。儘管這是地球生命史關鍵的一章（甚至可能是最重要的一章），確切的起因仍沒有定

論。有人認為是氣候突然轉變引發的，也有人猜測是海洋
酸度出現史無前例的變化造成的。動物學家帕克（Andrew
Parker）則有不同的見解。雖然很多生物學家對他的假設
存疑，卻深深影響我對人工智能的想法。帕克認為，引燃
寒武紀大爆發的導火線是一種能力的出現：光敏性，或者
說是現代眼睛的基礎。

　　這種新發展出來的感官核心是一類叫做「視蛋白」
（opsin）的蛋白質。視蛋白具有獨特的特性，例如在吸
收光子時會改變形狀（本質是暴露在光線下時的生理反
應），並與所謂「離子通道」（ion channel）連結，把這種反
應轉化為生物電訊號，再傳遞到身體其他部位。

　　儘管這種早期結構非常簡單，相形之下，今天的眼睛
則是極其複雜、精細的器官，但它們仍提供了一個演化的
立足點，從而引發神速的發展。接下來就是在感光區周圍
形成一個淺淺的凹槽，以辨別附近光源的亮度和方向。在
進一步的演化迭代中，凹槽變得更深、更窄，最後形成與
針孔照相機孔徑類似的結構。

　　公元前 400 年左右，中國的墨子在其著作中首次解說
針孔成像的原理，後來希臘哲學家亞里斯多德也觀察到這

個現象。[9] 針孔照相機就是暗室效應的簡單應用。這是一種自然的現象，物體發出的光線通過密封箱一側的小孔，就會在密封箱內的螢幕上生成清晰的倒立實像。光圈能大大提高光敏感度，並提升視覺體驗，從簡單的光線感知擴展到對整個畫面的感知。

最後，晶狀體的出現完成了現代視覺的基礎，增加進入眼睛的光量和清晰度。至於晶狀體是如何生成的，這個謎至今仍未解開。很多假設認為，晶狀體是從純粹的保護型結構演化而來，這種結構原本與視覺無關。無論確切起源為何，晶狀體在演化紀錄中一再出現，在所有生物界的不同門類中獨立演化發展。晶狀體很快就變成薄膜般細緻、透明的表面，經過多代逐漸適應，並發展出多種光學特性，加速眼睛的演化。

光敏性是地球生命史的一個轉捩點。只需讓光線進入——不管這光線多麼黯淡或模糊，我們的遠祖第一次察覺自身**之外**還存在某種東西。更急迫的是，他們發現自己正在進行一場生存鬥爭，而結果不只一種。他們意識到環境的險惡，充滿威脅和機會，對資源的爭奪愈來愈激烈，

9　譯注：墨子《墨經》：「景到，在午有端與景長，說在端。」（意思是：光線穿過小孔相交，形成倒立的影像，而倒立影像的長短，取決於小孔的位置。）

而自己的行動有著吃與被吃的區別。

　　對光的感知是演化軍備競賽的第一輪。在這場競賽中，即使只是極其微小的優勢（如深度或敏銳度的提升，儘管只是表面，或是增加的幅度近乎難以察覺），也能使一種生物及其後代躋身幸運兒的行列，讓牠們在覓食、尋找居處和合適的配偶時搶得先機。這種微弱的競爭優勢是演化壓力的競技場，透過一次又一次的突變，不受限制地進行重複迭代，並在過程中，對生態系統產生近乎即時的影響。

　　當然，大多數的變異都沒有帶來進步，有些甚至有害。然而，只要能帶來些微的優勢，都能成為重大改變的引擎，在一連串的動盪中顛覆自然秩序，然後建立新的基準線，發展出更強大的力量。世代交替，這個過程加速進行，在大約一千萬年的時間，地球上的生命煥然一新──帕克幽默地說，在演化的過程中，一千萬年就像「一眨眼」那麼短暫。

　　感官知覺與行為能力的關係會調節這種動態的競爭。即使是最早期的視覺形式，也能傳遞一點生物體周圍環境的訊息，不只能指導生物體的行為，甚至可以即時**驅動**行為──這種即時性是前所未見的。飢餓的掠食者更知道食**物在哪裡**，而非被動地等待食物來到嘴邊，甚至會積極地

去追捕食物。反之，獵物也會利用自己未完全成熟的知覺來躲避追捕。

很快地，這些生物創新就像點點亮光，集體跳出一支炫麗的演化之舞，力量的天平來回擺盪，不斷擴大生物分類學，奮力邁向新紀元。今天，化石紀錄顯現這個狂熱時期的天擇成果。證據表明，光是三葉蟲的演化就在寒武紀末期到達顛峰，已有數萬種之多。

觸覺又同時出現，情況因此變得更加複雜。觸覺很快就和不斷演化的視覺形成互補平衡。原始生物體表面也開始遍布類似早期光敏感性的神經末梢，用於傳遞觸覺方面的訊號。

這些神經細胞不斷生長、互相連結，形成所謂的「神經網」（nerve net），這是中樞神經系統分散的先兆，最後將發展成更高級的生命形式。神經網是簡單但強大的生物電系統，將運動和感覺功能融合到一個單一的結構，以對刺激做出反應，如回應攻擊和尋找食物等基本任務。神經網雖然原始，但要跟上日益激烈的世界競爭，不失為演化的權宜之計。即使到了今天，依然可在水母等水生生物看到這樣的神經網。

然而，單把眼睛、神經末梢和四肢連接起來是不夠的，尤其是眼睛經過演化，視角變得更廣闊，也更清楚，

更能看出微妙的差異，而四肢也變得更自由、靈活，也有更好的表達能力。要在複雜的環境中採取有效行動，需要的不只是反射般的本能反應，還要接受另一種適應的挑戰，也就是促使生物體在所見、所感、及如何做出反應之間發展出更加複雜的中間步驟。

隨著感官提供訊息的深度與數量不斷增加，生物體處理這些訊息的工具也面臨增長的壓力——好比現代世界需要更先進的計算設備才能處理過多的數據。由於神經系統日益增長，各種令人眼花撩亂的訊息在此進進出出，因此出現了一個集中的中樞以處理諸多訊息。這個中樞的組成部分被緊密地壓縮在一起，密度逐漸增大，最後成了我們現在稱之為大腦的器官。

因此，大腦不是某種源於內部、神祕的智慧火花形成的，而是對外部世界的反應、透過器官向內延伸塑造出來的，可這個外部世界愈來愈清晰，甚至愈來愈混亂。感知周圍環境的能力激發我們發展出一種機制，用於整合、分析，最後理解那種感知。至此，視覺則是其中最活躍的組成成分。

第一批新覺醒的生物從海洋踏上陸地，便來到這齣演化大戲的高潮。牠們從波浪中現身，發現了一個陌生的世界，在此就連最基本的移動方式也是牠們前所未見，需要

一個全新的範式。例如，移動不再輕鬆自如、可朝向四面八方，必須受限於平坦的地表，並受到重力和摩擦力等物理作用的限制。

另一方面，視線範圍也大幅擴展，海洋表面上方是毫無遮擋的大氣層，深海底下則是幽閉黑暗，兩者相距甚遠。世界不再是朦朧的、液狀的球體，而是開闊的視野，明亮、清晰，從海岸線的邊緣延伸到山峰，甚至更遠處。地平線從幾公分延伸到幾公里，這些早期陸地生物的思維也不得不跟著擴展。

由於現在可在更廣的範圍內展開行動，同時要應對更多的不確定因素，促使規劃的概念發生特別深遠的變革。隨著視野範圍與深度的擴展，人類的心智能力不得不跟著提升，才能適應環境，且逐漸融入因果關係和時間流逝的認知，甚至包括掌控環境的結果。這個舞臺不只是為強大的掠食者和靈活的獵物而設，也為真正的智慧創造出條件，並為今天所知的人類奠定了基礎。

幾億年後，這個轉捩點所創造的世界讓我們嘆為觀止。幾千年的文明見證了我們人類從靈長類成為游牧部落，再發展出農業社群、工業城市，最後成為科技資訊的超級強權。

　　即使是現今，我們與這個世界的感官聯繫，也和這個驚人的進展息息相關。儘管我們的生活十分仰仗科技之助，從口袋裡的手機到在地球軌道運行的衛星，我們仍然依賴與日常現實的感官聯繫來做為生活指引。

　　理所當然，一旦化石出現，文化紀錄就不斷受到影響。藝術史證明視覺的首要地位，也證明我們在幾百年間愈來愈懂得欣賞細微之處，從預示新型溝通時代來臨的洞穴壁畫，乃至文藝復興時期湧現的創造力，到今天的攝影、電影、電視，甚至電玩。

　　我們可以從卡拉瓦喬（Caravaggio）的明暗對比與維梅爾（Johannes Vermeer）及佐恩（Zorn）的柔和陰影之間，看到視覺解析的齒輪在轉動。我們可以超越現實主義，透過梵谷和卡蘿（Kahlo）的畫作來提煉日常生活的象徵意義。歐姬芙（O'Keeffe）等現代主義畫家隱晦的陳述以及馬瑟威爾（Motherwell）和羅斯科（Rothko）等抽象表現主義者的作品，也能讓我們感受到這一點。無論是寫實或概念的呈現，感性或具有政治意味，藝術都利用了數億年來辛苦的演化，透過個體的眼睛，也就是感知，獲得解讀世界的純粹喜稅。

✦　✦　✦

「那麼，飛飛！做為大學畢業生感覺如何？你就要畢業了。」

琴恩已經把桌上的餐盤收拾完畢，正在切流理臺上放涼的布朗尼。自從我在將近四年前第一次到薩貝拉老師家拜訪，這道布朗尼就成了必吃甜點。我第一次吃到如此美味的美國甜點。我咬了一口，好吃到下巴差點掉下來。我的表情讓琴恩忍俊不住，堅持我每次去她家都得來一份布朗尼。儘管材料簡單，只是超市買來的預拌粉做的，但她親手烘焙的布朗尼就是無上的享受。

「我很興奮啊。但我沒想到接下來的選擇會這麼難。」

「你考慮過我們談論過的那些選擇嗎？讀研究所？工作？或者先去旅行一下？」薩貝拉老師問道。

「饒了她吧！」琴恩笑著為我們端上甜點。

「噢，沒關係。其實，我一直都在想這件事。」

1999 年，我在普林斯頓的大學生活即將結束。我再一次走到人生的十字路口，不知道該實現科學抱負，或是顧及現實生活。儘管研究所很吸引我，我依然有著沉重的就業壓力。此時，網際網路蓬勃發展，我也面臨真正兩難

的選擇：金融界求才若渴，如果有數學頭腦，又是名校畢業，即使是像我這樣的物理痴人，也成為華爾街不斷積極招募的對象。高盛、美林等名號響叮噹的大公司都在爭取我。他們提出極為優厚的條件，包括福利、升遷機會、令人流口水的底薪，當然，附有全面保障的醫療保險。他們承諾，只要我去上班，還清債務不是問題，我們一家就有生活保障，用不著在乾洗店做牛做馬。由於我母親的健康狀況日益惡化，這的確是誘人的選擇。然而，如果去了華爾街，我就得放棄科學。

考慮了將近一個禮拜之後，我終於在店裡生意比較清閒的時候跟母親商量。那時，我們跟平常一樣：她坐在縫紉機前，嘴唇夾著幾根針，一臉凝重地研究手中的半成品，而我坐在她身邊，擔任助手，幫忙把要放長的褲管拆掉縫線。

「媽，我在想畢業後的事情。我去很多家……公司面試了，我想就是你說的大公司？華爾街的大公司。我不得不承認，他們提出來的條件很誘人。」

「大……華爾街的？」

我意識到華爾街不在她熟悉的美國文化詞彙之中。

「就是股票交易啦，投資啦，諸如此類的東西。當然，我還有很多東西要學，但我想，如果我下定決心，好

好學習，我是可以做到的。」

「嗯，」她淡淡地說，「這是你想要做的事嗎？」

「我的意思是……在那樣的大公司工作，薪水很高，可以改善我們的生活，而且——」

「飛飛，這是你**想做**的嗎？」

「媽，你知道我想做什麼。我想當科學家。」

「那還有什麼好說的？」

我拐彎抹角地說了半天，母親一下子就識破了，而我還要花點時間想想這是怎麼一回事。這就像下棋的三步殺，她三步就把我將死了。我決定去讀研究所。

我在普林斯頓的教授常說，讀研究所不只是另一個學術的里程碑，而是一個轉折點，代表從學生到成為真正的科學家的第一次轉變，把熱情轉化為旅程，將喜好變成一種身分，把教育磨練成生涯、聲譽和人生的基礎。這個想法讓我豁然開朗，釐清了我所面臨的問題，但我的問題也變得更加棘手。我知道我想當科學家，然而究竟是什麼樣的科學家？到底是為了什麼？我怎麼知道？

我在柏克萊的研究讓我瞥見智能的奧祕，也讓我明白，**鑽研視覺**或許是解謎的關鍵。然而，接下來有兩條路可走：一條是神經科學，有望對大腦的能力有更多、更深

的了解；另一條是計算，工程的基本原理可以應用在建模，甚至可能複製這些能力。

我決定兩者並行。

就當時的碩士班課程而言，神經科學與計算是不尋常的搭配，不過還是有幾間學校滿足我的要求，儘管費了點功夫，我還是找到了。其實，我的運氣很好，有兩所全世界名列前茅的學校正好開設了我想修習的課程。

第一所是史丹佛的雙軌課程，結合了神經科學和電機，由希格教授（David Heeger）主持。希格教授是少數在這兩個領域都有豐富經驗的學者。從課程中的每一個細節來看，似乎是為我量身定做的，只是有一個麻煩：希格教授在史丹佛最後一年的教職已結束，即將去別的學校，沒有他，這個課程將無法繼續。

於是，我把史丹佛大學從心願清單劃掉，轉向與我的興趣更契合的麻省理工學院。麻省理工學院的課程是波吉爾博士（Tomaso Poggio）的心血結晶，他是「電腦視覺」這個冷門領域的先驅。波吉爾的研究在那時已經很令我驚豔，而現在回想起來，我對他只有更加敬佩，因為我知道他的研究在當時有多麼超前時代。他直接從大腦結構汲取靈感來識別圖像內容，建立了一系列稱之為「連接模型」（connectivist models）的演算法，也就是與神經網路類似、

緊密交織的訊息處理系統。

　　然而，我還有一個選擇可以考慮：加州理工學院，也就是我們常說的 Caltech。雖然這所學校歷史悠久，其噴射推進實驗室舉世聞名，而且是 NASA 的下屬機構，但無可諱言，這所學校在排名上處於劣勢。史丹佛和麻省理工學院都是世界上最負盛名的學術機構，能錄取其中一所，應該是祖上積德，放棄不去，實在匪夷所思——更別提兩所學校都錄取了。可是，我心目中的英雄都曾在加州理工學院執教，如費曼、密立根，甚至愛因斯坦也曾在這裡講學。至少，我忍不住想去看看。

　　打從我降落在帕薩迪納的那一刻，加州理工學院在氣候方面的優勢就很明顯。這是我第一次來到南加州，此地果然陽光明媚，我慶幸自己能暫時逃離紐澤西的潮濕，享受這裡的乾燥和溫暖。這裡風景秀麗，放眼望去，繁花錦簇，還有不少烏龜，有的在池塘內漫游，有的則悠然自得爬上岸曬太陽。就學術研究方面，麻省理工學院和史丹佛是不可多得的好地方，但這裡給人的感覺就像天堂。

　　雖然校園很小，甚至比不上普林斯頓，但這裡的活力令我震懾。過去幾年，我一直在母校大教堂般的肅穆建築裡生活、學習，如今映入眼簾的是色彩鮮豔、寬敞通風的

西班牙殖民時期建築，讓我覺得就像來到另一個世界。這裡和物理有關的景點多不勝數。我一眼就看到愛因斯坦當年騎腳踏車拍照的地方，在散步時偶然發現密立根圖書館，更意外看到傳奇的費曼講堂。

我第一次造訪加州理工學院，我看到和感覺到的一切都在在告訴我，我屬於這裡。這聽起來也許沒什麼，但說實在的，能有機會逃離東北的暴風雪，不再瑟瑟發抖，我已非常心動，但我打定主意要在這裡就讀，是因為我遇見了這裡的老師。

我的第一位指導教授是佩羅納（Pietro Perona），他散發義大利人的魅力，在跨學科研究方面完全不限設；儘管他是電機系教授，卻熱愛認知科學，和我一樣希望融合這兩者。打從我們第一次互動，我就發覺他的興趣廣泛地異於常人。

「飛飛，我很好奇，你覺得牆上這幅作品如何？」

佩羅納指著一幅裱框海報，上面是各式各樣紅藍黃三原色的正方形和長方形色塊。我在普林斯頓上過幾堂藝術課，因此知道這是蒙德里安的作品。

「我一直很喜歡他的作品，」佩羅納說，「這種簡約的幾何圖形總讓我停下腳步、思考。」

「思考什麼呢？」我問道。

「我在想，其中是否有某種規則，或者如何解釋。」

「規則？您是說……例如，演算法？」

他笑了笑，接著說：「你不會好奇嗎？如果你測量蒙德里安每一幅畫作中的比例，是不是可能發現某種規律？那不是很妙的事嗎？」

我對他微笑。我不知道他有多認真，可我幾乎能肯定，他在跟我開玩笑，但我佩服他願意花時間去思考這樣的問題。聰明、冒險、不切實際，集這些特質於一身。能遇見這樣的思想家，真是三生有幸。

第二位是柯霍教授（Christof Koch）。他是計算神經學家。如同佩羅納，我第一次遇見柯霍，就在他身上看到每一位優良科學家的標記，諸如無限的想像力，以及因為這樣的想像力，主動尋求挑戰、無畏面對挑戰。他在生物物理方面已有卓越的成就，不斷創新的紀錄更給我留下了深刻印象。他也和佩羅納一樣，希望學科之間的界線變得模糊，而且鼓勵我這麼做。他曾接受物理學訓練，因此我們有著共同的背景，他也是波吉爾的得意門生。初次見面，我就知道他心中有一種深沉的哲學熱情，這種熱情在我們第一次交談時顯露無遺。

「飛飛，你曾想過如何向色盲患者解釋顏色嗎？你該如何用言語表達看到紅色的體驗？」

嗯。我真沒想過這個問題。

「我們對顏色的熟悉似乎無法轉化為描述顏色的能力？這不是很奇怪嗎？我們真的只能**指出來**，如果我說『藍色』或是『紅色』，你就知道我指的是什麼，那是因為你已經看過這些顏色。我的話只是喚起你的記憶，並沒有傳達新的訊息。」

這番話的確發人深省。

「那麼，如果你想像未來的某一代人能夠**完全**了解視覺是怎麼運作的，你認為他們是否能從第一原理出發，去**描述**紅色是怎麼樣的一種質地嗎？」

我想了一會兒才能回答。

「嗯……應該是要這樣吧？我的意思是，如果要『完全』了解的話。」

「你說的完全合理。但這是以還原主義的解釋為前提。然而，如果**無法**用還原主義來解釋呢？那麼該如何處理這個矛盾？視覺也許是一個複雜的現象——可能是最複雜的一種現象，但依然是個物理過程：物質按照**物理**規律來運行。然而，從主觀來說，我們的經驗莫非**與物理性質有所不同**？為什麼看到紅色會有主觀的**感覺**？」

我以前沒想過這些問題，看他對這些問題如此執著，我明白他會如何刺激我、激發我去思考。

　　這兩個人是有趣的一對。個子都很高，看起來年齡相仿——我猜，大概四十幾歲，身材卻截然不同，佩羅納結實壯碩，柯霍卻很瘦。兩人都有濃重的口音，一個是義大利腔，另一個則是德國腔，然而說話的幽默和隨和自信使他們的個性顯得溫和。佩羅納看來像個學者，穿著帶有紳士氣息的扣領襯衫和米色卡其褲，而柯霍的服飾色彩豔麗，會穿刺眼的螢光色襯衫，頭髮甚至染得綠綠、紫紫的，有如漫畫中的人物。

　　然而，他們的共同點則是一種很不尋常、只能用快樂來形容的好奇心，使他們說的每一句話都有強烈的感染力。對複雜的主題，他們毫不猶豫地提出深入的問題，表現出十足的自在，似乎這樣問答就能解開生命最深的奧祕。尤其是柯霍，他常常沉浸於自己的內心世界，思索自己的問題，即使在一對一的對話，他寧可在獨白中探討自己的想法，而不是跟我交談。這種專注不是出自冷漠，而是來自天真，就像沉迷於白日夢的孩子。我不由得想起我父親的心不在焉，覺得這點很迷人。

　　多年來，我一直在懷疑自己、在第二語言裡掙扎，不由得生出戒備之心，奇怪的是，這種直率的性格吸引了我。就像我認識薩貝拉老師之後發現的，對科學的熱愛使我覺得自己和任何人像是朋友，可以平等交流，即使只是

閒聊。我發現自己與佩羅納和柯霍這樣的人聊天時，我所知道的世界消遁到近乎寂靜，彷彿只有我們的想法在說話，沒有語言、地位或年齡的限制。對我而言，他們是新的榜樣：不只是成功的移民，更是了不起的科學家。

加州理工學院之行是我一生中最難忘的下午。能與那些知識巨人暢談幾個小時，真是莫大的榮幸，更別提有機會當他們的學生。回程的飛機在跑道上滑行，還沒起飛，我已做出決定。

✦ ✦   ✦

有鑑於人類視覺演化的廣泛和複雜，也難怪數十年來機器仍難以模仿這種能力。但如果情況有所改變呢？機器有著過人的速度和準確度，而且不知疲倦為何物，如果能像我們那樣去感知世界呢？想像無人機或衛星飛越森林、冰河和海岸線，對全球環境進行專業評估。想像非人類的智能助手像人類助手，幫助視覺受損的人在複雜的環境中移動。想像機器救護員的耐力和復原力加上急救人員或消防員的判斷，搜索和救援就能變得更加安全，或是自動匹配的醫療診斷系統納入專科醫師的意見，透過行動裝置，幫助全世界的病人。

數位世界也充滿機會。在攝影、電影、新聞和電視等

視覺媒體發展了一百多年後，圖像消費已根深柢固存在於現代生活中。但與文字和數字數據不同的是，打從電腦發展之初，文字和數字本來就可以搜尋，但簡單的圖像搜尋仍需要人工處理、需要人類投入時間去做，當然也得給付工資。然而，**數據量**早已變得過於龐大，不是人工能處理的，視覺智能機器如何幫助我們處理這些數據呢？

從人工智能領域誕生之初，這樣的可能性一直吸引著研究人員。然而他們很快就發現，從數據本身開始，視覺理解就是極其複雜的挑戰。之後，每一代的研究人員也都證實了這點。因為數位圖像其實是由像素組成的，而每一個像素（也就是色點）都是透過數字編碼的方式來表示的。對機器而言，這只是一長串的數字。如果機器要像人類一樣理解圖像，辨識有意義的概念（如人、地方和事物），演算法就必須對這一長串的數字進行篩選，找出對應的數字模式。

遺憾的是，即使是簡單的概念，如直線或幾何圖形，也很難定義。像人臉這樣有機、變化多端，有著各種顏色和比例，角度無限多，還有種種光照的情況和背景，實在複雜到了極點。

況且謎團自此變得更加深奧難解。例如，被動的**觀察行為**與更深的**理解行為**，這兩者之間的界線要如何劃分？

我們能看到形狀，是因色塊有了邊緣和質地。在我們來得及有意識地處理我們看到的東西之前，純粹的視覺感知經驗，有多少次是因為我們有能力賦予意義給這些形狀而變得有條理？我們很快就明白，兩者密不可分：視覺**就是**理解，這是感官挑戰，也是智力挑戰。因此，視覺不只牽涉到智力的運用，其實，視覺和智能可說是**同義詞**。

這就是視覺的神奇之處。儘管我們透過落在眼睛表面上的光線來看世界，但我們從這樣的感官刺激獲得的訊息卻可擴展、填滿整個體驗。這項技能精細調諧，幾乎就像奇蹟般的翻譯，將感官輸入的東西轉化為豐富、可利用的知識，無疑是大腦最教人嘖嘖稱奇的能力。單就這項任務的計算成本，連和倉庫一樣大的超級電腦都難以企及，有著數量級般的差異，可這一切卻是由一個直徑約莫十三公分、濕潤的有機團塊來實現。這種概念的深度和複雜度，即使是學術界的權威，也不由得心生敬畏。

視覺之謎不僅牽涉到我們如何理解自己看到的東西；不只是顏色或形狀的問題，也不只是規模龐大的數字計算，而是探究我們認知的核心現象——這種現象影響了我們的身分和本質，包括生物學、人際關係和文化等層面。這是一次深入人類經驗根本層次的旅程。很多時候，看到就是知道。因此，了解我們**如何**看，就是了解我們自身。

✦ ✦ ✦

　　我的研究生起點是一本特別厚重的教科書。這本書在我入學的前一年才出版，內容和裝訂一樣新。書很重，書頁邊緣銳利，第一次翻閱時還聽到啪嗒啪嗒像是裂開的聲音。每次看到這書的封面，我都很興奮，因為這本書把我學術旅程的每一條線編織成一件藝術品。

　　書名《視覺科學》（*Vision Science*），這幾個字似乎是精挑細選的，剛好描述我從在柏克萊做實驗到現在一直努力追尋的道路。從書名再往下兩公分左右的斜體字副題更激發了我的好奇心：從光子到現象學。封面上有將近三分之二的版面都被梵谷的《星空》占滿。這本巨著非常豐富、全面，在未來幾十年將被奉為經典之作。我想認真研讀這本書教給我的一切。

　　兩年前，我在那黑暗的實驗室經歷改變我一生的時刻──那些劈哩啪啦的聲音和嗖嗖聲，讓我第一次瞥見大腦內部運作。這兩年來的追尋只是起步。我對工程技術很有興趣，也覺得深受挑戰，但我不想成為工程師。雖然我為神經科學的奧祕著迷，可我不想當神經科學家。我想同時汲取這兩方面的知識，且不受任一方面的限制。

　　即使這不過是偶然，但時機再好不過。我當時還不知

道，視覺研究源於人工智能的發展——是眾多放逐者中的一群，曾經團結，但已被拆散、驅離，接著又陷入低迷的十年。神經網路和專家系統等令人雀躍的前景已轉為黯淡，新創公司紛紛關門，學術界的興趣也已消退。這是另一個人工智能寒冬，而我身在其中。但再過不久，雪就要融了。

第 **6** 章

北極星

　　曙光悄悄地爬上帕薩迪納的地平線，呈現一個由溫暖色彩構成的調色盤。我漸漸發覺，只有加州具有這樣的色調。這樣的晨光呼喚人們到戶外探險，忘記一天的任務。但沒有任何天空比得上科學探索帶來的前景。今天是新實驗的第一天。為了這一天，我已準備了好幾個月。現在，就等我走進地下室。

　　我們的研究在柯霍實驗室的心理物理學區進行。這個陰暗的地下室世界就藏在加州理工學院被太陽曝曬的草皮

和自行車道底下。地下室沒有自然光，人工光源也經常關閉，是近乎完美的封閉空間：有三個完全相同的隔間用遮光簾相隔，每個隔間都有足夠的空間，可以隔絕受試者的感官。

受試者坐在隔間裡，一手握著滑鼠，另一隻手在鍵盤上，凝視前方的黑暗。在片刻的寂靜之後，顯示器亮了，顯示一連串像是由達達主義者[10]策劃的不連貫圖像：狀似字母湯般亂七八糟的字母；隨機、不連貫的場景照片；突然在顯示器上出現的彩色訊號雜波，每一次視覺刺激的時間都精確到毫秒等級，受試者點擊與按鍵的反應也精確測量。接著，在幾秒鐘內，顯示器關閉，受試者又置身於黑暗之中。靜止片刻之後，再次進行實驗。就這樣，一次又一次，一次又一次。

這一切看起來混亂，但每一個細節都是精心安排。這是一種刻意的嘗試，旨在解讀一個人的思想——或至少推斷出其中的一些片段。在短短幾秒內，受試者手指的抽搐、急淺的呼吸和擴張的瞳孔都化為一大堆數據被捕捉下

10　譯注：達達主義源自蘇黎世，是第一次世界大戰期間興起的文藝運動。主要精神是反戰、反現代生活、反藝術，追求無意義、自由發展，所以作品往往沒有造型上的特色，也不帶主張，經常採用天然、自由的方式排列材料，形成新的藝術。

來，也許要花上幾天、幾週甚至好幾個月才能把這些數據
處理完畢。感官的祕密就深藏在其中，即使想要揭露一點
兒，哪怕是一瞬間，也是不尋常的任務。

✦　✦　✦

　　五億年來，演化聚焦於一個光敏蛋白質，在漫長的歲
月鍥而不捨地使之演化為一個精妙到令人難以理解的器
官。現在，在加州理工學院，這個努力的成果將成為我們
的老師——整個視覺皮層，從眼球晶瑩的表面延伸至我們
心靈的最深處。我的導師認為，要實現機器智能，最基本
的第一步就是更進一步了解人類。

　　除了有機會沉浸在讓我心動的領域，我不知道自己希
望在研究生階段能獲得什麼。然而，我希望我能找到一條
想要追尋的道路，像我心中的偶像那樣全心全意地投入。
這種精神驅使威紹斯把對果蠅突變基因的痴迷化為諾貝爾
獎，也使得天體物理學家泰森把宇宙變成數字之詩。我想
要擁有一顆屬於自己的北極星。在我找到之前，只要能探
究一個問題，我就心滿意足了，也就是那不可言喻的視覺
經驗是怎麼運用的，或者如《視覺科學》那俏皮的副題：
光子是如何變成現象學的。

　　關於這個問題，我最早的啟發是來自《視覺科學》這

本教科書，書中介紹了崔斯曼（Anne Treisman）這位普林斯頓大學心理學家。崔斯曼是實驗的奇才，也是二十世紀認知科學的巨人。在數位科技興起之前的幾十年，她就把簡單但巧妙的工具與原始的創造力結合起來，探究人類的感知。如有數位科技之助，她的研究應該能有神速的進展。

崔斯曼的「注意力特徵整合理論」（feature integration theory of attention）幾乎成為了解視覺意識本質的普遍基礎。她做實驗，在受試者面前呈現一閃而過、抽象排列的圖像，例如一個紅圈混雜在一堆綠色和紅色的方塊之中，然後分析受試者以各種深度理解圖像所需的時間。她發現，受試者幾乎馬上可辨識**有**紅色（知道紅色在圖像中的某個地方），但要花更久的時間才能找到那個紅**圈**，因為紅圈具有兩個特徵：顏色和形狀，在同一個位置上重疊。換句話說，將色彩感知與形狀感知**整合**起來的能力不只需要更長的時間，而且似乎包含一個完全不同的、更深入的視覺處理階段。

崔斯曼的研究範圍很廣，解釋也很仔細，但她的想法是一致的，也就是人類視覺是從辨識微小的細節開始，然後建立這些細節之間的關係，逐漸建構出一個完整的圖像。這是一個直觀的論點，顯示用於理解視覺的度量標準：特徵少、簡單的物體可以快速辨識出來（如灰色人行

道上的一顆橘色的球），若是更複雜的場景（如蜻蜓的森林小徑或是一個朋友的臉部細節），則需要更多的時間。

　　我在電腦視覺研究中，發現這種範式一直重複出現。研究人員撰寫演算法，並不斷改進，使之可以辨別照片及其他圖像的基本細節，像是清晰的邊緣、光線和色彩的變化、質地或圖案的片段，然後構建更高層次的演算法來辨識這些特徵之間的關係，並與更有意義的事物相關連，如人或物體。就我對視覺的一點了解來看，這是有道理的，但這方面的研究很快地變得更加複雜。

✦　✦　✦

　　「飛飛，有一份資料要給你看，」佩羅納影印了一篇文章放在我面前的桌子上。

　　「這個？」

　　我拿起來，翻了一下，發現這篇文章很短，篇幅只有大多數研究報告的四分之一。他露出心照不宣的微笑。

　　「相信我，你一定會想讀這玩意。」

　　他不是在開玩笑。

　　這篇文章是神經科學家索普（Simon Thorpe）寫的，發表在 1996 年出刊的《自然》期刊專題討論部分。文章篇幅只有短短三頁，作者的發現卻有振聾發聵之功。儘管這

篇文章對整個研究領域的正統觀點提出質疑，可標題〈人類視覺系統的處理速度〉（Speed of Processing in the Human Visual System）樸實無華，未能傳達巨大的影響力。然而，這篇文章顯現科學最偉大的傳統，也就是顛覆既有的、直觀且熟悉的觀念，指出現實其實比我們以為的更複雜。

索普讓受試者觀看出現在電腦螢幕的圖像，利用腦電圖（EEG）來測量這些受試者大腦表面的電訊號。一張照片在螢幕上出現的時間只有 27 毫秒（相當於蜜蜂揮動幾次翅膀的時間），受試者卻能精準地辨識照片上的東西。但他再進一步研究，準確地找出大腦認知的一瞬間大約是在圖像出現後 150 毫秒，或者約莫是眨一次眼睛所花費的時間。這是有史以來對人類視覺處理速度最精確的調查，他發現的數值遠遠小於崔斯曼理論的預測值。

索普的受試者處理了整張照片的訊息，照片充滿各種細節、透視、微妙的光線和意義；而在同樣的時間內，崔斯曼的受試者只辨識基本色彩和形狀。讀了索普文章的人，都很想問一個問題：**這是怎麼一回事？**我終於明白佩羅納為什麼急著要我讀這篇文章。為什麼這篇在三年多前發表的文章，至今依然經常引發佩羅納和柯霍的討論和辯論？我現在也和他們一樣很感興趣。

索普在我進加州理工學院的幾年前才發表這份研究，

對我而言，這有種超現實的感覺。我們很容易忘記人類視覺的現代研究還是很新的領域，幾十年前才有最初的研究報告。相對地，物理學的歷史悠久，充滿傳奇，可追溯到幾個世紀前，從伽利略到牛頓再到波耳。視覺幾乎仍是一個未知的領域。**電腦**視覺的研究更加新穎，彷彿我手中的探險地圖才剛畫出來。沒想到我剛進研究所，就有這樣的發現，讓我像通了電一樣興奮。來到帕薩迪納之後，每個禮拜我依然會跟薩貝拉老師通電話。每次，我都嘰哩呱啦地說個不停。

「我從來沒看過這樣的東西，」我說，「這個領域如此複雜，如此令人興奮，然而⋯⋯幾乎是全新的！目前，這個領域最大的貢獻者大都還在積極地進行研究！」

我與佩羅納和柯霍相處的時間愈長，就愈欣賞他們的冒險精神。身為學術研究人員，這就是他們的特點。儘管他們出身於物理和電機學科，卻都表露對心理學、認知科學和神經科學的熱愛。他們和所裡其他人一樣，經常閱讀電腦科學期刊，但也會看《心理學評論》（*Psychological Review*）、《美國國家科學院刊》（*Proceedings of the National Academy of Sciences*）等，尤其會精讀權威的《自然》期刊。

這種痴迷會轉化為強烈的觀點和推動知識邊界的渴望，意味必須正視索普和崔斯曼發現的差異。證據明確指

出，至少視覺的某些層面（也就是辨識現實世界景象的能力）是輕而易舉、不費功夫的。但為什麼能夠如此？這是否能用某種方式量化？這對我們理解整個大腦又有什麼影響？這些都是值得探究的問題。對我的指導教授來說，研究這些問題剛好可使像我這樣鍥而不捨的新研究生忙上好一陣子。

✦ ✶ ✦

如何看穿一個人的心思？

在實驗室裡，準確捕捉受試者的感知、期望，甚至是決策，都很常見。為了進行這樣的實驗，設計的實驗方法卻需要結合工程學、心理學、人類工程學，甚至需要利用巧妙的手法。諷刺的是，儘管我們的實驗看起來和很多實驗室沒什麼不同，受試者身上連接一堆電極、研究助理處理大量數據等，可設計這些實驗，簡直就是一門藝術。

但我們的目標不尋常地模糊：看受試者是否**用不著**特別集中注意力，就可在幾分之一秒的時間準確辨識一張照片的內容。索普已知受試者做這件事的速度有多快，但他還沒探索有意識的注意力有什麼樣的作用。這是否需要特別聚精會神？或者不管我們是否注意，都一直能夠無意識地感知周遭世界？我們懷疑是後者，但我們希望能夠證明

這一點。

　　柯霍實驗室的博士後訪問學人布勞恩（Achim Braun）給了我們如何去證明的靈感。布勞恩當時正在研究一個類似假設：我們的大腦會在無意識的情況下處理大量的視覺細節。他採用所謂的「雙重測試法」，也就是讓受試者的注意力集中在一件不得不注意的事情上，同時交付一件沒那麼重要的任務，只要被動地觀察即可。前者需要高度的注意力，後者則不需要刻意關注。

　　這個方法的巧妙之處在於顯露受試者感官的焦點。由於主要任務需要用心去做，才能有客觀回應，在進行多次的過程中，即可確定受試者是否認真執行這項任務。附帶任務雖然比較簡單，但也能有正確回應，因此可以可靠地測量受試者的次要意識。由於這兩個任務大約需時 200 毫秒（略長於眨眼的時間），因此可排除有意識地依次執行這兩個任務的可能性。

　　我們的實驗利用對受試者注意力的精確控制，提出一個簡單的問題：確定受試者用眼角餘光瞄到一張隨機出現的戶外風景照片之後，我們問受試者照片裡是否有一隻動物。他們的答案將充分說明注意力與視覺感知之間的關係。

　　從受試者的角度來看，實驗進行的節奏快得讓人喘不

過氣來，一張又一張影像或圖案以閃電般的速度出現在眼前，需要近乎即時的回應。但實驗人員則比較輕鬆——我們以現金報酬做為誘因，吸引週末想要有零用錢的大學部學生來當受試者，當他們實驗結束，兩眼茫然地從小隔間出來時，感覺我們不像是在進行科學研究，而是在做保母。由於願意當受試者的人不多，我們只能配合他們的時間。有幾次，我一天中最主要的任務就是早上六點在實驗室門口迎接一個陌生人。但我喜歡這樣的工作。畢竟，這也是科學研究的一部分。

✦ ✦ ✦

實驗固然重要，但佩羅納和柯霍明確表示，優秀的科學家也要跟進相關領域的文獻。我讀了近幾十年的研究報告，讀得愈多，就愈了解崔斯曼的第一個挑戰者不是索普。透過閱讀，我發現一系列的線索，發覺似乎與崔斯曼觀點相悖的例外不斷增加。

最明顯的例子也許來自畢德曼（Irving Biederman），他是一個視覺研究員，與研究同仁設計了一個實驗，以很快的速度給受試者看照片（而不是抽象的形狀和顏色），然後請他們說出自己看到了什麼。儘管這種視覺刺激的複雜度大大增加，暴露在刺激之下的時間極短，但受試者的答

案卻始終正確無誤。這些受試者辨識的時間甚至比崔斯曼的受試者來得短。例如，在崔斯曼的實驗，受試者從一堆五顏六色的字母 B 辨識出一個 A 字母。畢德曼的受試者則可在極短的時間內從照片吸收足夠的細節，以判斷照片裡的場景是購物中心停車場或是家裡的廚房。

下一個線索來自心理學家帕特（Molly Potter）。她用早期的電腦螢幕，給受試者看幾段文字，但每次只在螢幕中央顯示一個斗大的字，顯示速度極快，速度達到每秒十二個字——約是一般大學生正常閱讀速度的兩倍。帕特發現這些受試者的理解能力很高。儘管崔斯曼的實驗表明，視覺感知是從微小的細節逐漸建立的，但閱讀似乎是個強而有力的例外。

由於帕特使用的工具比較原始，這項研究也就更令人印象深刻。然而，崔斯曼、畢德曼和帕特都缺乏對受試者認知的直接觀察，他們都是在嚴格控制的條件下，利用其他研究人員數十年研究成果中的線索，巧妙地進行行為觀察。但這種方法是有限的，畢竟只能從外部觀察推測大腦的活動。要從內部去了解這些現象，需要新一代的技術。

這類技術終於出現，這些神經科學的工具，如腦電圖、功能性磁振造影（fMRI）等，為研究人員提供前所未見的臨床精確度。儘管索普的報告最引人矚目，卻不是唯

一的。同樣重要的，還有麻省理工學院認知神經科學家肯維瑟（Nancy Kanwisher）及其學生的研究。他們利用功能性磁振造影分析辨識大腦的一些區域，而這些區域剛好和快速、精準的感知能力有關，也就是索普、畢德曼等人在研究中發現的。功能性磁振造影測量的是特定區域的神經元參與時血氧濃度的變化，而腦電圖則測量整個大腦的電脈衝，這些脈衝以非常快的速度在大腦表面擴散、傳播。

早期的一個突破是發現「梭狀臉孔腦區」（fusiform face area）。這是一個位於顳葉的一個皮質區，大小不超過一立方公分，似乎專門用於人臉辨識。接下來是附近的「旁海馬區」（parahippocampal place area），在辨別熟悉的地點（如自家廚房或是常走的道路）時發揮類似的作用。另一個發現則是「外紋狀皮質身體區」（extrastriate body area），此區使我們對周圍人體的肢體（如手臂、腿等）做出反應，讓我們識別和理解周圍人體的方向、姿勢和動作。

這些視覺相關神經對應區有一個特別之處：這些結構似乎是為了某一個目的而形成的。每一個區域只能識別一種特定類型的東西，而且**只有**一種，例如臉部、熟悉的地方、身體姿勢等，因此可以解釋為什麼我們識別某一種東西的感知速度快得驚人。我們的神經解剖結構不是從頭開始逐個細節一一解構，而是專司某一個功能的區域會迅速

啟動，在瞬間識別出來。在我們看來，這似乎毫不費力。

　　從生物學的角度來看，我們可從一個過程費力與否得知很多事情。生物演化高效、精確，極度追求精簡，只有在極端的環境壓力之下，為了生存，不得不適應，演化才會發生。如果一種能力能精煉到這種程度，乃至**毫不費力**就可完成非常複雜的任務，這種能力必然具有極其重要的生存價值，甚至可能是獨一無二的。

　　因此，視覺不只是關於我們看到的細節。雖然圖像可依照崔斯曼等研究人員細緻入微地分析、研究（特別是在控制嚴密的實驗室中），但我們要在這個混亂的世界生存，我們依賴的視覺必須處理物體、人和地方等**事物**。事實上，在訊息處理最初的階段，我們對周遭環境的感知，不是把看到的東西視為顏色和輪廓的組合，而是把看到的東西**歸類**為不同類別。

　　這些發現本身固然令人興奮，但之間的關連讓人覺得另有深意，就像未被發現的大陸海岸線。每一個新的想法都指向一些重大、甚至可能具有歷史意義的東西，只是等著讓人發現。我因此更加迫不及急地想看到我們實驗的結果。真相是否即將水落石出？或者，我們將面對更複雜的謎團？

＊　＊　＊

　　每天上午，佩羅納幾乎都會在校園裡的紅門咖啡館喝杯卡布奇諾，我也開始跟他喝。我還是個窮研究生，喝不起高級咖啡，但我喜歡看他的咖啡時光：從向咖啡師點單，提出種種要求，到小心翼翼地加入一點紅糖，然後輕輕攪拌。這些年來，為了上學和打工，我每天忙得就像轉不停的陀螺。佩羅納的咖啡提醒我，人生的單純時刻值得細細品味。

　　然而，我今天有重要的事要說：實驗結果出來了，我想趕快拿出來分享。佩羅納吃飯講究儀式感，喜歡把各色餐盤擺成一幅色彩鮮豔的畫作，就像霍克尼（David Hockney）的作品，因此要談事情的話，最好利用喝咖啡而不是吃午飯的時間——儘管他的霍克尼式擺盤雖然一開始很有趣，有鑑於他對藝術史的熱愛，這是他自娛自樂的一種方式，但是卻會讓我愈坐愈餓。

　　他喝了第一口卡布奇諾時，我打開記錄最新結果的筆記本，大聲唸出來。努力了這麼久，我終於有一些東西可以分享。我為此感到自豪。我唸出數字時，佩羅納變得跟我一樣興奮。

　　「飛飛，這些**數字**……我意思是，這樣的數字——」

「我曉得！真是太不可思議了！」

經過一次又一次的測試，這些數字描繪出一個無比清晰的圖像：即使受試者把注意力完全放在其他事情上，依然能夠辨識真實場景的照片。我們知道反應時間會很快，但受試者反應的快速、一致和準確，讓我們始料未及。大腦能夠以驚人的辨識力和神奇的速度辨別無數的視覺概念——這個獨一無二的特點不只強大，而且不知不覺間就完成了。

這項研究似乎能為整個研究領域帶來很大的影響。能有所貢獻，實在是我的榮幸。然而，最大的回饋是哲學上的啟發。在這方面，數十年來的研究加上我們的結果，顯現人類視覺核心的一個簡單理念：基本上，我們的視覺是基於感知明確定義的事物類別，因此辨識**事物**。佩羅納的喜悅溢於言表，表示他同意這點。我愈來愈有信心，我們將解開一切的祕密。

✦　✦　✦

在加州理工學院第二年的課程即將結束時，我覺得自己已讀了夠多的文獻，上了夠多的討論課，也參加了夠多的研討會，我們的實驗即將發表，我親眼目睹了一個重大事實：視知覺依賴分類，而我們的大腦會自然而然地把我

們看到的細節歸類，然後整理成更廣泛而重要的概念，如物體、人、地方和事件。例如，看到映襯天空的一棵樹，這個景象不只是綠和藍形成的簡單圖案。視覺會在更高、更有意義的層面上運作，賦予我們**知識**──我們可以想像樹葉在微風中搖曳或在指間的觸感，或者可以立即估算出樹枝的質地和重量，這兩者都與無法觸摸的大氣及高空中的彩色光線截然不同。

分類的能力給予我們難以言喻的力量。視覺不是使我們沉浸在無數光線、色彩和形狀的細節中，而是把我們的世界變成可以用文字形容的個別**概念**──有用的想法，像地圖一樣展現在我們周圍，把複雜的現實化約成我們一眼就能理解並在瞬間做出反應的東西。我們的遠祖就是在純粹混亂的環境中生存過來的，而世世代代的藝術家也是從日常生活汲取美感和意義的。即使是在今天，我們依然在這個日益複雜的世界中找尋自己的方向。

我讀的很多東西似乎都在強化這個觀點。崔斯曼揭露我們辨別複雜物體的一種方式，而畢德曼、帕特和索普則提出另一種驚人的觀點，凸顯視覺研究的複雜：也就是在某些情況之下，我們可以繞過由下至上的密集處理過程。我們實驗室的研究探討了，在沒有刻意運用注意力的情況之下，認知能運作到什麼樣的程度。肯維瑟的觀點特別有

啟發性。她認為，這種不可置信的能力似乎是透過大腦中為了執行某項特定任務發展出來的神經對應，這樣的機制得以和世界中的特定事物產生關聯——這是強而有力的證據，顯示大腦傾向快速、穩健地檢測熟知的視覺概念。

這種感覺就像逆向解構某種複雜的機械裝置，而這種裝置是某種不可知的力量耐心仔細打造出來的。對這樣的裝置，我們所知甚少，儘管那小小的齒輪在我們面前滴滴答答地運轉，依然神祕難解——但我們已窺視到一些非凡的東西。生物演化是宇宙中唯一能夠從零開始創造真正智能的力量。我覺得我們像在找出這份設計藍圖，至少可能找到一些碎片。

這也改變我對電腦視覺領域的看法。儘管精妙的構想很多，卻分散在各種研究計畫中。我找不到統一、共同的努力，就像幾千年來耐心塑造我們思維發展的那股一心一意的力量。我不禁在想，如果這種情況能有所改變——如果研究人員能團結起來，一起探索、再造人類認知核心的中心理念，這個世界會變得如何。

我難以想像，這樣的合作會帶來什麼樣的發現。人工智能最終的發展是沒有極限的，但這已經被感覺是次要之事；我愈來愈相信，**這個**特別的挑戰（亦即透過理解無數的物體分類來了解視覺世界）就是邁向解鎖人工智能理想

的第一步。畢竟,我們人類物種是如此,我相信機器也能這樣運作。

我想起了我的榜樣們,從物理界的傳奇人物到我的教授。多年來,我發覺他們在一種思想力量的激勵之下成為科學家。我欣賞這樣的力量,也欽佩他們在自己的研究領域發揮的影響力。如今,儘管我才讀了一、兩年研究所,我相信我已在人生的地平線看到一點曙光,即使遙遠、朦朧,但足以為我照亮前路。無論如何,我們都要使機器熟悉我們的視覺世界。我以往只要著迷於某一件事,就會一頭陷進去,無可自拔,現在我更超越這樣的痴迷。

我找到了自己的北極星。

✦ ✦

螢幕上出現了一架噴射客機,演算法也開始執行任務。連蹣跚學步的幼兒都做得到這件事:發現照片中的飛機。但在 2003 年,機器必須吸收大量的範例,才能回答這樣的問題。即使如此,成功的機率也不大。那天下午,我和佩羅納正在測試一個想法,希望能大有改善。我湊近一看,迫不及待地想知道這個演算法能做些什麼。

粉紅色的點開始出現在螢幕上。這些視覺輔助工具會突出照片中的細節,以引起演算法眼球的注意。我發現第

一個點出現在離跑道不遠的草地上，不由得稍稍皺了眉頭。演算法看錯地方了。接著，情況很快有了轉變，有兩個點出現在機翼。然後，另一個點出現在機尾。不久，三個點出現在駕駛艙附近。最後一個點終於也出現了：起落架。我想，**沒錯，這的確也是飛機的一部分。**

我興奮地呼了一口氣。到目前為止，還算順利。

接下來是真正困難的部分。每一個突出的特徵只包含幾個像素，演算法必須將之歸類，分成幾個群組，每一個群組代表識別物體的一大部分。換句話說，這是替代模糊的視覺感知。彩色的圓圈畫在每一個部分的周圍——藍色和青色代表機身的不同部分，紅色代表垂直尾翼，綠色則是兩者交會之處。果然，演算法幾乎精確地把這些部分放在正確的地方。

它認出飛機了。

這是令人激動的一刻，不是因為結果，而是因為**過程**。我們沒有用幾百張飛機照片去訓練機器，讓它看各種顏色、風格、角度和光照條件的飛機，我們只給機器一張照片。然而，我們也向機器展示數百張完全無關的圖像，例如有斑點的叢林貓、摩托車、人臉（我們用佩羅納新買的數位相機為實驗室夥伴拍攝的笑臉），以及我們從 Google 隨機選取、下載的圖片。我們的假設是，先讓演

算法接觸廣泛的視覺訊息，機器就能學得更好。儘管我們用不同東西的圖片來訓練機器，可那架飛機只是機器看到的第二架。

這個研究只是概念的驗證，也不免有錯。但我們的目的是證明，演算法就和人類一樣，能從視覺世界獲得的廣泛經驗受益。現在，北極星已在我的視野中固定不變，我們已朝向這顆星，邁出真正的一步。

我們稱這種技術為「單樣本學習」（one-shot learning）。這種方式與圖像辨識的現況大相逕庭，但其靈感源於人類的能力。眾所周知，人類天生擅長一眼識別事物：一種新的樂器、一種我們未曾見過的動物、新當選政治人物的臉孔等。我們為什麼會有這樣的能力？有好幾種解釋，其中最簡單且最有道理的說法是，即使我們看到前所未見的東西，也會把過去的經驗帶進來。無論多麼新奇，我們看到的一切都會借鑑於過往的經驗，例如輪廓、光影、質地、圖案等熟悉的細節——很難想像我們會在完全缺乏外部影響與過去經驗的情況下看到任何東西。

我們把這種概念運用在機器上，而這麼做似乎行得通。如果說結果為我們帶來驚喜，我們的研究報告則得到熱烈的迴響。我們獲得了爆發式的成功，不只被國際電腦視覺大會（International Conference on Computer Vision，簡稱

ICCV）接受，甚至可前往法國尼斯，在會議上口頭報告。
只有少數研究團隊有這樣的榮幸。雖然這篇報告的共同作
者有佩羅納和一位名叫費格斯（Rob Fergus）的研究員，但
我是第一作者。這意味此行的榮譽和責任都歸於我。

　　對一個研究生來說，在國際電腦視覺大會報告是非常
難得的機會，但我未曾在這種重要的國際會議上報告，因
此壓力很大。讓我更緊張的是，佩羅納的太太接近臨盆，
即將迎來他們的第一個孩子，所以佩羅納無法陪我去。這
是我第一次參加學術會議，也是我第一次上臺演講。而我
將獨自前往。

　　要不是肩負重任，有事情要做，在飛往尼斯的飛機
上，我必然會緊張不安。我在加州理工學院的研究工作使
我每天汲汲皇皇，在一萬公尺高空這十三個小時，總算讓
我得以忙裡偷閒，整理講稿。旅途中，我多半埋頭苦幹，
以最快的速度撰寫大綱、準備簡報資料。

　　然而，一到機場，因為佩羅納沒來，我悵然若失。通
常學生第一次參加重要會議，不管是否上臺，指導教授都
會出席以表支持，並幫忙擴展人脈。我開始意識到，在一
個擠滿數百個陌生人的會場，我只能靠自己。如果要緊張

的話，正是現在。

「飛飛？」有人在我背後叫我。我轉身，抬起頭，發現一張陌生的臉打量著我。

「請問您是……」我小心翼翼地回答。

「很高興終於見到你！我是吉騰德拉。」

「吉騰……啊！吉騰德拉……**馬立克**教授？您是——」

「我想，你知道我是佩羅納以前的指導教授，」他笑著說，「他拜託我來陪你。莫非你以為我們會讓你孤單一人參加這場會議嗎？」

雖然我知道馬立克（Jitendra Malik）的大名，也知道他的聲譽，但這是我們第一次見面。我傾向以家族的角度來看學術關係，由於他是我指導教授的指導教授，因此可說是我的「學術祖父」。他鼓勵我，讓我寬心不少，不愧是我祖師爺。口頭報告結束後，我被一群求知若渴的研究人員團團圍住，他簡直是我的救星。只要他在我身邊，人山人海的一天就不會那麼難以招架，我們因此建立了長久的關係。

儘管我報告之後，大家議論紛紛，不過我注意到一件很有意思的事——他們問我的每一個問題都和演算法本身有關：

你是如何利用貝氏方程式（Bayesian Equations）來估計
後驗機率的？如何估算圖像的先驗分布？你提到使用
最近提出的變分推斷演算法來最佳化模型參數——能
詳細談談這點嗎？你計畫在未來的修訂如何擴展這種
演算法？能談談這種演算法在不同情況下的表現嗎？

　　我們一次又一次地被問及我們機器學習演算法的數學
核心，那是一種名為「貝氏網路」（Bayesian network）的概
率技術，卻沒有人問起我們訓練該演算法的數據。雖然這
沒有什麼不尋常（數據常被視為一種資源，只是滿足演算
法需求的東西，本身沒有什麼重要性），但我發覺我們低
估了某種重要的東西。

　　我們演算法的關鍵特徵是「從單一樣本來學習新的物
體類別」，這種能力非常依賴數據。我們演算法接觸到的
其他各式各樣的東西讓它擁有一種感知經驗，使它在面對
新的事物時表現得如此出色。

　　其實，我愈想愈好奇，數據的力量是那麼的微妙、迷
人，為什麼這個主題沒得到任何人的注意。畢竟，我們只
用了一點點的素材，不過是散布在隨機選取的幾個類別裡
的幾百張圖片，就取得驚人的成果。這引發了一個問題，
我每次回想起來，似乎覺得這問題更加引人深思：**如果這**

麼少的數據就能實現如此強大的能力，倘若有更多的數據，又能帶來什麼？

要是有更多、更多的數據呢？

✦ ✦ ✦

「快好了……再等一下……」我們又到紅門咖啡館吃午餐，再次浪費好幾分鐘寶貴的時間等佩羅納把餐盤擺成他的下一幅霍克尼。「好了！」

「嗯哼。很棒。」我說。我甚至不再假裝正在欣賞他的作品。

佩羅納心滿意足地看著眼前的餐盤，明顯察覺了我的不耐煩，但他顯然毫不在意。我從他那裡拿回托盤，開始吃飯。

「我一直在想我們那篇單樣本學習的報告，」他轉換話題，「我為我們的成就感到驕傲，但你我都知道，數據才是真正的主角。」

我點點頭，繼續咀嚼口中的食物。

「所以，如果我們創造一個**全新的**數據庫呢？更大的。我想，我們可以從頭開始，自己完成這件事。」

我繼續點點頭。

「我的意思是，如果這些新數據——**完全靠這些數據**

──就是達到下一個階段的關鍵呢？」

這是個大膽的想法，雖然成功的可能性不高，但很有意思，值得一試。

「那麼，我們就從最明顯的問題開始：這個數據庫應該包括多少個圖像類別？」

我放下叉子，想了一下。加州理工學院最大的數據庫共有七個隨機選擇的類別，進位似乎是個合理的選項。

「嗯⋯⋯十個怎麼樣？」我提議。

佩羅納皺了皺眉頭。

「我想，這樣會有進步，但我不知道這樣是不是太慢了。」

我欣賞他話中的積極，但我不得不考慮到現實。圖片的蒐集、標注和整理都是我的工作，我已盡量想要在研究和日常生活的實際問題之間取得平衡。

「好吧。嗯⋯⋯那十五個？」

佩羅納狡黠地笑了笑。

「好吧。二十！」

他不為所動。**當真？**

佩羅納後來告訴我，我已經接近目標；他認為三十個應該就夠了，但他發現我們的對話似乎演變成一場談判──雙方都有警戒。他覺得自己不得不發動攻擊。

「飛飛，我們來做一**百個**吧。」

正如佩羅納後來說的，我看起來就像被他判了死刑。工作量無疑非常龐大，我可能會忙到瘋掉，更別提接下來幾個月的社交生活了（好吧，老實說，對我而言這損失不大）。但他是對的。如果有這樣的資源，我們的模型會有怎麼的表現？想到這點，我就無法否認自己的興奮。然而，我沒一口答應，我只能說我盡量。看來，我這張撲克臉還得再擺一陣子。

我漸漸淡忘這次談判之後，開始用不同的角度來看這個計畫。是的，策劃一百個圖像類別，且每一個類別包含各式各樣的例子，將比我這輩子做過的任何事情都要辛苦，包括週末在乾洗店工作。但這正是我想要做的。我的北極星在地平線上方閃閃發光，比任何時候都要明亮。

✦ ✦ ✦

「飛飛？」

「媽。爸爸好嗎？店裡怎麼樣？」

「有一個顧客要修改衣服，他說了一個詞，說了好幾遍，但我聽不懂。我猜，他是想改得合身一點，但是……」

接著是奇怪的停頓。

「飛飛，我⋯⋯」

她的呼吸愈來愈急促。我在電話的另一頭聽見她的呼吸聲。這時，她似乎無法說話。

「媽？**媽媽？**你還好嗎？」

無論何時，知道母親罹患鬱血性心衰竭都不是好事。尤其是我兩年的研究生涯已經把自己逼到極限。此時的感覺實在難以用言語形容。

事後看來，她的病其實有跡可尋。幾個禮拜前她就覺得不舒服。我以為她可能是一個人顧店太累，需要休假。於是，我請她到加州。但她一到機場，便呼吸困難、臉色蒼白，我從來沒看過她這個樣子，當下就知道事態嚴重。

毫無疑問，這是緊急情況，但我父母都沒有醫療保險，我不知道該怎麼做。在慌亂中，我打電話給想得出的每一個人，最後把我媽送到爾灣一間私人診所，那間診所的女醫師會說中文。儘管開車過去要將近兩個小時，但由於我媽沒有保險，只有那位醫師願意讓我們看自費門診，還好心給我們打了折扣。她很快就診斷出來：我媽的心臟的確很糟。

薩貝拉老師依然是我倚賴的安慰之源。「飛飛，你媽媽的情況如何？」他問。

「醫生說，沒有生命危險。還好發現得早。」

「謝天謝地。你還好吧？」

我長嘆了一口氣，跟他講了我們孤注一擲的打算。乾洗店經營了七年，只能賣了，沒有別的辦法。在我們幾乎走投無路的時候，這家店一直是我們賴以生存的救生索，但我母親病得嚴重，即使有父親的幫助，也無法繼續下去。雖然生意還好，我們賺得不多，根本請不起人。我們該進行下一步了。

更重大的決定是，我請父母橫越這個大陸，搬到帕薩迪納跟我一起住，全家一起面對生存的挑戰。儘管我的宿舍要比我們在帕西潘尼住的公寓更小，但這是我們目前唯一的選擇。

薩貝拉老師在電話裡沉默了半晌，顯然他需要思考我講的這些。

「你會繼續讀研究所吧？」他似乎察覺到一個連我自己都還沒面對的問題。

「我不知道。」

我倆沉默無語，直到我的笑聲打破靜默。

「至少，我可以把我父母列為撫養親屬吧？」

新的現實正在浮現。這個現實是如此複雜，乃至於顛

覆了我讀普林斯頓物理系迄今所做的每一個決定。與生俱來的好奇心把我引向一個競爭激烈、低薪且沒有職業保障的生涯，我甚至無法奉養父母。我每天都在追求自己的夢想，這不只是自私，說難聽點，簡直是輕率魯莽、不顧一切。我的實驗室夥伴即使不富裕，至少也是中產階級，我愈是想到我的家庭背景和他們的差距，就愈無法否認一個事實：成為科學家對我來說是一種奢求。

但故事還沒完呢。

幾個禮拜過後，有一位同學提起，鼎鼎大名的麥肯錫管理顧問公司正在本地招募人才。他們要找的是實習分析師，保證能在工作崗位獲得豐富經驗，只要是來自長春藤名校、具有一點數學和電腦科學研究背景的研究人員，都是理想的應徵者。陷入絕望的我覺得這是一個值得考慮的機會。

當然，我以前也曾來到這樣的關卡。長久以來，我的學術目標與現實生活互相牴觸，現在只是又出現小衝突。但這次，我內心深處那個科學家的聲音與以往不同。在母親病倒的打擊之下，那個聲音不再那麼堅持，彷彿我內心特別護衛的部分也開始對現實讓步。我無法永遠對這樣的現實視而不顧。現在的我已經豁了出去，把猶豫推到一邊。我買了一套超出預算的衣服，小心翼翼地把價格吊牌

藏好，打算之後拿回去退貨，然後安排面試時間。

　　這一切和我預想的一樣不自然。但我無法忽視的是，命運似乎打從一開始就站在我這邊。這或許是我第一次有機會在學術界之外的地方展現自己，我因此充滿平常沒有的信心。當然，我不只是個有學術熱忱的書呆子：多年來的磨難錘鍊我，讓我鬥志昂揚，這是與我同輩的人少見的，加上務實的本能，使我與眾不同。面試時還出現一個有趣的巧合。

　　「我們將用一個假設的商業場景來進行面試，」麥肯錫的代表說，「你不了解這個行業也沒關係。因此，請把這次的面試當成是創造力的練習。我們只想了解你的直覺，也就是你的分析推理等。」

　　我心想，**那應該很簡單**。

　　「現在，請想像你是一個經理人……行業比方說……服裝業。」

　　哇。

　　面談一開始是例行評估，沒想到演變成豐富、深刻的對話，從我對物理的熱愛談到智能的奧祕，乃至衣物洗滌劑供應商以及我業餘管理乾洗店的經驗。儘管面臨重重挑戰，面試似乎進行得挺順利。

　　招聘主管顯然也這麼想。麥肯錫公司馬上給我積極的

回覆，決定給我一個正式的長期職位，而非只是實習生。

　　我的心情五味雜陳，甚至不知道該不該接受這份工作。一方面，想到要放棄這裡的一切，我就心痛如絞——加州理工學院、佩羅納、柯霍、馬立克、我的同學、我知道的一切，更何況，我其實有一個締造歷史的大好機會，也就是追尋我的北極星。然而，另一方面，看到父母多年來生活得那麼辛苦，我愈來愈覺得，他們是為了我，才會來到這裡忍受這些。我一直不知道生活的擔子有多重。為了帶我來美國，母親付出一切，現在，也就是她最需要我的時候，我終於可以報答她。我直接回家，準備跟她分享好消息。

　　「飛飛，你穿這樣去實驗室？」

　　我看著自己。我忘了我還穿著面試的衣服。

　　「是啊，」我擠出笑容說道，「別擔心，這是我用划算的價錢買到的。」我露出完好無損的價格吊牌。

　　「怎麼回事？」她一頭霧水地問道。我最近忙得焦頭爛額，還沒跟父母談到我的任何計畫。

　　「媽，我們得談一談。」

　　我解釋了面試的事、工作機會和其他一切。我告訴她公司給我的待遇和起薪。我說，我還沒回覆，公司已表示最大的誠意。我說，不管從哪個角度來看，這都是出人頭

地的大好機會，每一個移民母親應該都希望看到孩子有這樣的生涯發展。她靜靜地聽我說，我還沒說完，就看到她臉上顯露我已熟悉的一種表情。

「我們真的還要再談？」

「媽，我知道，但是請聽我說——」

「我了解我的女兒。她不是什麼管理顧問，她是個科學家。」

「媽，你得為你的健康著想！我們得考慮生活費、醫藥費……我繼續讀研究所的話，生活怎麼辦——」

「飛飛，我們大老遠跑來這裡，不是要你放棄。」

「這不是放棄！這是我夢寐以求的工作——這份**工作**可以讓我們放下**生活的重擔**。你看看，現在我們一家三口擠在**一間宿舍**！」

我不確定我是否相信自己親口說出的這些話，但是不管我媽怎麼想，似乎這是該說的。她停頓了一會兒，或許心裡在琢磨，最後才回答我。

「飛飛，你一直在說，走學術是條『自私』的路。彷彿你的科學研究是建立在我們的**犧牲**之上。」

「我怎麼能不這麼想？我可以工作，讓我們一家過好日子，然而——」

「你沒聽懂我的話。這從來就不是**你一個人**的旅程。

打從一開始，**我們**就是一起走的。不管你是否注定成為科學家、研究人員或是從事其他我無法想像的工作，不管你是否能賺到一點錢，從我們的飛機在上海起飛那一刻，我們一家就是為這個目標在努力。」

我不知道該說什麼。

「我再說最後一次：我們大老遠跑來這裡，不是要你放棄。」

她說的沒錯。她總是對的。這次，不管出於什麼原因，我終於聽懂了她的話。我不再質疑自己選擇的路。

✦　✦　✦

「那種狗的品種叫什麼？」我問同學。實驗室空蕩蕩的，我們隔得遠遠地吃午餐。

「哪一種？」

「嗯，毛色是褐、白……還有黑，耳朵下垂，很可愛。天啊，我忘了這種狗的英文怎麼說。」

我們在思索只有研究生才敢面對的大問題。

「我知道是 B 開頭的字……啊，別告訴我。」

我伸手去拿我桌上的英語字典。儘管我當了將近十年的美國人，網路已取代了我們生活中的很多東西，字典偶爾還是能救我一命。我翻查字典，掃視條目。我看到了。

「啊！是 Beagle！米格魯。」

「好吧，所以呢？米格魯怎麼了？」

我停下來，看著那一頁。我忘了當初為什麼提出這個問題，但這已經不重要了。我突然想到另一件事。

我和佩羅納正在建立一個包含一百個圖像類別的數據庫，但我們還沒找到一個好方法來決定到底應該包括哪些類別。我們擔心，如果是由我們自己來決定，類別的選擇可能會有偏誤——甚至我們可能在潛意識的影響下，傾向挑選演算法比較容易辨識的圖像類別。

我瞇著眼睛，盯著字典。我發覺字典解釋字詞的方式清晰、優雅。字典上的條目大多數是名詞，側重有形的、可見的東西——換句話說，就是物體或是動物，例如米格魯。似乎，對我們而言，這就是理想的類別，而且看來在每一個開頭字母底下分布得很平均。在我看來，應該沒有偏誤的問題。我在想：如果讓字典為我們選擇類別呢？

簡直太完美了。對我這樣的電腦視覺研究人員來說，多年來這本磚塊般的工具書一直是最有用的工具。因為我是移民，才有這種意想不到的發現。

除了早期的發現，整個數據庫的整理是件曠日費時的苦差事。有好幾個月，為了搜集圖片，我們都用人工的方

式在搜尋引擎上一個個輸入、查詢，挑出最好的，再裁切並調整成一致的尺寸。三、四個大學部的學生負責圖片識別的工作，甚至連我媽（她現在已是在地人）都來幫忙。

儘管艱辛，這個過程卻有一種啟發性。思考了這麼多關於視覺世界的多樣化之後，我正以全新的角度來看這件事：世界是個整體，是一個單一的現實，包括各式各樣的東西，如手風琴、果汁機、手機、螯蝦、龍蝦、披薩、停車標誌、雨傘等很多東西。我從中發現一種詩意，讓我感受到這個世界有多麼豐富和不可預測，我們卻很少注意這些細節。

2004 年，這個艱巨的任務終於大功告成，是機器學習有史以來蒐集到規模最大的圖像集合：共有九千多幅圖像，分布在一百零一個類別中。這是前所未有的成就，我迫不及待想看看這能解鎖什麼樣的潛能。我們似乎開發出一種超自然的產物，能賦予我們創造的東西超乎想像的能力。我獨自進行這項工作時，忍不住調皮，想要給佩羅納好看，自己多辛苦一點也無妨。他說要一百個類別，我就給他一百零一個。

數據庫的正式名稱為「Caltech 101」，亦即加州理工學院 101 類圖像數據庫。我們隨即發表了單樣本學習後續研究報告，現在的模型採用種類繁多的訓練圖像，表現也

有很大的提升。由於這次的報告是基於前一次的研究發展出來的，不像第一篇那樣一鳴驚人、取得爆發式的成功，卻建立了一個更為持久的典範，成為他人得以仿效的模型。我們用來呈現結果的性能曲線成為標竿，在接下來的六個月，全世界的研究人員都引用我們的報告，想要超越我們，很多人也都做到了。發表自己的研究結果固然可喜可賀，但讓我們更加興奮的是，覺得自己能給人靈感，幫助別人成功，讓這個領域有更進一步的發展。

顯然，來到加州理工學院之後，我的生活仍波折重重，然而能繼續在這裡做研究，我真要感激涕零。由於我母親迫切需要休息，我們不得不賣掉乾洗店。自從來到這個國家，她一直很辛勞，現在總算能好好養病。（老實說，我也可以鬆了一口氣，用不著擔心家裡打來的長途電話，問我禮服襯衫上漿上得太多應該怎麼解決。）最重要的是，我對研究充滿熱情，幾乎每天都做到筋疲力竭才肯罷休。

值得慶幸的是，這裡不乏像我這樣瘋狂的研究人員。我就在佩羅納的辦公室外頭碰到了一個。當時，我發現有**兩個人**在辦公室外講義大利語，一個聲音是我熟悉的，來

自佩羅納。不久後發現另一個是我還沒見過的研究生。他個子很高,義大利口音濃重得教人很難聽得懂他在說什麼。相形之下,佩羅納幾乎沒有口音。他有著一頭蓬亂的捲髮,讓人大老遠就可以認出他。佩羅納為我們介紹,儘管那天他剛好有事,急著離開,這第一次見面卻給我留下難以忘懷的印象。我也得以為這個特別的聲音加上名字:西爾維奧。

西爾維奧在實驗室會議上的表現很快引起我的注意。他和我一樣,在做報告時喜歡以藝術作品的討論做為開場白。他特別喜歡荷蘭藝術家艾雪(M. C. Escher)的《手上的反射球體》(*Hand with Reflecting Sphere*)[11] 和維梅爾的《戴珍珠耳環的少女》(*Girl with a Pearl Earring*),這兩幅作品都牽涉到他在研究中探索的視覺世界——曲面反射的扭曲輪廓、金屬表面的熠熠生輝和日常物品在空間中的立體感。當然,視覺吸引力很快地就被大量的方程式取代。我們在一起的時間愈長,我就愈意識到我們的共同點:無論在什麼情況之下,我們都無法關閉自己的好奇心。

「你看!你看那部摩托車!」我們原本悠閒地在校園散步,他的興奮破壞了這輕鬆的氣氛。

11　譯注:艾雪在 1935 年創作的石版畫,作品描繪一隻拿著球體的手,球體反射坐在書房裡的艾雪,就像是一幅自畫像。

「摩托車怎麼了？」

「看到了那個鉻排氣管了嗎？看到反射了嗎？那反射包括**太多**訊息。你看到了嗎？看到那種彎曲、變形了嗎？」

「嗯，我看到了。」

「但問題是——反射到底是什麼？反射其實只是表面**周圍**世界的扭曲圖像！弔詭的是，我們卻可從中獲得足夠的訊息，不費吹灰之力就可在腦中想像出那個摩托車零件的形狀。**這就是我們想要設計出來的演算法。**」

我想，天啊，這傢伙真是個書呆子——而且跟我是同一種的。

✦　✦　✦

我在兩個實驗室工作，一個是佩羅納的電機實驗室，另一個則是柯霍的計算神經科學實驗室。我每個禮拜跟他們兩人見一次面，參加期刊讀書會，研讀、討論神經科學與電腦科學這兩個領域最新的文獻資料。這兩個實驗室都供餐，餐點意外美味。我和西爾維奧也有了進展。只要時間允許，我們就會在一起。由於我們兩個都忙，在一起的時間其實不多。以新戀情的標準來看，更覺得相聚時間很有限。

　　一轉眼，我已在加州理工學院待了好幾年，有些東西已在我心裡生根發芽。我回想我們做的一切：我們做了心理物理學實驗、研究單樣本學習演算法、展示 101 類圖像數據庫的威力，也細讀了幾十年的文獻報告。儘管我的求學之路很不尋常，在兩個指導教授的帶領下，同時研究兩個領域，但我漸漸欣賞我們研究的優雅之處。我們能做出這些研究，絕非偶然；我更加相信，**分類**就是連接這些研究的關鍵，在了解視覺方面扮演重要角色，甚至或許能夠解開人類智慧之謎。

　　然而，為什麼進展如此緩慢？

　　簡而言之，我們的演算法出現了所謂「過度擬合」（overfitting）的問題。這是數據科學的術語，意謂無論我們設計得多麼巧妙（況且我們嘗試了種種設計），即使是在測試時表現得最好的演算法，碰到新的數據時效果卻差強人意。那些演算法看起來已經訓練得很好，學到（或者說我們假設它們已經學到）的東西在現實世界卻無法派上用場，一再讓人失望。本質上，這和人類的感知能力恰恰相反。人類感知能力的一個特點就是概括能力。這種能力使我們變得靈活、適應力強，甚至有創造力，得以從過去的經驗駕馭新的想法，而非受限於經驗。缺乏這種能力的生物就無法應付自然世界種種不可預測的情況。概括能力因

而是生物演化的關鍵特徵，但對機器來說，這種能力還遙不可及。

要解開過度擬合之謎，一個自然的起點是演算法本身，尤其是演算法從訓練數據學習的方式。我們探索的很多演算法都極度複雜（也就是難以處理的計算問題），無法手動調整參數。這些演算法有大量的參數，而且參數排列組合的方式極多，彷彿一個無比龐大的控制面板，上面有無數的旋鈕和開關。相對地，自動化技術利用不斷迭代，嘗試錯誤和調整，以逼近這些參數的理想平衡點。多年來，這些技術的改進一直是電腦視覺研究的支柱。

但 101 類圖像數據庫鼓勵我們更深入地思考數據，進而引發我們去探討過度擬合是什麼原因造成的。畢竟，如果沒有數據，「機器學習」要學習什麼？雖然這個問題很重要，卻缺乏物理學、數學、統計學常見的精確度。像佩羅納、馬立克是少數在這個領域耕耘的研究人員，儘管還不是很深入，就這個問題的理解而言，我覺得他們的直覺是最好的。我們發表的研究成果似乎表明，相對而言，數據庫愈大，演算法的能力就愈高強。即使如此，數據的篩選和處理更像是一種黑魔法，而不是科學。

我開始在想，我們是不是做錯了什麼。訓練圖像是否該用不同的方式來安排？是否應該增加多樣性？是相機解

析度的問題嗎？或者是我幾乎不敢想，更不敢說出來的一個問題：101 個類別可能不夠多？我愈想，就覺得問題愈明顯，甚至愈緊迫。然而，就我所知，在我們這個研究社群，沒有人提出這樣的問題。

即使數量是我們的強項，似乎仍有很多疑點。我得承認，質疑為什麼決定用 101 個類別是很合理的。這不是經過經驗驗證得到的結果，甚至不是從理論導出、基於某種原則的估計值。我不過是想在指導教授面前逞強，才說出這個數字。我們是不是過於自信，把這 101 個類別當成是突破的序曲？這次，我帶著復仇的決心，回過頭去研究文獻。如果 101 個不夠，多少才夠？200 個？500 個？1,000個？我心想，**拜託，不要是 1,000 個吧**。不管如何，不管在哪裡，我一定要找出線索。

我費了一番工夫，終於找到了。那是視覺研究老前輩畢德曼在 1983 年發表的一篇研究報告。其實，多年前我就讀過這篇，當年無疑是在凌晨兩點，和一堆文獻一起匆匆翻閱。如今，我們已從單樣本學習學了很多，加上我們想要實現真正的視覺分類，我用新的眼光看這篇文章。

儘管這篇報告與我們的研究並不直接相關，但主題很有趣：我們如何利用自己對基本幾何形狀的知識來辨識複雜的東西。畢德曼在建立結論的過程中，試著回答一個問

題：全世界東西的類別，大約有多少個？這個問題看似簡單，其實很難。你得把所有的東西一個個加起來，例如「搖椅」、「企鵝」、「跑車」、「拉布拉多犬」、「山」等全部的東西。總數會是多少？

這聽起來不是科學挑戰，更像是謎語。但畢德曼分析英語語言的方法非常巧妙，讓我印象深刻。對所見事物的分類而言，詞彙具有奠基的作用，他認為計數可明確區分、量化的東西（也就是所謂的「可數名詞」）將是一個很好的起點。然後，他想像每一個可數名詞有多少種獨特的變體，例如「杯子」這個類別可能包括一套把手有華麗圖紋裝飾的白色茶具、一個色彩鮮豔的馬克杯，以及一個透明、普通的玻璃杯。由於某些類別的東西樣式較多，為了簡化問題，他設定了一個合理的平均值。如此一來，總數的計算就成了一個簡單的乘法問題。

這個邏輯簡單明瞭，然而他的想法之所以如此具有顛覆性，是因為**規模**龐大，立即凸顯我們的研究是多麼有限、我們的**想像力**有多麼不足，而在這兩者之外的世界又是如何廣闊。儘管這篇在幾十年前發表的研究報告是一份陳舊、模糊的影本，但我覺得畢德曼好像在對我說：**你要突破？這就是代價。這就是你必須付出的。**

對懷抱雄心壯志的研究人員來說，畢德曼的數字是也

許可以利用的藍圖。然而，這個數字很大，真的很大，不是 1,000 個、2,000 個，甚至不是 5,000 個，更不是我們花了好幾個月的時間完成的 101 個。

是 **30,000 個**。

這是個大數字，我不知道該怎麼做。當初為了建立 101 類圖像數據庫，我們已花費九牛二虎之力，規模若要擴大到幾百倍以上，豈不是比登天還難？但我無法視而不見。我感覺真正的洞察力在那裡隱隱發光，有一股能量幾乎要從印在紙上的數字冒出來。更重要的是，我知道無論這個數字要帶我去哪裡，我都得去。從此，我將專注在演算法，沒有其他。但我愈思考數據——尤其是大規模、**龐大無比**的數據，愈覺得這是一個尚未開發的蠻荒之地。儘管世界已選擇了自己的方向，我的北極星卻引領我走向另一個方向。

第 **7** 章

第 **7** 章

科學假設

車在 206 號公路上奔馳。潔白、刺眼的陽光穿過樹葉縫隙，形成串串閃亮的珠鍊，從車旁飛掠而過。這條雙線道公路很好開，蜿蜒地在樹冠中穿梭，偶爾能瞥見地平線上的小鎮。但我的心思已飄到遙遠的世界，對這一切幾乎視若無睹，只注意把車子開在車道標線之間。

我從加州理工學院拿到博士學位才一年，但我的人生幾乎已完全改變。我的母親又病了，甚至比以前任何時候都來得嚴重，幸好突然穩定下來。我也找到了第一份

真正的工作（在伊利諾大學厄巴納－香檳分校擔任助理教授），因此有了醫療健康保險的保障。我和西爾維奧結婚了，他也找到工作……但遠在密西根。對很多事情，我心懷感激，但目前的人生就像學術生涯剛起步的階段，仍有很多波動。雖然我已經結婚，但還是過著單身生活，而且和父母一起住。

儘管如此，在我的世界，視覺分類研究仍是中心。我受邀回普林斯頓演講，向電腦科學系講述我的最新研究。現在，我已經習慣上臺演講，但我隱約感覺到這次校方也許不只是請我演講，還有別的動機——也許他們想找我回普林斯頓任教，演講可能是招聘的第一步。

但這事關重大。幸好我已養成習慣，每次回紐澤西，第一站總是薩貝拉老師家。從我的母校到他們家，沿途道路蜿蜒，我正好利用這段時間想事情。

教我心心念念的，不是演講，也不是職業生涯。自從我偶然發現畢德曼提出的那個數字，我的人生從此被改變——如果要了解視覺世界，他估計 30,000 個獨特的概念會是個完整的基礎。從此，這個數字成了我心靈中央的黑洞，幾乎在每一個清醒的時刻，纏繞著我的思緒。

從一方面來看，我的直覺和畢德曼的看法相契合。他的數字看來沒錯，我也打從心底相信。這數字看起來像證

據，是我可以利用的數據。同時，我很清楚，這不是透過實際觀察或實驗得到的數量，而是典型的粗略計算，更像是說明，而非假設。儘管如此，自從多年前第一次看到這個數字，至今仍無法忘懷。

這數字讓我對從未想像過的規模有了新的想法。30,000 這數字當然讓人好奇，究竟是 30,000 個**什麼**呢？我想，答案應該不簡單，不是指建立一個有 30,000 個隨機選擇類別的新數據集來取代 101 個類別。當然，這麼一個數據集將遠遠超過一本大字典包含的圖解概念，不只是描述這個世界的特徵，甚至可能是用全面的、綜合的方式來為這個世界**建模**，逐一描繪地球上所有的生命、物體並呈現它們之間的關係。這是真正的意義，然而一切只是我的猜測。

時間一分一秒地流逝，我開始做白日夢。太陽石油公司（Sunoco）加油站的黃藍招牌吸引了我的目光，觸發一連串回憶的片段，諸如以前經過這條路的印象。種種色彩與心情。那些點點滴滴，有的清晰，有的模糊，都被回憶召喚的色調包圍，豐富而令人回味，然而永遠沒有焦點。接著，我的思緒出現了具體的事物，不由得露出微笑：薩貝拉老師提過，他每天從位於巴德湖的家到帕西潘尼高中教書，就是走這條路，還說他是如何密切注意汽油價格的

變動，以減少油價對薪水的衝擊。畢竟他只是一個公立學校教師，收入有限。

正是這樣看似微不足道的時刻激發了我的痴迷。這些瞬間就是視覺真正的體現。視覺不只是一種「感知」，至少不是溫度計或蓋格計數器那種機械的「感知」，而是**經驗**的催化劑。以時速八十公里掠過一個加油站時，招牌的顏色觸發訊息和情感的大量湧現。這是最符合人類思維的能力——就像一個入口，由此通往記憶、聯想、概念和推理形成的宇宙，這一切都交織在我們與周圍世界的視覺聯繫中。

我的思緒回到普林斯頓大學的演講。至少，這是我有機會解決的一個問題。

＊ ＊ ＊

「飛飛，我不知道怎麼一個語言學家會跑去聽電腦視覺演講。不過，幸好他去了。」

坐在我對面的是電腦語言學家費爾鮑姆（Christiane Fellbaum）。演講結束後那幾天，我認識了多位普林斯頓的教授和研究人員，她就是其中之一。她沒來聽我的演講，但她的同事在聽眾席上，認為她會覺得我的研究很有意思，於是在會後為我們牽線。

　　費爾鮑姆在語言學這個領域的工作和我的研究之間的
關聯說來微乎其微，我們卻有一個重要的共通點：受到認
知科學強烈的影響，以及對大腦如何理解、構建世界的方
式特別感興趣。在我自己的人類視覺研究中，最吸引我的
概念，就是我們如何對感知的東西進行分類，而這對我倆
的研究都非常重要。我們都相信，分類就是視覺（我們看
到的東西）與語言（我們描述所見事物的方式）的交會點。
談了二十分鐘之後，我突然發覺，我甚至不知道我們是否
該談工作機會的事。無論如何，這件事已不重要，因為她
接下來提出的問題將永遠改變我的研究生涯和我的人生。

　　「你聽過 WordNet 計畫嗎？」

　　WordNet（詞彙網路）是心理學和認知科學大師米勒
（George Armitage Miller）的心血結晶。他生於 1920 年，是
二十世紀最有影響力的心理學家，能透視人類行為表象，
建立驅動人類行為的心理過程模型。因此，他自然而然被
語言結構及其在思維中的作用吸引。他透過 WordNet 繪
製出規模驚人的語言結構圖。

　　啟發這個計畫的源頭是兩個大問題：如果人類可以透
過語言表達的每一個觀念，都被收納在一個單一、龐大的
詞彙數據集中，那會如何？如果這些詞彙不是按照字母順

序排列，而是根據詞彙的意義互相連結呢？例如，不會因為字母順序而把「apple」（蘋果）和「appliance」（用品）放在一起，「apple」（蘋果）會和一大堆相關的詞彙配對，如「food」（食物）、「fruit」（水果）、「tree」（樹）等。這就像一張地圖，把人類認為有價值的東西（我們可用一個詞彙來描述的每一種東西）排列在一個相連的空間裡。一言以蔽之，這就是 WordNet。

這個計畫從 1985 年開始進行以來，已發展到幾乎難以理解的規模，收錄了 14 萬個以上的英文詞彙，還迅速擴及其他語言。費爾鮑姆那時是全球 WordNet 協會的會長，幾乎得投注所有的心力。這個計畫的規模、存在的時間和所需的協調工作讓我驚嘆。因為這些特點，多年來這個計畫才能朝向正確的方向發展。回想起當年，我召集幾個大學部的學生，忙了好幾個月，好蒐集足夠的圖像用以建立 Caltech 101（101 類圖像數據集），我真是要汗顏，我們的分類深度只有 WordNet 的千分之一。同時，我也得到很大的啟發，這是我很久沒有感受過的。

WordNet 讓我的眼睛為之一亮。自從將近四年前我發現畢德曼提出的那個數字，那個數字便直教我魂牽夢繫。WordNet 終於給我一個答案，或者說至少提供了一點線索。WordNet 是一張關於人類意義的地圖，涵蓋範圍和內

容的真實性都不打折扣。當時我還不知道電腦視覺要如何達成畢德曼想像的規模，但現在至少有證據了，證明這是行得通的。我看到前方出現一條路，也知道下一步應該怎麼走。

接著，費爾鮑姆提到一個相關的計畫，也就是用視覺圖像，如照片或圖表，來闡述 WordNet 的每一個概念。儘管這個計畫已半途而廢，我還是很感興趣，甚至覺得計畫名稱 ImageNet（圖像網路）是完美的提示，讓我有醍醐灌頂之感。

那天，在離開普林斯頓校園之前，我已把這些點點滴滴串連起來。首先是 WordNet：這是一個偉大到難以形容的詞彙數據集，似乎捕捉了世界上所有的概念，並按照人類意義的自然層次組織起來。然後是 ImageNet：為每一個概念搭配一個圖像。這兩個計畫似乎有望解開畢德曼那個數字給我的謎題。

我問自己一個既荒謬又顯而易見的問題：**我們的 Caltech 101，也就是我們在加州理工學院建立的 101 類圖像數據集，是否能達到 WordNet 的規模？**要執行這樣的計畫實在是個不可能的任務——其實，「不可能」正是我唯一想到的。撇開這點，無可否認，這個想法具有非常強

大的力量。然而，這不只是規模的問題。想當然耳，這個數據集會大如天文數字，但其中的數字反映了更深層的意義：龐大到無可想像的多樣性，和這個世界一樣雜亂無章、不可預測。

我已在這個領域打滾了很多年，和佩羅納、柯霍研究了數十年的歷史，這個關於規模的想法感覺像是全新的東西，不同於傳統，甚至具有顛覆性。為了解開視覺分類之謎，我朝思暮想，寢食難安，看來這是下一步。就算只有一丁點，**任何**成功的機會我都得考慮。

我的思緒翻騰不休，想像一個由無比豐富的視覺線索構成的數據集，猜想用這樣的數據集訓練出來的演算法會有什麼樣的潛力。塑膠的堅硬邊緣、漆木的光澤、動物毛皮的質地、眼睛表面的反射，還有很多其他的東西——或許是世界上的**每一種東西**。我想像我們的演算法會不斷成長，變得愈來愈靈活，能區分前景和背景，辨別一個物體和另一個物體的分界，從物體的表面和體積區分出光影。

如果識別**任何東西**的祕訣就是一個包含**所有東西**的訓練數據集呢？

＊　＊　＊

我到伊利諾大學厄巴納－香檳分校任教還不到一年，

我就收到普林斯頓的邀約，請我去任教。這是我研究生涯最大的突破，我欣然接受。薩貝拉老師一家非常興奮，我回到紐澤西那天，老師、師母和他們的兒子馬克已在普林斯頓的教職員宿舍門口等我，幫我搬運行李。馬克是他們的次子，已經大學畢業了。宿舍在卡內基湖畔，我沒想到這裡的風景如此優美。我和父母來到美國之後，住的地方都是學生宿舍大小，這個有三個臥室的居所感覺大得像宮殿。其實，我們很快就發現，我們的家當很少，用不著一支由三個人組成的搬家團隊。西爾維奧還在安娜堡的芝大，而我父母已習慣蝸居，家具很少，房子因而看起來空蕩蕩的。但能跟薩貝拉老師一家重逢，我已欣喜若狂，畢竟對我來說，他們就像家人一樣重要。

「對了，我一直想問你一件事，」我走到停車的地方，抬起最後一箱時，薩貝拉老師走過來對我說。「這麼多年來，你一直叫我太太『琴恩』，什麼時候你才肯叫我『鮑勃』？現在你可以改口了吧？」

我一時之間沒有會意過來，想了一下，才明白他的意思。這麼多年來，薩貝拉老師不只是我的恩師，甚至像我父親，叫他「鮑勃」好像他只是我認識的某個人。

「飛飛，我不再是你的老師了，」他笑著說。「我想，我們就不用這麼客氣了。除非你希望我叫你『李博士』。」

搬遷數週後，我和費爾鮑姆見了面。我迫不及待地想告訴她，我們上回見面有多大的影響。我想讓她知道，WordNet 和 ImageNet 這兩個計畫激發出不可思議的想法一直盤旋在我的腦海中。在命運之神的眷顧下，我加入普林斯頓教職員的行列，我大受鼓舞，希望更進一步將這些想法變為現實，組織成大膽、甚至是瘋狂的東西。

不管是即將取得突破或是失敗，我都很興奮。科學也許是一種循序漸進的追尋，但在進展中不時會出現柳暗花明的奇妙轉折——不是因為某個孤獨天才的雄心壯志，而是因為很多人的貢獻，在命運的安排下匯聚而成。我想，這個想法是過去的千絲萬縷交織出來的，心想莫非此時就是那個奇妙的時刻。

從費爾鮑姆的辦公室走出來時，我想到一件事。

「我在想 ImageNet。我還記得你說，這個計畫已胎死腹中。」

「是啊。很不幸。我們找來的大學部學生覺得這個計畫有點無聊。對博生生來說，也不是有意思的研究，所以沒有人想碰。」

我笑了笑，想起我和佩羅納為了建立數據集下載圖像的千辛萬苦。她說的沒錯。但這不是我提起 ImageNet 的

原因。

「所以⋯⋯這是不是說，我能用這個計畫名稱？」我尷尬地笑著說，「這個名稱挺好的。」

「要看哪一部啊？」我坐在沙發上問。西爾維奧跪在DVD 播放機前。他把光碟片放進去，我聽到光碟轉動的聲音。

「英格瑪・柏格曼的《野草莓》。別擔心，你會喜歡的。這是經典之作。」

我去安娜堡的芝大校園找西爾維奧，以從工作轉變的壓力暫時獲得解脫。他除了下廚，還跟我分享他這個影痴的心得。最重要的是，我們有機會聊聊工作以外的事情，平常則只能自己一個人想。

「我想跟你說一件事，」看完電影之後，我跟他說，「一件跟研究計畫有關的事。過去幾個禮拜，我一直在想這件事。」

「這麼說，你剛剛沒專心看電影，」他露出心照不宣的微笑。

我笑了笑。這麼說也不算錯。

「我從來沒對一件事這麼有信心。」

「那不是很好嗎？有什麼問題嗎？」

「是啊，只是……」我嘆了一大口氣，「天啊，這就像是**賭注**。」

西爾維奧已證明自己是最好的知己。我們都是年輕的助理教授，學術生涯才剛起步，在競爭激烈的學術環境之下，面臨不發表就完蛋的挑戰。我們的研究必須重質**又重量**，如果做不到，便無法取得終身職──意即失去穩定生活的保障。他比我生命中的任何人更了解其中利害關係。

打從一開始，我就把一切說明白了。儘管這些年，我一直在他耳邊嘰嘰咕咕：畢德曼的數字、WordNet、ImageNet，還有一個很棒的夢想──在我的設想中很有道理，直到我開始構思真的**去做**會如何，似乎就冒出一大堆問題。

「飛飛，你努力了這麼多年，才有今天。你拿到學位、找到工作，聽起來，你好像有什麼靈感。不過，你老公遠在六百英里外，你絕對有時間去做。」

我咯咯笑。他真的很會開玩笑。

「是啊，不過，難道你不覺得這一切太……離經叛道？」我問。

他想了一會兒。

「難道你不是一直都在尋找離經叛道的想法嗎？」

建立一個擁有幾萬個類別的數據集有什麼用？大多數的模型能辨識一、兩個類別就很了不起了！

要用這麼多的圖像訓練一個模型，你知道要花多少時間嗎？飛飛，這麼做至少要好幾年。

會有人下載嗎？你說的圖像庫會超過大多數硬碟的容量。

你真的計畫把這些圖像蒐集在一起？每一張都要加上標注，誰來做呢？需要多少時間？準確度如何驗證？

對不起。這根本沒道理。

我愈和同事討論 ImageNet 的想法，就愈有孤掌難鳴之感。儘管西爾維奧為我打氣，然而由於計畫規模太大，我的同事幾乎都認為行不通。這是個不好的兆頭。我需要一支大軍的支持，但我似乎連一個志同道合之士都找不到。最糟的是，不管是我是否同意他們的看法，我無法否認他們的批評是合理的。

在 2006 年，無可諱言，演算法是我們宇宙的中心，數據則不怎麼有趣。如果機器智能堪比生物智能，演算法

就像突觸，或者說是大腦裡錯綜複雜的線路。因此，最重要的莫過於使這種線路變得更好、更快、更強大。我想起我們發表那篇單樣本學習的研究報告受到的矚目──一個嶄新的演算法加上華麗的數學裝飾就能在瞬間引發話題。數據則退居至陰影之中，乏人問津，被認為不過是一種訓練工具，就像孩子在成長階段玩的玩具。

　　但這正是我認為數據應該獲得更多關注的原因。畢竟，生物智能不像演算法那樣是設計出來的，而是**演化**的結果。但演化不就是環境對生物的影響？即使在現在，我們的認知也承載了無數代祖先生活、死亡與不斷適應的印記。這就是索普與畢德曼的發現（以及我們在加州理工學院的實驗結果）那麼引人矚目的原因：我們幾乎能即時辨識自然圖像，因為那正是塑造我們的感官刺激，而自然圖像就是**數據**。ImageNet 是一個機會，能給我們的演算法同樣的經驗，包括同樣的廣度、同樣的深度，以及同樣壯觀的雜亂。

　　在我飽嘗打擊和批評之後，我終於遇見第一位知音。他就是李凱教授，微處理器架構的頂尖思想家，精於把數百萬個奈米級電晶體組成全世界最精密的裝置。李教授比大多數的人都了解指數思維的威力。他相信我正在追求某個重要目標，儘管他無法直接參與，因為我們的研究領域

沒有多少交集。但他知道，我們的計畫需要強大的計算能
力才能動得起來。他毫不猶豫就捐贈了一組初始的工作站
給我們使用。無論如何，這正是我需要的支持。

李教授是普林斯頓電腦科學系教職員中唯一的華裔移
民。他生於 1950 年代，是文革後第一批上大學的學生，
在 1980 年代留美，讀研究所——在那段期間，這樣的移
民很少，在他同一輩的人當中，幾乎沒有跟他有類似背景
的。這樣的經歷使人具有鮮明的個性，他像我母親具有高
度的知性，又和我父親很像，很會自我解嘲。李教授看來
是個不苟言笑的教授，黑髮旁分，衣著樸素，但他的笑容
很溫暖，而且慷慨大方。我們很快就成了好友。

我對李教授認識愈深，就愈了解為何同事都唱衰我的
計畫，唯獨他看好。他是高效連結微處理器與大容量儲存
裝置的先驅，聲譽卓越，曾與人共同創立一家公司，好將
他的研究結果轉為商業產品，最終以超過 20 億美元的價
格出售這家公司。他不只是最早相信大數據潛力無窮的
人，也是這方面的專家。不巧，他即將放長假，我向他求
教的時間也就縮短了。然而，由於他即將休假，必須給他
的得意門生找新的指導教授。這位學生叫鄧嘉，李教授稱
讚他是最完美的合作夥伴：年輕、在工程方面有過人的天
賦，而且渴望新的挑戰。

　　李教授和鄧嘉可說是南轅北轍的兩個人。李教授開朗外向，鄧嘉則含蓄。李教授喜形於色，而鄧嘉則面無表情。我擔心自己無法判斷鄧嘉是否對我們的計畫感興趣。我們第一次交談，我就知道這個學生非常優秀，就算沒有李教授的推薦，依然可看出他絕非等閒之類——只是我從來沒見過有人頭腦這麼好，卻完全不露鋒芒。

　　撇開他的聰明才智不談，他做為這個領域的新人身分也引起我的注意。由於他的背景與眾不同，使得他在工程技術方面的能力比一般研究電腦視覺的學生高出了一個等級，也少了期望會給他帶來的壓力。[12] 我們要進行的計畫頗不尋常，甚至可說很冒險，與當時的流行趨勢格格不入。但他不知道。

　　於是，我們這個師生二人組成的團隊毅然決然地展開這項看似需要幾千、甚至上萬人參與的計畫，只為了一個我的同事幾乎都不看好的一個假設。從理論來看，這一切毫無道理。但我有生以來第一次覺得胸有成竹，甚至已到不用質疑的地步。不管需要多長的時間，我相信我們都在做一件大事。也許是具有歷史意義的事。

12　譯注：鄧嘉 2006 年取得北京清華大學計算機科學與技術學士學位，2012 年獲普林斯頓電腦科學博士學位，2018 年榮獲史隆研究獎（電腦科學領域）。

✦　✧　✦

我坐在普林斯頓電腦科學大樓新辦公室的椅子上，大聲地呼了一口氣，旋轉我的椅子，看著光禿禿的牆壁。儘管我已在這個工作了四個月，我腳邊的地板幾乎堆滿半開半掩的紙箱。鄧嘉坐在我對面的沙發上。這沙發是我唯一張羅到的辦公家具。

「好吧。我們來看看這東西的規模到底有多大。」

我們以 WordNet 為起點開始刪減。雖然 WordNet 的特點是驚人的規模和細節，但我們知道大多數的內容都不是我們需要的。ImageNet 的目的是捕捉**事物**的世界，不是動作，也不是描述，因此我們首先要削減的東西顯而易見，那就是動詞和形容詞。但即使是名詞也很複雜，例如「真理」或「意識」這樣的抽象概念就無法拍攝成照片。只有意指實物的名詞才算數，一般而言，是指有形、可數的東西（**一個、二個……一百個**）。其他的一切都可刪除。

總之，WordNet 約有 14 萬個條目，我們刪去了大多數，只留下 22,000 多個可見、可數的子集，比起我聽過的任何機器學習訓練圖像數目要多出很多倍，但與最初設想的規模相比，已減少很多，而且跟畢德曼估計的 3 萬個非常接近。

「多樣性呢？」鄧嘉問道，「每一個類別需要多少個不同的圖像？」

我心想，**啊，我們有進展了。**

「我們從生物學的角度來思考，」我說，「兒童是怎麼成長的？我們的物種是怎麼演化的？真實世界就是亂七八糟，不是嗎？沒有什麼是黑白分明的。一切都在改變。然而，我們得學習去理解。我們活在種種的細節裡，自然而然成了專家。」我拿起桌上的馬克杯。「但你問起數字的問題。所以，告訴我——你認為這個杯子可能以多少種不同的方式在照片中出現？」

鄧嘉想了一會兒。「首先是尺寸。照片裡的杯子可能看起來比較大或比較小，這取決於杯子和鏡頭的距離。」

「沒錯。但我要一個**數量**。有多少種不同的尺寸？」

他又想了一下，聳聳肩說。「這個數量是無限的，對吧？沒有具體的數量。」

「你又答對了。」我笑著說。鄧嘉知道我想說什麼，但他有耐心，等我自己說出重點。「所以，尺寸會有無限多種。還有呢？」

「光線？杯子可能在明亮的光線下或在陰影中。還有顏色。馬克杯可能有各種顏色，有的還有圖案和文字。」

「很好，很好。每一種各有多少種變化？」

「一樣。都是無限多。」

「我們才剛開始，」我說，「角度呢？把手的方向？我們是由高處往下，俯視杯子，或者杯子就在我們眼睛前方？杯子前面有東西擋住嗎？前面有一疊書？貓尾巴？另一個杯子？背景呢？杯子的後面有道牆？或者後面是窗戶？杯子在櫃子裡嗎？」

「無限，無限，無限，無限。」鄧嘉斬釘截鐵地總結。

完全正確。

我愈想愈覺得我們的研究具有發展的特質——以數據形式綜合孩童感知形成的階段。我想像兒童如何把玩物品：伸出手，摸索，觸摸，戳一戳。他們把東西拿起來，旋轉，看這東西在各種角度和不同光線中的變化。他們玩躲貓貓的遊戲，知道東西不見了是因為暫時藏起來，不會消失。這些都是演算法完全沒有的本能。

「好，但我們還沒得出一個數字，」鄧嘉說，「到目前為止，我們只是把無窮大乘以無窮大。該怎麼**處理**如此龐大的數據？」

「我想這就是我的觀點，」我答道，「再多的圖像都不夠。因此，無論我們設想的數量是多少，都應該考慮更大的規模。接著，再設想更大的。反正是猜測，我們就猜大一點。」

　　我們最後決定，每一個類別的東西都拍攝一千張不同的照片。一千張小提琴、一千張德國牧羊犬、一千張抱枕……我們就這樣一直拍攝，22,000 個類別各拍攝一千張照片，總共拍了二**千萬張**左右。然而這個數字只是給我們一個概念：也許幾億張甚至幾十億張照片只是起頭。

　　鄧嘉滿腹狐疑。「我明白你的理論，但你說的工作量是天文**數字**，遠遠超過 Google 搜尋的範圍。」

　　當然，他說的沒錯，但我們必須擁抱這個事實，不能抱持鴕鳥心態，拒絕面對現實。我們當然要努力捕捉真實世界的全貌。這個數字**本就應該**嚇壞我們。

　　「鄧嘉，我們希望演算法看到的**一切**都在某個地方。甚至就在我們說話的同時，每一個細節都被拍攝成照片。現在，每一個人都有手機。每一個人都在聖誕節收到數位相機。試想，如果把所有的照片都蒐集起來，那就是整個世界的馬賽克拼貼！從一端到另一端，涵蓋了日常生活的全部。」

　　「前提是，我們得用某種方式把所有的圖像組織起來，」他補充說，「圖像本身不能做什麼，對吧？我們要用這些圖像訓練模型之前，需要手動加上標注。所有的標注都必須正確無誤。」他在這裡停頓了一下，彷彿突然發現自己說的話很重要。「這聽起來像是另一個問題。」

「是的，是的，是的，」我答道，「一個一個來吧。」

✦　✦　✦

我和鄧嘉在實驗室角落，看著一排大學部學生咔嗒咔嗒地用滑鼠點擊、敲鍵盤。這個禮拜，我們在前幾天發了一封電子郵件很快就有了回應。「**徵求工讀生：大學部學生，幫忙從網路下載圖像並加上標注。彈性排班。時薪10 美元。**」這麼做應該挺公平的：我們將朝向機器智能的新時代邁向一步，他們也能賺到一點啤酒錢。我們稱心快意地看著這一幕，但沒多久，我們就發覺有問題。

「鄧嘉，這是我的錯覺嗎？怎麼看起來有點……慢？」

「沒錯，這正是我擔心的。其實，依照他們的工作速度，我計算了幾次，並做了推斷。」

不妙。

「依照現在的速度，ImageNet 的完成時間應該是在……」

我緊張地嚥了嚥口水。他注意到了。

「是的：大約**十九年**。飛飛，我相信這個計畫，我真的相信──但我無法等那麼久才拿到我的博士學位。」

沒錯。鄧嘉。

「那麼，我們該怎麼做？」他問，「雇用更多工讀生？」

　　「這當然是一個選擇。但這要花錢，如果這個計畫要做十九年，我不知道實驗室的預算能不能支持，讓我們一直進行下去。」

　　無論如何，我們顯然需要招募更多的大學生來解決這個問題。當初我們進行 Caltech 101，這樣的人員勉強夠用，當時的預算跟 ImageNet 相比，幾乎只是零頭。看來，我們需要新的策略。

　　我想到鄧嘉在加入我的實驗室之前，和李凱一起進行的研究。那是一個複雜系統的世界（複雜得令人咋舌），而他們生來就是為了追求效率。更高的性能。更低的成本。最短的路徑。鄧嘉的師父既然是世界上首屈一指的微處理器設計師，必然能想出提高工作效率的辦法。

　　「鄧嘉，等等，」我指著那些大學生，「這只是一個**程序**，對吧？我的意思是，從某個層面來看，這不就是個**工程**問題？」

　　他想了一會兒，然後投給我一個眼神。看來他即將挽起袖子，一展身手。

　　「好吧。」他微微一笑，說道：「我們來談談最佳化的問題吧。」

　　接下來幾個月，我們的工作節奏有點狂亂。ImageNet

是一頭拒絕被馴服的野獸。每次我們靠得太近，它就會猛烈反擊。但在我們努力不懈之下，終於有所斬獲（至少有一點小小的成果），儘管我們因此傷痕累累。每當我們把它逼到角落，它就會發出更深、更低沉的吼聲，把我們嚇得落荒而逃。

幸運的是，鄧嘉鬥志高昂，困難只會激發他更努力思考。人工是這個計畫成本最高的部分，既花錢，也花時間。因此，他從這點下手：立志把成本降到最低。例如，我們的工讀生蒐集某一類別的照片，如「彭布魯克威爾斯柯基犬」，一開始我們預計每一個步驟都將手動執行：在 Google Images（圖片搜尋）這類搜尋引擎上輸入，仔細查看結果，找出最清晰的例子，然後為每個例子加上標注，然後把最後挑選出來的照片放入正確的目錄中。但這些步驟大抵不需要人類智慧。

鄧嘉進行自動化的第一步是下載階段。他寫了個程式，把我們從 WordNet 篩選出來的每一個類別交給圖片搜尋引擎——也就是我們雇用工讀生做的事。由於搜尋引擎是為人類使用者設計的，而非機器，因此不會直接顯示圖像，而是提供包含查詢結果的訊息，通常以縮略圖的形式呈現。鄧嘉寫的程式會解析網頁的原始碼，找到其中包含指向圖像連結的部分，而這些連結又指向圖像的完整尺

寸版本。儘管這個解決方案有點複雜，但可讓我們日夜不停地以最快的速度下載圖像，如果需要的話，連續做幾個月也沒問題。接著，電腦可自動整理這些圖像。

我們儲存庫裡的圖像增加速度很快，就像變魔術一樣。當然，我們捕捉到的影像有一大部分是垃圾，例如不夠清晰的照片、剪貼畫等，但我們也蒐集到不少好東西。在我們快速把硬碟塞滿之時，我們網路的某個地方開始形成馬賽克拼貼——呈現一個粗糙但真實的**完整**視覺世界。至少，有一段時間是如此。

「哎呀，」我聽到鄧嘉在實驗室的另一頭驚呼。

「怎麼了？」

「看來我們碰到了一點小麻煩。嗯……是的。我們被 Google 禁了。」

「什麼？**被禁**？為什麼？」

「顯然，Google 對每一個使用者在一段時間之內設下查詢次數限制。據我所知，大概不能超過一千次。」

「一段時間是指多久？」

「二十四小時。午夜十二點整重設，就可繼續使用。這是好消息。」

「好，我們多快會達到每日上限？」

鄧嘉打開系統運作的紀錄文件，心算了一下。「嗯，

這是壞消息。大約九分鐘。」

唉。

我們儲存庫圖像的增長停滯。這還不是唯一的問題。我們的生產線失去平衡，倒向一邊：我們蒐集的原始圖像數量爆炸，在 Google 封鎖我們之前，每天新增成千上萬，但只有一小部分加上正確標注、整理好。打從一開始，我們就知道做標注會成為瓶頸，過了幾個禮拜，我們愈來愈覺得這樣的工作負擔有多沉重，不禁氣餒。

我和鄧嘉約在校園梅西餐廳討論這個問題。ImageNet 幾乎霸占了我全部的心思，我根本不可能做飯，因此愈來愈依賴這個地方。我們一天到晚待在實驗室，能抽身而出，來到這裡，看著挑高的天花板、古樸的吊燈和彩繪玻璃，彷彿在修道院獲得庇護。

我們討論標注員的每一個步驟，諸如辨識、分類，然後為每一張圖像加上標注，企圖透過捷徑和特製工具最佳化這個過程。如果有一個步驟需要點擊三次，鄧嘉就會想辦法讓標注員點擊一次就好了。減少打字、縮短滑鼠移動的距離，讓所有的步驟變得更快。在我們交談的時候，我的目光不由得游移到桌上的東西，想知道這些東西是否在我們選取的 22,000 個類別之中。

「餐巾」的條目必然包括在內，但我們是否區分「布餐

巾」和「紙餐巾」？刀子呢？有多少種刀子，比方說「牛排刀」、「奶油刀」？我想到「切肉刀」，也許還有「麵包刀」。這麼一想，刀子真的種類繁多。我們蒐集的條目已包含所有種類的刀子嗎？我提醒自己，回實驗室後要查一下。

「對了，飛飛，你知道什麼是動態 IP 嗎？」看來鄧嘉又有新招了。

「你可以把動態 IP 想成是我們的電腦和 Google 伺服器的中間環節。我們實驗室的電腦不動，如果用動態 IP，IP 位址會不斷改變，Google 就會認為我們是不同的使用者。」

「這樣就不會超過上限了嗎？」

「遠低於上限。」

雖然標注仍是件麻煩事，但我們總算又可以正常運作。由於圖像供應恢復正常，我們終於鬆了一口氣。現在，即使小小的勝利也值得慶祝。

一個月又一個月過去，ImageNet 漸漸滲入我生活的核心，成了我觀看萬事萬物的透鏡。無論是在實驗室工作，或是穿越校園內的方庭，我一直默默地在玩我的視覺辨識遊戲。如果我看到有人在遛狗，而我不知道那是什麼品種的狗，就會想我們是否有這個子類別。一個騎獨輪車

的學生可能會讓我想到「獨輪車」是否已包含在我們的類別之中，更別提各式各樣的獨輪車。說到這，獨輪車**是否有**很多種？我父親最愛車庫拍賣，這樣的經驗已變成我的世界。每一樣東西都被放大到難以理解的規模，但精神是一樣的——無法滿足的好奇心，對新奇事物的渴望。我懷疑這已存在於我們的家族基因之中。

我們繼續努力，每一步都是為了回應新出現的問題。我們發現某一個類別的圖像看起來過於相似，會稀釋我們追求的多樣性時，就會利用 WordNet 的國際翻譯，用不同的語言交叉查詢，希望來自世界各地的圖像會有較大的差異。如果找不到足夠的圖像，我們就會在查詢中添加相關語詞，例如不只查詢「柯基」，也查「柯基幼犬」或「柯基公園」。搜尋引擎呈現搜尋結果的頁面，因為重新設計而出現變化，每個圖像連結的位置也就有了改變。鄧嘉寫的自動下載程式因此受到影響，就得再修改。於是，我們開始定期檢查是否有這樣的變更。

對一年前還在設計微處理器架構的人來說，這種程式的設計與修改只是牛刀小試，但我們知道這是為了一個遠大的目標。我們也許只是用簡單、粗糙的臨時方案來解決問題，但經過一次又一次的挑戰，我們也就更接近目標——讓機器將全世界盡收眼底。希望不久，機器甚至能了

解這個世界。

「筆管麵？」我問道。

「很好！」西奧維爾興高采烈地回答，一邊把熱騰騰的義大利麵擺在我面前。

「等等，我們上禮拜吃的不也是管狀的，但比較粗，而且邊緣不是斜切的。」

「那是**短管麵**。」

「對！是的！短管麵。我也喜歡那種麵。」

「你問這些，是因為你真的對我們國家的食物感興趣嗎？還是你想知道 ImageNet 中的義大利麵種類是否夠多了？」

我吃了一口，先不回答。他坐下來，雙手交叉，顯然覺得自己有偵探的本領。

「答案是以上皆是，不行嗎？」我終於回答。

ImageNet 計畫進行一年之後，我覺得我們已步入正軌。在標注團隊的努力和鄧嘉不斷最佳化過程之下，我確信我們已有進展。我很想知道我們做得怎麼樣。果不期

然，鄧嘉又知道我在想什麼。

「你想知道這個計畫什麼時候才能大功告成？我已經重新計算過了。」

我才想問，因此興奮地跑到他的辦公桌。

「好吧，把**所有的因素**都考慮進去：最佳化、捷徑、已加上標注的圖像——我們可把預計完成時間從十九年縮短為⋯⋯」

我突然覺得不安。我有預感，恐怕不妙。

「⋯⋯十八年左右。」

鄧嘉多才多藝，可惜他的才華不包括緩和壞消息的打擊。長久以來，我第一次不知道該怎麼辦。

絕望激發出豐富的創造力。無法回避這個黯淡前景之下，我們考慮種種做法，甚至包括用機器來輔助工讀生做標注。當然，這會出現循環推理的謬誤——如果演算法能正確辨識物體，幫助我們加上標注，那麼一開始就不需要ImageNet。不管如何，儘管只是扮演一個邊緣角色，我們想知道能否帶來一些優勢。例如我和佩羅納一起開發的單樣本學習技術，我們簡略、快速地標注了大批圖像，讓人工團隊擔任編輯或校對的角色。這種做法有點反常，但值得討論，但我們始終無法找到平衡點。

　　更重要的是，反對標注自動化的真正論點不是關於技術，而是和哲學有關。我們發覺，即使是微妙的演算法捷徑，也將與 ImageNet 的使命背道而馳。我們的目標是在每張圖像**嵌入**純粹的人類感知，希望用完整的數據來訓練電腦視覺模型，使之具有類似的聰明才智。機器帶來的影響也許會淡化這個目標。

　　如果人類是瓶頸，我們又無法減少人類的參與，那麼只有一個辦法，也就是蠻幹：增加標注團隊的人數，大幅縮減預計完成時間，從將近二十年盡量縮短。我們已做完一些，如果增加十倍的人力，也許可在一年半內達成目標。可惜資金無法到位。想到我們投注了這麼多的心血，最後還是為了錢糾結，我就滿腹怒氣。

　　「嗯……」我靠在椅背上，仰望實驗室天花板說道。我突然想到一件事。一個奇怪的想法。

　　「怎麼了？」鄧嘉從工作站抬起頭。

　　「我不知道。嗯，也許吧。我跟你說──我確實有一個籌措額外資金的想法。雖然**金額不大**，但還是一筆錢。萬不得已，只能這麼做了。」

　　「請說。」鄧嘉傾身向前，說道。

　　我深陷在座位裡，緩緩地呼出一口氣，簡直不敢相信

自己會說出這樣的話。

「你對乾洗店了解多少？」

＊ ＊ ＊

我翻下遮陽板，瞇著眼睛看著夕陽。時速一百一十公里，我的視野變得有一點模糊，但所見之物一樣豐富。反光柱和里程標飛快地從我們的右側飛掠而過。路面有裂縫、碎石，有時還看得到寶特瓶和皺巴巴的快餐紙袋。各式各樣的交通標誌提醒我們速度限制、告訴我們哪一個出口快到了，或是再開兩公里就是當地的聯一教會。車牌、保險桿貼紙。一隻狗坐在副駕駛座位上。

我們正在前往明尼亞波利斯的路上，準備去那裡參加 2007 年電腦視覺與圖型辨別會議（Conference on Computer Vision and Pattern Recognition, CVPR）。由於研究經費快燒完了，ImageNet 岌岌可危。聽說，實驗室之外還有另一個世界——而且夏天已經來臨。這個會議感覺就像是一個完美的藉口，讓我得以逃出實驗室。兩千公里單調的長途駕駛。太好了。我可以在車上思考任何事情——**任何事情都可以**，只要是工作以外的事情。我租了輛廂型車，車上坐滿實驗室的學生。接下來的幾天，我們只關心吃什麼、上廁所，吵著要聽哪一個電臺。

不幸的是，我無法關閉我對視覺世界的執著。我們穿越森林之際，我不禁想知道我們方才經過了什麼樹。楓樹？椈樹？樺樹？我們看到麥迪遜等大學城，以及裡頭霓虹燈和繁忙的人行道。一個戴著太陽眼鏡的學生懶洋洋地躺在長凳上。有個三人樂團在表演，一個彈木吉他、一個拉低音提琴，還有一個吹口琴。我們穿過繁華的城市，摩天大樓高聳入雲，反射幾何圖案。我們沿著五大湖中的一個湖泊行駛——可能是伊利湖或是密西根湖。陽光在水面上閃爍。波浪拍打岸邊。孩子在湖邊戲水。一對情侶在丟飛盤。

我又想起我父親。這幾天，我經常想到他。我想起他逛車庫拍賣的身影，從這一家到下一家，仔細檢查一部二手烤麵包機或錄影機，痴迷到不知疲倦是何物，我也被他的喜悅感染。我在想，我是否也有同樣的表情。

我認為，**生活中有太多東西需要了解，而很多都是你眼中看到的**。我打從心底感受到這一點。ImageNet 可能注定失敗，但這個計畫的目標價值匪淺。遲早有人會破解。到那時，整個世界的色彩、混亂和世俗的魔力湧入我們機器的大腦，就此改變一切。

「所以，飛飛，你現在有自己的實驗室了，最近在研

究什麼呢？」

這是我很怕的一個問題，但問我的是馬立克——佩羅納的指導教授，我的「學術祖師爺」，我最希望在這場會議碰到的人。我們已多年沒見，我知道他會參加這樣的會議。由於 ImageNet 可能斷炊，身為研究人員的我頗有前途茫茫之感，我渴望看到一張熟悉的臉孔。過去在會議中遇見他，他總是鼓舞我的鬥志。

「老實說，說到這事，我可要流下心酸淚。」

「哎喲。」

我一五一十地說出來。我和費爾鮑姆的談話。我第一次看到 WordNet。我和鄧嘉做的決定，歷經一個又一個難關。還有我們為了不可能的任務努力奮鬥那一年。

「哇。有意思。」他用超然的語氣答道。如果他對目前聽到的一切有什麼意見，他必然不會說出來。

「是啊，最糟的是，這一切可歸結為人員的問題，不是科學。我確信 ImageNet 正是電腦視覺需要的。真希望我們能**完成**這個該死的計畫。」

「飛飛……」他在斟酌要怎麼說，「每一個人都同意數據有其重要性，當然，但是……」

他停頓了一下，才繼續：「老實說，我覺得你走火入魔了。」

我淺淺地吸了一口氣。

「科學的竅門就是跟你的領域**一起**成長，而不是跑在這個領域的前頭。」

我萬萬沒想到馬立克給我這記當頭棒喝。他也和別人一起唱衰我的計畫。如果有一天我要申請終身職，請這個領域重量級的人物為我寫推薦信，必然會請馬立克寫。不管怎麼說，他的意見很重要。他既然不看好我的研究，我感覺像烏雲罩頂，對自己的未來更加疑惑。

我幾乎看到我的北極星黯淡無光，我的人生之路再度陷入黑暗。一個可怕的念頭在我心中萌生：我這才意識到我面臨的風險有多大，但現在回頭，為時已晚。

✦ ✦ ✦

在 CVPR 會議之後的那幾個月，我不知道 ImageNet 該怎麼進行。要擔心的事很多，但我的思緒一直在鄧嘉身上打轉。他是個有才華、天真的年輕人，踏進電腦視覺領域之後，信任我，相信我會好好指導他。現在，我能感覺他的挫折感與日俱增，也難怪他會如此，畢竟他的博士學位似乎遙遙無期。我自己讀研究所的時候，也歷經種種掙扎，一想到我把自己的學生引入歧途，我就心如刀割。

當然，科學之路受阻同樣令人痛心。我已經走過如此

漫長的一段路，無法忍受直覺讓我走錯路。我們的舵突然
消失不見，只能仰望空蕩蕩的天空，在漆黑的波浪中隨波
逐流。

儘管如此，故事還沒完呢。

「老師，可以打擾一下嗎？」

我得去參加一場教師會議，快遲到了，碩士生孫民突
然出現在我面前。他看得出來我在趕時間，但他似乎焦躁
不安，有話要說，而且非說不可。

「嗯，您有一點時間嗎？」

我很了解他。他平常都是輕聲細語的，顯然他今天有
一件重要的事要跟我說。

「我昨天和鄧嘉在一起，」他沒等我回答，就開始說，
「他告訴我，你們正在為標注的事傷腦筋。我有個點子，
不知道你們試過了嗎？一個**真的**能夠加快進度的方法。」

我豎起耳朵，一下子忘了開會的事。**鄧嘉的生活還有
社交活動？**

「您聽過群眾外包（crowdsourcing）嗎？」孫民問道。

他解釋說，事實證明，線上平臺提供的遠端協作和臨
時工作人員能帶來很大的幫助，任務可由個人承擔，甚至
可召集數百萬人的團隊加入，自動化任務分配和蒐集結果

的過程。「如果您有興趣的話，亞馬遜正在提供這樣的服務，也就是土耳其機器人。」

這是個巧妙的名稱，源於十八世紀的土耳其機器人。這是一個會下西洋棋的機器人，在世界各地巡迴展出，是工程奇蹟，也是可怕的對手，棋藝高超，教人嘖嘖稱奇。即使是經驗豐富的棋手也不得不甘拜下風。但這其實是一場騙局，機器人面前的矮櫃除了可見的齒輪，還躲著一個西洋棋大師——他就是操縱機器人、迷惑觀眾的高人。

幾世紀之後，群眾外包的新興做法也是基於相同的理念：**真正的**智能自動化最好還是由人類來執行。簡稱 AMT 的亞馬遜土耳其機器人（Amazon Mechanical Turk）就是建立在這個概念的市場。它是一個群眾外包網站，允許有需求的人，也就是發布者（requester），召集貢獻者（contributor），也就是「土耳其人」，一起運用「人類智慧」來完成任務。參與任務的「土耳其人」可能來自世界各地。這在理論上是行得通的，似乎符合我們需要的一切：人類標注的智慧，又具有與自動化相當的速度和規模。有意思的是，亞馬遜稱之為「**人造**人工智能」，這種說法真是很妙。

我在大樓裡奔跑，急著找鄧嘉，跟他說這件事。但他聽了之後，反應一般，不像我**這麼**興奮。遭遇這麼多挫折

之後，也難怪他會對再次冒險抱持懷疑態度。但我們也經歷了很多事情，他看得出來，這也許是我們一直在等待的救生索。他在如釋重負和猶豫之間擺盪，最後同意：AMT 值得一試。

我的北極星又亮了，再次展露光芒。我不由得感嘆時機的巧合。ImageNet 的存在完全歸功於很多互相交會的技術發展：網際際路、數位相機和搜尋引擎。而最近一年才出現的群眾外包平臺就是最後一塊重要拼圖。如果我需要提醒，教我千萬不可忘記科學家的基本立場是絕對謙卑，且任何人的聰明才智都比不上機運力量的一半——ImageNet 的身世就是最好的提醒。

AMT 改變了一切，我們的標注作業團隊從幾個大學生變成一支國際團隊，從幾十人變成幾百人，然後多達幾千人。由於有這支大軍相救，鄧嘉預估的完成時間也就急遽縮短——從十五年變成十年，再縮短為五年、兩年，最後不到一年。AMT 也使我們預算的每一塊錢發揮驚人的效益。原本經費困窘，人手不足，現在得以建立一支遍布全世界、透過網路相連的眾包團隊。

在這個過程中，我愈來愈倚重我在實驗心理學方面的經驗，以幫助鄧嘉創立一個系統，以最理想的方式來利用參與者的時間和精神，同時把他們被誤導、產生困惑乃至

操弄系統的機會降到最低。有時，AMT 感覺就像是我在加州理工學院和柯霍進行的人類心理物理學實驗（試圖從陌生人的知覺提取出某種微妙但非常重要的訊息），但這次把規模放大到全球。

在某些方面，這麼做比較容易，用不著猜測別人的想法，只要在我們下載的圖像加上正確的標注。然而，這卻是極為複雜的工作，雖然標注一張圖像似乎很簡單，但還要從已定義的類別列表中找出正確的一個，而表中的類別多達數萬。

然而，並非所有的挑戰都在技術層面。還有一些問題和人類有關，例如群眾外包可能受到剝削。雖然這種可能性直到多年後才引起廣泛討論，但當時也難以避免這種想法。因此，只要經費允許，我們絕不吝於支付圖像標注的費用。由於 ImageNet 是純粹科學研究，不用考慮利潤，也就比較容易做這樣的決定。

關於這個問題的研究，也有令人振奮的結果。至少在那個時候是如此。根據 2007 年對 AMT 貢獻者的調查研究，大多數的貢獻者把這項工作當成是愛好或是額外收入，而非主要生計。當然，後來隨著零工經濟的興起，情況變得複雜得多。如今，我們將很難把大數據的力量與人力成本切割開來。

　　我們的計畫持續進行，每天都有成千上萬張新圖像標注完成。在 ImageNet 發展的巔峰時期，我們是 AMT 平臺最大的用戶，我們每月支付給這項服務的費用也反映了這一點。雖然不便宜，但**成效**很大。

　　然而，我們的預算依然是個令人頭痛的問題。儘管我們可以負擔 AMT 的費用，但由於 ImageNet 規模過於龐大，我們很快就發現錢又快燒完了，因而惶惶不安。嚴格來說，我們認為目前的預算足以完成工作，只是擔心會有連帶損失和其他風險。

　　ImageNet 也許是我們最大、花費最多的一個計畫，但它不是唯一的計畫。我們依然進行演算法的研究，我們的研究生和博士後研究員都在探索新技術，用於辨識相片中的東西甚至影片中的人類動作，因此應該給每位研究人員生活津貼，此外我們還在每個實驗室設置一筆應急現金，以防不時之需。眼看著 ImageNet 就要完成，我們的神經也繃得更緊。

＊　＊　＊

　　足足有兩年多，我們走在財務鋼索上，一個不慎，就可能跌得粉身碎骨，萬劫不復。幸好，ImageNet 終於成熟，成為我和鄧嘉夢想的研究工具。當然，我們的實驗室

是第一個使用的機構，即使在未完成的階段，我們已經知道這個數據集會有多大的影響力而深受鼓舞。由於大功告成之日已近，我們不再需要依靠想像。大家第一次清楚地意識到，我們正在建立一個值得與世界分享的東西。

就我的私生活而言，這是一段異常穩定的時期。我母親的病雖然沒有好轉，但我們把乾洗店賣了，讓她得以退休養病，也就不再出現教人膽顫心驚的危機。她甚至有了一些嗜好，特別對攝影產生濃厚的興趣。我父親也過得更隨興、快樂，操勞多年之後，終於可以享受單純的烹飪之樂。我和西爾維奧依然是遠距夫妻，為了婚姻，我們在安娜堡和普林斯頓兩地奔波，已像通勤一樣頻繁。西爾維奧老是搭同一條航線的飛機來找我，連機師都認出他了。

我偶爾會去舊金山灣區，拜訪機器學習和電腦視覺研究先驅，如史丹佛的吳恩達（Andrew Ng）、柯勒（Daphne Koller）和史朗（Sebastian Thrun）。一開始是友好、隨興的思想交流，也積極討論 ImageNet。就像幾年前我在普林斯頓經歷的，對話的語氣很快地變得嚴謹、正式。最後，我接到電腦科學系主任達利（Bill Dally）打來的電話，正式邀請我到史丹佛任教。他想知道，我是否有興趣把實驗室搬到加州。

我在普林斯頓待了不到三年，又要換一所學校，似乎

無可想像。但史丹佛、矽谷對我來說都是前所未有的經驗。在紐澤西的移民社區長大之後，我一直在學術界，除了中餐館和乾洗店，我對商業世界一無所知。相形之下，史丹佛是科技產業的心臟，我們的研究成果能從這裡推廣出去，讓全世界應用。雖然這不是我所嚮往的世界，但史丹佛對這個世界的影響，給我留下深刻的印象，就像惠普、思科、昇陽、Google 等許許多多的科技公司都和這所學校有著千絲萬縷的連繫。我遇見的每一個人，似乎都因為自己可能對真實的人類生活產生影響而深受鼓舞。

然而，我心裡仍有很多矛盾，不知道是否該搬到西岸。普林斯頓有恩於我，讓我得以展開學術生涯。在我高中畢業前夕的一個下午，來自這所學校的獎學金通知改變了我的人生。現在回想起來，我還會起雞皮疙瘩。後來，又給我這個新科助理教授第二次機會，給了我實驗室和博士生，我身邊的同事都是我敬愛、尊敬的人。

我還得為更多的人著想。父母的需求把我推到一個方向，畢竟帕薩迪納的生活證明西岸的天氣對我母親的健康有益，但薩貝拉老師一家又把我拉到另一個方向，他們不只與我親如一家，是我真正的**家人**，我怎麼捨得離開他們──更何況這次可能一去不返，想到這點，我就很難過。西爾維奧則介於兩者之間，無論如何，他都會留在密西

根，如果我搬到加州，我們的遠距婚姻又變得更遙遠了。

　　但從一個科學家的角度來想，這個決定就簡單多了。我投身於一個年輕、發展迅速的研究領域，在我有生之年這個領域可能改變世界。我在史丹佛遇見的人和我一樣真誠地相信這點。普林斯頓給我的感覺像家一樣，可我無法否認對我的研究而言，史丹佛似乎更適合。我愈想就愈擔心，一個像「家」的地方也許太舒適了，而搬到一個新的地方，可以讓我**跳脫**舒適圈——這正是我想要的。我需要未知和風險的刺激。

　　因此，2009 年我再度決定西行。鄧嘉和我大多數的學生也跟我一起去西岸。新的學術家園廣闊得教我們驚異不已，甚至普林斯頓和加州理工學院加起來都還相形見絀——吸睛的沙岩建築、拱門和自行車道，幾乎一年到頭都沐浴在燦爛的陽光下。而在這一切之下，隱藏著一個歷史久遠但少有人提及的世界，卻與我的研究息息相關。就連我自己當時也未完全了解這一點。它比機器學習大，也比電腦視覺大，這個幾乎被遺忘的領域曾包含上述兩者及其他許多世界，就叫做「人工智能」。

　　來到史丹佛之後，我認識很多人，包括當時的教務長艾奇曼迪（John Etchemendy）。那時，我已認識了幾位校方

高層，但我很快就看出艾奇曼迪與眾不同。他是哲學家，
也是邏輯學家，在擔任學校主管之前是教授，作育英才數
十年，講授符號學、邏輯真理和語言哲學等主題。他聰明
絕頂，彷彿自然而然散發智慧的光芒，也非常友善且善於
傾聽。他不經意提到麥卡錫——人工智能的鼻祖、達特茅
斯夏季人工智能研究計畫的發起人，我不禁心跳加速。

「你知道嗎？麥卡錫是我的朋友。」他說。

我不知道何者更不真實：是我的新教務長與這麼一位
傳奇人物私交甚篤，還是他的輕描淡寫。不管怎麼說，我
覺得自己來對地方了。

2009 年 6 月，由於史丹佛挹注了一筆新的研究經費，
ImageNet 的初版得以順利面世。儘管這一路走來碰到很
多考驗，但我們真的做到了：從將近 10 億張圖像篩選出
1,500 萬張，分布在 22,000 個類別之中，並由來自全球
167 個國家的 48,000 多名貢獻者標注完成。這個數據集具
有我們多年夢寐以求的規模和多樣性，同時保持一致的精
準度：每一張圖像都是手工標注，整理得層次分明且經過
三重驗證。

從數量來看，我們已達成目標：建立人工智能發展史
上最龐大的手工編輯、整理的數據集。但在數字之外，最

讓我感動的成就是，實現了一個真正的世界本體論，既是觀念上的，也是視覺上的，由人類從頭開始精心策劃，唯一目的是教導機器。

✦　✳　✦

2009 年電腦視覺與圖型辨別會議（CVPR）在邁阿密舉行，我們不但是與會者，也會發表我們的結果。這個城市熱氣逼人，色彩飽和，我們一離開行李提領區就見識到了——霓虹泳裝、閃亮的跑車、高樓大廈教人看得眼花撩亂，背景則是碧海藍天，海浪拍打沙灘的節奏不絕於耳。周遭的能量反映我們的急切。在將近三年的煎熬之後，我和鄧嘉迫不及待地想向世界展示我們的 ImageNet。

我們早已準備妥當。這個計畫孕育的時間很長，我們因而有充分的時間來磨練自己的論述能力，我們等不及展現答辯技能。長久以來，一提起這個計畫，我們得到的反應總是很極端。他人的好奇、困惑和對立也在我們的預期之內。我們做了十足的準備，反覆排練，慷慨激昂地為我們的目標辯護，也對常見的批評準備了最好的答案。我覺得我們有點像避雷針，所有的爭議都聚焦在我們身上，索性豁出去了。

「這是什麼？」我把一個白色紙箱遞給鄧嘉。

「打開來看看！」我說。

他打開紙箱，往裡看。

「呃……筆？」

「有 ImageNet 標誌的筆！我在網路上找到一家專做這種贈品。」

這是我利用這個計畫最後剩下的一點經費做的。

「這筆看起來很酷，不過這是做什麼用的？」

「我們可以在會議上送人！所有的科技公司都這麼做。這是贈品。我們需要別人記住我們。」

鄧嘉一臉茫然。但我不管。

我們踏入會場之際信心滿滿，就像為考試做足準備的書呆子。但那天的氣氛一開始就很奇怪。我們遭遇的第一個挫折也是影響最大的：我們被重新安排，無法上臺報告，只能在海報區用海報展示我們的成果，並站在一旁回答問題。當然，這是 CVPR 大會，能參加已算幸運，獲准展示海報更是莫大的榮幸。然而，經過這麼多年的努力，我們渴望有機會上臺解釋我們的願景，大會的安排給我們反高潮的感覺。

我們回答了一些常見的問題，也和幾個與會者相談甚歡，卻無法大展身手。我們很快就了解，不管 ImageNet 的前景如何 (是豐富到非比尋常的資源，或是蠢事)，並

不會因為這 CVPR 大會打響名號。往好處想，大家似乎都很喜歡我們的筆。

同時，我重新適應沒有 ImageNet 挑戰的生活時，覺得多年來我一直不肯面對的懷疑變得比以往更為真實。那些反對者是對的嗎？我們花費了這麼多的工夫真的只是浪費時間？ ImageNet 不只是一個數據集，甚至不只是視覺類別層次結構，也是一個**假設**、一個賭注，源於人類做為生物生命體的起源和演化得到的啟發，亦即解開機器智能之謎的第一步就是完全沉浸在多彩多姿的視覺世界。混亂與複雜塑造出人類的演化，只有相稱的經驗才會對演算法產生類似的影響。不管我賭贏或賭輸，我都做好了準備。無論結果如何，都是學習的機會。但我沒想到會被忽視。

我遺漏了什麼？

第 **8** 章

實驗

　　秋天翩然來到京都。從新幹線的車窗往外看，遠處是
午後一片亮燦燦的陽光，眼前則是一抹又一抹的綠、橙、
紅色向後奔去，彷彿一幅活生生的畫像。雖然是以三百公
里的時速奔馳著，鄉村景象依然鬱鬱蔥蔥、明亮鮮豔，但
正如我這輩子總在上演的情節，我心裡掛念著其他更大的
事，實在辜負眼前這片美景。

　　這趟旅途既漫長又艱辛，還伴隨著各種焦慮；自從
ImageNet 在 CVPR 只能以那種教人失望的形式亮相，

這幾個月一直令人有點沮喪。我們得到的評論仍然差強人意，其他實驗室也還是對此缺乏興趣，讓人覺得ImageNet 總有一天只會變得沒沒無聞，但我也因此決定奮力一搏，開始來場即興的大學之旅，一有機會就來到各校的演講廳，向滿屋子充滿懷疑的研究生和博士後做簡報。我能做的實在不多，但只要能讓那「總有一天」再晚一點，也彷彿是個小小勝利。

這時候，眼前就有下一個大大露臉的機會：國際電腦視覺大會即將在京都舉行。我參加這次大會的同伴是伯格（Alex Berg），他是紐約州立大學石溪分校的助理教授，跟我志同道合，做的都是電腦視覺研究。伯格極具天分，當初是跟著馬立克做研究，他對物件辨識的研究與我和佩羅納做的研究精神相通，而且他在博士論文用了 Caltech 101 數據庫，自然能了解資料集的力量，還成了 ImageNet 少數的支持者。雖然能有個志同道合的同僚讓人暖心，但在對比之下，又只顯示了前方的道路有多麼艱困。

而形成強烈對比的，就是在我的實驗室搬到史丹佛後，每個成員都無比興奮。從此在我們手上的可不只是個資料集，而是一個測試平臺，能讓我們的想法直接與整個視覺世界面對面——使演算法擁有比過去更寬廣的感知能力，也能進行更嚴格的測試。「電腦視覺研究」這個領域

裡有許多演算法與研究人員能探索的概念，如果說圖像資料集像是這個領域所用的語言，那麼 ImageNet 就是讓詞彙數量突然爆增。

我們這個實驗室的進度就像吃了大補丸。像是有一次，我們先用 ImageNet 快速訓練了一套圖像分類演算法來辨識數百種實例，希望它能辨別各式各樣的日常事物，接著我們就要求它同時辨識一張照片裡的所有事物。而且，我們實驗的目標不只是單純偵測出各項物件是否存在，而是要找出物件的**組合**，進而了解整個場景。舉例來說，要是偵測器發現一個人、一艘船、一支槳、水，就會把整張照片分類成「划船」這項描述——這是一種更深層的理解，可以說接近是一種原始的視覺推理。

正如那個時代的許多實驗，我們所用演算法的準確率忽高忽低，許多功能參差不齊（畢竟就連簡單的圖像辨識也還在萌芽階段），但這些困難只讓我們的冒險精神更受鼓舞，覺得自己的研究大膽而深具前瞻性，雖然粗糙、卻能帶來滿滿的啟發。而且這一切的概念其實並不複雜。只不過，一切是到了 ImageNet 才變得可行。

與此同時，鄧嘉也慢慢成了成熟的學者。ImageNet 發布大約一年後，他發表了一篇論文，題為〈分類出超過一萬個圖像類別，讓我們學到了什麼？〉，反思 ImageNet

的出現讓圖像辨識從根本上有何改變。雖然這主要是一項技術研究，背後卻蘊含哲思，而讓它不同於一般的學術論文，彷彿是個預言，甚至還帶了點存在主義的興味。在他看來，ImageNet 代表的不只是規模的提升，更是一種類別的轉變——物理學家或許會稱之為「相變」(phase transition)，也就是某種現象最基本的屬性產生了變化。ImageNet 大大拓展各種演算法所面對的可能性，帶來了較小型的資料集不會造成的挑戰。

　　如果用更技術一點的話來說，這不但讓演算法所探索的「語義空間」(semantic space) 變得更大、同時也變得更密，使所謂正確與錯誤答案之間的灰色地帶愈來愈小。而就實務而言，在過去類別很少、彼此之間差異極大的時候，某些技術的處理效果似乎還不差；但等到 ImageNet 堂堂推出一萬個類別，加上許多類別之間的差異極其細微，過去那些技術就顯得左支右絀，甚至有些完全失靈。這一方面令人必須承認自己的不足、但另一方面也讓人感到振奮，知道明天的演算法不只會比今日的演算法「更好」，而是會從根本上、以一種我們過去無法預見的方式而變得完全**不同**。

　　「你知道我最喜歡 Caltech 101 哪一點嗎？」伯格的話把我拉回當下。「這套資料庫除了是訓練資料，更是一個

大好機會，讓我們可以用完全一模一樣的圖像，比較我們兩個的研究結果。終於可以用蘋果來比蘋果了。」

「就是個基本標準。」我回答道。

「一點都沒錯，這樣一來，我們很容易就能判斷到底有沒有進步。對研究者來說，這簡直就是最大的鼓勵。這就像一個挑戰，就看你有沒有那個膽量。」

有沒有膽量。我立刻上鉤。

「好喔，那……如果我們拿 ImageNet 做一樣的事，會怎樣？」我一邊問著，一邊想到什麼就說什麼，「還是不光這樣，如果我們就拿 ImageNet 搞個**比賽**，會怎樣？」

「你是說像 PASCAL 那樣嗎？」

這裡說的是「PASCAL 視覺物件類別」（PASCAL Visual Object Classes，一般稱為 PASCAL VOC）資料集，裡面蒐集了大約一萬張圖像，分成 20 個類別。這套資料集是由一個歐洲學者團隊所建，與 Caltech 101 很像，但有一大差異：從 2005 年以來，每年都會使用這套資料舉辦一場電腦視覺競賽。每年都會有一群來自世界各地的參賽者，交出以這套資料集訓練而成的演算法，接著會讓這些演算法處理一組從來沒見過的新圖像，再用分類的準確率加以排名。錯誤率最低的演算法就是優勝者。這場競賽既有合作、又有競爭，讓人可以看到整個領域最新的進展。而

且，這場競賽所用的資料集，大小可還只有 ImageNet 的千分之一！

「**那**肯定有點意思，」伯格回答道，「『把它用在 ImageNet 的表現會怎樣？』我可以想像，那些學者想到最新點子的時候，一定會互問這個問題。」

就是這個領域的北極星，我心想。

如果鄧嘉論文背後帶著的精神沒錯，而且 ImageNet 也確實將會讓一切大洗牌，帶來新的規則、新的直覺，甚至可能是新的典範，那麼辦場比賽不就是個最棒的探索方式嗎？既能發揮集體合作的力量，還能有競爭壓力帶來的刺激；既是探索性質，又有原則指引。肯定猛到不行！雖然我已經花了這麼多年在打造 ImageNet，但當時光是想像這種做法，就彷彿為它吹進了一口新的生命。

這也意味著，要把 ImageNet 帶向世界的工作還沒有結束。

我一回到美國，立刻就著手準備這場比賽。比賽的規則前提乍看之下很簡單：找來一群使用 ImageNet 訓練後的演算法，再用一組從來沒有見過的圖像加以測試，評估答案結果，再依犯錯的數量來加以排名，錯誤率最低的演

算法就是優勝。但實際上，光是要把資料集轉成比賽，本身就是一項科學挑戰。

　　如果是像西洋棋、撲克牌或籃球之類的遊戲，所謂誰贏誰輸一看便知，沒有什麼主觀成分。但如果是場科學競賽，在宣布由誰勝出的時候，其實比較像是在表態支持；除了認為勝出的演算法在測驗中表現傑出，同時也認定這種設計對整個領域有所貢獻，能夠帶來新的見解、甚至推動重大變革，是我們邁向北極星的下一步。這項表態意義重大，而且必須充滿信心。

　　如此一來，嚴謹與透明也變得是重中之重，於是我們起草大量文件，詳細解釋我們會如何分析參賽的演算法、如何量化其表現。然而，靈活也是一種美德。畢竟，要給一張照片下標注的時候，就算是人也可能出現意見分歧，難以判斷裡面哪個物件最重要。想像一下，假設有一張圖片裡面擺了一堆水果，裡面有一顆草莓、也有一顆蘋果，都占了一定版面，都能說是圖片的主題。這時候把圖片的標注定為任何一種、而非另一種，能算是錯嗎？

　　為了確保不會把表現良好的演算法宣判成有錯誤，每道題目都能列出總共五個標注的排序（像在上面的例子，就會同時列出「草莓」**和**「蘋果」）。這套評估方式後來又稱為前五錯誤率（top-5 error rate），能夠鼓勵參賽者好好衡量

該如何取捨，也確保演算法的能力得到最廣泛、最公平的展現。

正如 ImageNet 本身的打造過程，這場比賽的挑戰也是波濤起伏源源不斷。我們花了好幾個禮拜思考該怎樣把資料集提供給參賽者，最後決定提供一個縮小版的子資料集：大概是所有圖像的十分之一、所有類別的二十分之一，也就是大約有 140 萬張照片，涵蓋了 1,000 種日常物件與動植物。而為了確保讓參賽演算法得到全新的測驗，我們幾乎把 ImageNet 的研發過程又再跑了一次：下載並標注了幾十萬張新的圖像，也再完成了一次群眾外包的標注過程。總之，這可又花上了好幾個月。

這一路走來，鄧嘉的團隊日益成長，得到愈來愈多人協助，其中一位新人是魯薩科夫絲基（Olga Russakovsky），她既聰明又充滿活力，正想找點有趣的事情來全力以赴。魯薩科夫絲基第一眼就讓人印象深刻，她目光銳利，捲髮及肩，說起話來很有吸引力。我從第一次見面就很喜歡她，但特別讓我印象深刻的是這個人有種安靜的反差：雖然她性格開朗，很容易被誤認為是加州土生土長，但她其實出生於烏克蘭，還常常談到仍住在基輔的外婆。她不但在智識上是個優秀的人選，更擁有這個系上少見的社交長才。我看得出來她在智識上有能力在計畫幕後貢獻所長，

但也覺得或許有一天，她能發揮天分、站到幕前做為計畫
的代表。

「興奮嗎？」魯薩科夫絲基問道。

我當然興奮了。我們整個團隊都在實驗室熬夜，處理
一些最後的小細節，就是在準備隔天網站上線，宣布這場
比賽。

「告訴我，」鄧嘉開口說道，「你做這件事的最終目標
到底是什麼？」

這個問題我早有答案，因為早在 ImageNet 計畫那些
最黑暗的日子之後，我就很少思考其他的問題。經過我們
做的這許許多多，要說 ImageNet 只是一個資料集，我覺
得實在是想得太簡單。但就算已經到了這個時候──但也
特別是在比賽前夕這個時候，我的想法都還只是個假設。
我是在打賭，賭這個領域最需要的就是取得多樣性與變
化，這正是人類認知幾千年來的憑依。

我一方面很樂觀，覺得肯定會有所突破，但又擔心路
上前途仍多崎嶇。我們討論過各種當時流行的演算法，但
我也相信 ImageNet 太過龐大，絕非其中任何一種所能應
付。不論是支援向量機（support vector machine）、隨機森林
（random forest）、提升法（boosting），甚至是我和佩羅納在

單樣本學習（one-shot learning）論文裡所用的貝氏網路，肯定都承受不住 ImageNet 帶來的負荷，會逼得大家就是得發明點真正的新玩意。

「我不認為 ImageNet 會讓現有的演算法變得更好，」我說，「我認為 ImageNet 會讓這些演算法都從此過時而被淘汰。」

這場比賽的正式名稱是「ImageNet 大規模視覺辨識挑戰賽」（ImageNet Large Scale Visual Recognition Challenge），任何人都能參加，贏家將立刻聲名大噪。首屆舉辦於 2010年，5 月開始報名，結果於 9 月計算，並在當年於希臘克里特島舉辦的歐洲電腦視覺研討會（European Conference on Computer Vision, ECCV）公布最後的優勝者。在研究社群看來，整件事似乎是水到渠成、天衣無縫。但在幕後，還是靠了一些外部助力，才得以讓計畫成真。

我們當時體認到自己既沒經驗，更別提 ImageNet 的名氣還有待加強，於是找上了 PASCAL VOC 的創辦人艾佛林漢（Mark Everingham）。艾佛林漢在牛津做研究，自己就是電腦視覺這個領域的熠熠新星。當時 PASCAL VOC 已經走到第六年，而艾佛林漢也慷慨允諾讓 ImageNet 加入成為比賽的新項目，不但 ImageNet 的生命就此展開，

也讓我們有機會在前人的基礎與框架中學習。

　　由於當時算起來還沒有什麼電腦視覺競賽，光是出現了一個新項目，就已經足以吸引到一些早期的關注。我們一開始就收到了 150 組登記報名，最後共有 11 支團隊交出 35 件參賽作品，雖然說不上聲勢有多浩大，但至少是個開始。

　　就某種程度上，比起一年前啟動 ImageNet 本身，第一屆 ImageNet 挑戰賽起跑的前夕甚至更教人興奮。我們在一年前是想讓世界看看我們創造的東西；而此時，則是世界會讓我們看看他們將用 ImageNet 創造出什麼成果。推動這整個計畫的概念，本來就受到生物學的影響，而目前有這樣的延續發展實在再適當不過。ImageNet 的基本理念是，演算法必須面對複雜與不可預測的整個環境（正是現實世界的本質），而比賽就會讓這個環境出現真正的競爭壓力。

　　我們比三葉蟲還早的祖先，漂浮在古老的海洋中，需要面對嚴酷的生存競爭；而現代的電腦視覺演算法也即將面臨同樣殘酷的考驗。這些參賽作品正是使用 ImageNet 完成的第一代研究，而成果已經來到我們手中。我忍不住想，這一切真的要成真了嗎？那個全新的疆域，是否真的就要出現在我們眼前？

事實證明，時機未到。

當時獲勝的是一支聯合團隊，成員分別來自 NEC 實驗室（NEC Labs）、羅格斯大學與伊利諾大學，用的是支援向量機這種我原本認為無力應付 ImageNet 的演算法。支援向量機這個不太好理解的名稱來自它所運用的高階幾何學特徵，也象徵著它抽象的本質。各種支援向量機演算法在幾年前十分流行，到了 2010 年開始成為物件辨識的實質標準。這支團隊的表現確實優秀，我們也非常感謝所有參賽者的努力，但相較於我們領域其他地方最先進的研究進展，這次的進步實在太小，算不上是新時代的來臨。

當下其實滿讓人洩氣，而縱觀 ImageNet 歷史，未來還不乏許多這樣的時刻。但如果說 2010 年的發展只是讓人覺得失望掃興，2011 年的發展則是讓人覺得前途黑暗。那次勝出的是法國全錄研究中心（Xerox Research Centre），用的是另一個支援向量機演算法；雖然表現又比一年前好了一些，但也就是勉勉強強提高了 2 個百分點。

我開始發現自己判斷錯誤。正如我所預料，大多數演算法都無法應付 ImageNet，但支援向量機又比想像強了一點，結果就彷彿成了參賽者的安全港，阻礙了我夢想中的那種積極創新。連續兩年下來，只見一些演算法老態畢露，功能勉強稍有提升，但算不上什麼真正的進步。最糟

的是參與熱度開始下滑，而且是大幅下滑：登記報名組數從第二年的 150 組降到 96 組，參賽作品也從 35 件降到只有 15 件。或許也不讓人意外，愈來愈少人覺得還值得再投入心力。

要說這個過程「讓人虛心受教」還太輕描淡寫。我們投入多年人生，打造出一個比任何現有對手都大上幾個數量級的資料集，還精心安排了一項國際競賽來探索這個資料集能發揮的能力，但得到的卻只是確認了現況就是如此。如果 ImageNet 是一場賭注，這時似乎該檢討我們是不是就該認輸。

✦　✦　✦

「西爾維奧！你看！我早就想讓你看看這個了！」

我聽到父親在門口那裡喊，得意地叫西爾維奧去看看他逛車庫拍賣的最新戰利品。加州有許多郊區，全年氣候溫和，讓父親能夠繼續他的嗜好。而他也還是迷戀著任何帶有一點點義大利血統的物品，最近買到的一條皮帶就讓他格外得意，上面有他最喜歡的印記：義大利製。過了這麼多年，我還真不知道父親有沒有意識到，自己的女兒不但找到了義大利製的最棒寶藏，還直接嫁給了他；而他現在正在看父親展示的皮帶。

「噢。」我聽到西爾維奧回應道。我偷笑著。雖然只是一個音節，就已經用掉他大部分可能的答案。

我們家是一棟在教職員街區上的聯排別墅，就在校區旁邊。雖然我和父母對於能住在這裡都相當滿意，但我們的居住體驗卻有點支離破碎。西爾維奧和我為了見面花費很多時間，結果就是兩個人都沒什麼落地生根的感覺。我們老是在飛越全美，總在打包、開行李、協調通勤、來來去去，感覺像是住在天上，而不是住在地表的任何地方。

雖然如此，一切的喧囂之下還是有種不平凡的平靜。儘管遠距離婚姻有種種麻煩，但母親依舊淡然以對，不過西爾維奧來看我們，卻讓他和我父母的關係得以加速升溫。當然，每次他來，他的料理總能讓我父母笑容滿面，而我父母對他的回饋也是不遑多讓。他們開始養成一個傳統：每次他來的第一個晚上，都會用自家準備的中式料理來迎接慶祝，就像是記憶中週日去找成都的外公外婆，桌上總有著豐盛的飯菜、燉肉、帶著鑊氣的料理與湯品。

回過頭來說，吃完中式晚餐後的談天說地（多半是由我這個現場唯一的翻譯居中協調），也多半是因為他對中國美食的博大精深大感好奇。他是真心感到讚嘆──絕不只是想演出一副好女婿的樣子，而且這份尊重也得到我父母的回敬，上桌的都是最真實的中式料理，沒有試著把口

味洋化，而這也讓他反而更為享受。明明整張餐桌坐的都是一群移民，但我們之間似乎全無邊界。

事情順風順水的時候，一切就是如此美好。

但短短幾個月後，我動力全失，疲勞像是無形的錨，一路穿過地板、直達地底的岩床。我彷彿腳上綁了沙袋、手上掛了沙袋，就連眼皮也黏了沙袋。對於這場異地戀情的種種問題，西爾維奧和我非但沒有找出任何解決的辦法，反而做出一個還真是理智至極的決定，來把問題變得更加複雜：我們即將變成一家三口，而懷孕對我的負擔又格外沉重。

我的第三孕期特別難熬，本來就有的各種小毛病，因為各種神祕症狀而雪上加霜，醫師擔心到命令我在分娩之前不准再四處奔波。但世界可不會放慢腳步。我還是感受到四方彷彿洪水一般繼續沖擊著我，不管是學生、研究、教職員、或是 ImageNet 層出不窮的種種問題，都反映在螢幕不斷亮起、總是震個不停的手機上。

但有一次震動，感覺特別讓人不安。明明這麼晚了，卻有人打電話來，手機上顯示了熟悉的名字——琴恩·薩貝拉，讓我覺得一頭霧水。

「琴恩？怎麼了？」

電話那頭一時之間並沒有回應。「飛飛，呃，鮑勃跌了一跤。」

「什麼？這什麼意思？他受傷了嗎？」

「不是不是，我是說，應該是有什麼大問題。他好像都站不穩，他好像⋯⋯都不是他了。」

我一下子根本聽不懂。琴恩說的這些，講的應該是哪個人的爺爺，怎麼會是鮑勃呢？他還那麼年輕，哪裡會有這種事？

「Okay，好，你帶他去醫院了嗎？」

「我現在就在醫院。他們先趕快做了一次腦部掃描，然後，呃——我們還在等結果，可是⋯⋯」她慢慢嘆了口氣，「飛飛，情況看起來不太好。」

我努力吞了一口口水，坐了起來。我說我想和鮑勃講講話。她搗上話筒，把手機遞給鮑勃。「是飛飛。」我幾乎聽不見她說的話。

「⋯⋯哈囉？」

鮑勃的語氣不是這樣的。

「鮑勃？呃⋯⋯琴恩說你摔了一跤？你還好嗎？感覺怎麼樣？」

他沒有給出那種我想要的保證。他聽起來好像很疏遠，也似乎很難講出話來。

「鮑勃，」我愈來愈覺得情況嚴重，聲音便愈來愈輕柔，「你想不想要我飛去看你？我可以馬上去。」

電話那頭停頓了一會，讓我知道這個提議或許太過沉重。鮑勃很清楚我過幾個月就要生了，也知道我被禁止出遠門。這兩件事都讓探望的提議帶著嚴肅的重量，但在我實際吐出這些話之前完全沒意識到。

電話那頭，先是一片安靜，接著是猛吸一口氣。微弱、沙啞、顫抖。不可能是我想的那樣吧？**他……在哭嗎？**鮑勃從來沒在我面前哭過。我聽到那頭傳來一陣焦急的騷動，接著是琴恩拿回了手機。

「是怎麼了？飛飛，你跟他說了什麼？！」

我在接下來的二十四小時一直心神不寧，就等著琴恩告訴我最新的消息。消息傳來。

膠質母細胞瘤。末期。無法動手術。

鮑勃快要死了。

我嚇傻了，開始打電話給我所有認識的人，一心想找到有誰能幫上忙。過去我家有太多次對健康狀況憂心忡忡，都是鮑勃充當我們的救星，這次該是我報答他了。偶然之中，一位我在獎學金計畫認識的人，把我介紹給附近一所大學醫院的神經生物學系。隔天，鮑勃就轉到該州最

先進的護理單位去。

對一個就我而言如此重要的人來說，這項舉動算不上什麼，但我們能做的事實在太有限。鮑勃的病情以驚人的速度惡化，發現腫瘤不過幾天，便已經完全失去意識。醫師竭盡全力，但鮑勃再也未曾甦醒。不過三週，一個從我高中以後彷彿是第二個父親的人，一個從姓名上看不出來、但實際上情同家人的人，就這樣離開了這個世界。

我們全家籠罩著哀痛。父親從聽到消息那一刻，就痛哭到淚如泉湧。母親雖一如既往地自持，但神情莊重哀悽。但我知道，他們心裡有著同樣的感受。我父母總用普通話叫鮑勃，一直親暱地把鮑勃稱做那位「大鬍子數學老師」，是他們在那些年裡共同合作，護祐一個容易沉迷在各種事物中的移民女孩度過青春期的陣痛。

就連西爾維奧也受到影響；儘管他和鮑勃只見過幾次面，卻已經能感受到鮑勃對我的人生無比重要。而最重要的一點在於，鮑勃的老家在那不勒斯，和西爾維奧可說是同鄉。西爾維奧知道我礙於醫師命令無法參加葬禮，但他還是擔心我會因此抱憾終生，於是他放下一切飛越整個美國，代表我出席。

我還記得，鮑勃在帕西帕尼高中的辦公室「數學實驗

室」牆上擺滿了書，書脊如同彩虹；我們那些對話又怎樣成為我日常的庇護。我還記得，他像慈父一般對我諄諄教誨，從他就事論事、責備我在一次考試不夠努力，到加州理工學院給我提供研究生宿舍時建議我該怎麼挑房間，而我們每週的電話聯絡又怎樣成為我人生中一縷延續不斷的線。我還記得，他怎麼讓我們家懸崖勒馬，沒有真的去貸款買下一間乾洗店。我還記得，我上次去紐澤西僅僅不到一年前，是去參加鮑勃的退休派對，而在他起身致詞的時候，我簡直難以克制自己的情緒，聽著講辭這麼大大方方地談到他有多麼自豪，因為「他的兩個兒子……還有那個女兒。」

但有些東西並未逝去。鮑勃想要出版科幻小說的夢想一直沒有成真，但他持續筆耕不輟，養成習慣在每個月底把他的個人日誌寄成電子郵件給我。我們成了數位筆友，通訊往來總是洋洋灑灑、巨細靡遺，就像是活在那些過去時代的人一樣。這些紀錄成了我認識的那個人最後的遺緒：一頁又一頁他的思想，從深刻到平淡，就這樣以黑白的形式留存了下來。直到如今，這些文字還是令我莞爾、讓我開懷，偶爾也會翻翻白眼。而且，又總是激發我的思緒。我整個職業生涯，就是全心在理解心智的本質；而我這輩子一項最大的榮幸，就在於有機會認識了他的本質。

✦　✦　✦

　　生活沒有半點放慢腳步的跡象，但即使加上了這段時間的哀傷、受到孕期難以活動的影響，也並未讓我心裡放下 ImageNet。在這種心理受到三方夾擊的時候，讓我特別感激西爾維奧來找我。

　　「所以，」他在一次出奇安靜的晚餐上問我，「你在想什麼？想鮑勃嗎？」

　　「鮑勃一直都在我心裡，」我帶著一抹傷感的微笑說，「但我想的不只他。」

　　「還有 ImageNet？」

　　「是啦。我不知道，當初想要辦這整個比賽……看起來真的是合理的下一步。但才兩年，參與的熱度就在下降。天啊，難道我這一切都錯了嗎？會不會就是這麼單純？我是說，這就是假設的問題，對吧？有時候反正就是……就是錯了。」

　　「有時候，當然。」

　　我抬頭，視線從盤子看向他。

　　「但這次可不是。你知道，從你提到這件事的第一個晚上，我就從來沒試著說服你放棄，這是有原因的。除了因為你是我太太，也因為我同樣相信 ImageNet！或許它

是跑在這個時代的前面；或許馬立克說得對，你在這裡跨了太大的一步。但這並不代表它就是**錯的**。」

我笑了。雖然他沒有解決我的問題，卻還是讓我感到一片溫暖。

「另外，」他繼續說道，「我覺得趨勢已經在變。就連在我的實驗室，雖然研究的根本是完全不一樣的視覺問題，但你知道大家開始講的都是什麼嗎？更大的資料集，更高的多樣性，要看到世界更廣闊的樣貌。這又是談到假設的**另一個**問題了——有時候就是得花點時間，才能得到大家的支持。」

西爾維奧最溫情的鼓勵，聽起來都如此有理有據。他就是很擅長這種事。但我很快就不用他再這麼辛苦了。科學總是能以一種有趣的方式打破各種期望，連那些最接近的人也難以預料。

✦　✦　✦

到了 2012 年 8 月，讓我整夜無眠的終於不再是 ImageNct 了。我生了孩子，進入一個新的現實，整個生活滿是餵奶、尿布，以及永遠被不停打斷的睡眠。我原本打算，不參加這次在義大利佛羅倫斯的 ImageNet 挑戰賽結果發表會，但後來有一天接到了鄧嘉的電話。他通常不

會在這麼晚的時候打電話來，所以我第一個念頭是可能出了什麼問題。

「喂？」

他聽起來很激動，但不是壞的那一種，而比較像是興奮再帶點困惑。他可是鄧嘉耶，所以光是這樣就足以讓我覺得肯定事有蹊蹺。

「好，總之⋯⋯我們一直在審查今年大家交上來的作品，而有一份作品呢，就是⋯⋯我是說⋯⋯」

他猶豫了。

「是怎樣？到底怎麼啦？」我問。

「好，嗯，第一，他們用的是一種很不主流的演算法。你敢相信嗎，他們用的是一個神經網路。」

我的耳朵豎得更高了。要是說剛才他還沒有完全吸引我的注意力，這下我肯定是全神貫注。

「真的就很⋯⋯**古老**。」

我實在忍不住笑了出來。一位二十一世紀的學生，居然用「古老」這種詞來描述幾十年前的研究結果，可見我們這個領域有多年輕。（也有可能是證明我老了，但我決定忽略這種可能。）但鄧嘉沒說錯。神經網路技術是受到生物學所啟發，將一系列相連的決策單元採階層式的排列；但這個世界發展迅速，到了 2010 年代，神經網路技

術早就像是布滿灰塵的古文物，該拿個玻璃蓋子來罩著、天鵝絨繩索圍著，好好保護保護。

「你認真？神經網路？」

「是真的，但還不只這樣。飛飛，你絕對不敢相信這玩意的表現有多好。」

即使還在跑道上，從飛機的窗子往外看，也只見一片漆黑，況且我坐在中間位子，除了前方的椅背，實在也沒什麼好看的。我不停安慰自己：**沒事的，你甚至都還來不及有什麼感覺，就已經到佛羅倫斯了**；但我很清楚事實根本不是這樣。要拋下一切參加歐洲電腦視覺研討會，讓我的家庭生活頓時陷入一片混亂，但鄧嘉的消息讓我幾乎沒有其他選擇。而我得承認，在最後一刻忽然需要找人托嬰的時候，和父母同住實在有個很大的好處。

根據我和西爾維奧當初度蜜月的經驗，舊金山國際機場並沒有到佛羅倫斯機場的直飛航班，而我此時想方設法，就希望能盡快回到家中孩子身旁。最後我萬不得已，硬是排出一個二十小時的鐵人行程，沒有睡覺時間、連手臂都沒什麼活動空間，唯一的休息行程就是無趣的轉機空檔，而且我肯定頭都昏了，就算從機場看出去，也認不得

究竟那是巴黎、蘇黎世、還是其他哪個著名大城。

但這時候已經沒有回頭路了。飛機停停走走，接著慢慢開始滑行，引擎也轟隆隆響了起來。合成的提示音響起之後，廣播傳出一段指示。收起小桌板。繫好安全帶。我一方面想睡，但思緒如萬馬奔騰，很難平靜。

教我這麼心心念念的是一份參賽作品，在排行榜上遙遙領先，比起去年的優勝者表現足足提升了驚人的 **10 個**百分點！準確率來到大約 85%，完全是這個領域史上的世界紀錄。為了讓人更了解這是什麼意思，我過去讀過的研究指出，一般人在做判斷的時候，準確率大概是 97%，而且做的還只是一些簡單得多的二元判斷，例如「照片中有沒有動物？」。相較之下，這套演算法是要從一千個選項當中找出正確的回答。所以，雖然這和人類的水準**還有**一段差距，但已經比過去所有演算法都更接近人類，而且進步的幅度大到驚人。

機艙響起一聲嗶聲，機長開始說話。飛機已經來到巡航高度。

關於這件參賽作品，或許最驚人的一點在於它是**怎麼**做到的。當時，這個領域經過幾十年的進展，大部分人看的都是那些現代的演算法（例如前兩年獲勝的支援向量機），但這幾位研究者卻選擇讓神經網路技術死而復生，

而且表現完全**輾壓**其他參賽者。第二名幾乎是看不到他們的車尾燈。這件獲勝的作品名為「AlexNet」，一方面是向 ImageNet 這項技術致敬，另一方面則是因為專案的第一作者名叫亞歷克斯・克里澤夫斯基（Alex Krizhevsky，來自多倫多大學）。

飛機通過一段不穩定的氣流，一時顛顛簸簸。

一次就大幅躍進 10 個百分點？就在短短一年內？用的還是神經網路？在我們從一個時區到下一個時區的過程中，這件事一直在我腦海裡揮之不去。這就像是有人告訴你，最快的陸地行車紀錄居然被一輛本田喜美打破，而且一下還把最高時速往上拉了 100 公里！怎麼想都太誇張了，進步不該是這個樣子。

但真的不該是這樣嗎？我回想起鄧嘉的論文，談到他用 ImageNet 訓練演算法的時候學到了什麼。那些在小資料集上表現良好的技術，到了大資料集卻是表現不佳；反過來也一樣。會不會在這些日子以來，其實一直都是神經網路技術更適合用來理解 ImageNet 這種更大、更密集的可能性空間，能夠在類別總數大幅增加、差異性又大幅縮小的時候依然應付自如，而其他最先進的競爭對手則已無力應付？我實在太渴望得到更多線索，於是打開筆電，叫出 AlexNet 團隊在報名參賽時繳交的簡報，裡面就提到他

們在設計時的各項選擇。

AlexNet 屬於一種**卷積**神經網路（convolutional neural network, CNN）。卷積神經網路的名稱來自「卷積運算」這種圖像處理過程，也就是用一系列的過濾器（filter）來掃描整個圖像，搜尋其中是否有神經網路已經認得的特徵。這是一種特別類似生物運作的設計，靈感來自休伯爾與魏澤爾觀察到哺乳動物的視覺分成許多不同的階段。而卷積神經網路的運作方式就跟自然生物一樣，會隨著感知層級愈來愈高而加入整合愈來愈多的細節，最後就是能完整看到一個真實世界的物件。

這樣打造出來的演算法就能像視網膜一樣，觀看著周遭的環境。如同真正的眼睛在看照片的情形，演算法的最外層會用幾千個接受域來掃過照片的像素，每個接受域都鎖定著某種微小而獨特的圖樣（可能是以某個角度傾斜的對角線、兩種色調的混合、某種條紋圖案、或是明暗的交替），只要發現該種圖樣就會啟動。

在這樣的感知層級，就能用這些過濾器來找出任何圖像，例如狗狗的毛色圖樣、廚房工作檯的邊緣，或是玫瑰花瓣在陽光下閃閃發光的輪廓。這一切、甚至還有更多更多的圖像，**全都**在 AlexNet 的掌握之中，而這不只因為它是用 ImageNet 訓練而成，更重要的是這套演算法忠實呈

現了生物視覺的演化精神。這些作者沒有自己先入為主、
預設這套神經網路演算法該去尋找什麼特徵，而是讓幾十
萬個神經元完全從訓練資料集裡，自己去慢慢**學習**培養敏
感度，人類不加以干預。AlexNet 就像生物智能，是所屬
環境的自然產物。

　　接下來，來自幾千個接受域的訊號繼續深入神經網
路，合併聚集成更大、更清楚的提示。每來到新的一層，
感知的運作會比前一層更複雜，而一旦感知到熟悉的物件
（也就是它受過訓練、能夠辨識的東西），就會做出反應，
彷彿神經元受到生化衝擊那般愈來愈亮。原本微小的圖案
愈變愈大，像拼圖一樣連了起來，形成愈來愈能夠辨識的
圖形碎片，那可能是老虎的斑紋、木紋，又或是落在地上
的影子。

　　到最後，只有少數訊號能夠通過這一層一層的篩選過
濾，整合成一張該物件的詳細圖像，終於來到神經網路演
算法的最後階段：辨識。**機車**。**豹**。**算盤**。**母雞**。**電視
機**。又或是一千種其他選擇的任何一種。這一切都只靠著
一套演算法，而且其準確率正在迎頭趕上人類。

　　當然，卷積神經網路算不上什麼全新的想法。自從楊
立昆在貝爾實驗室成功應用卷積神經網路來辨識手寫郵遞
區號之後，他多年以來一直心無旁騖地深耕這個領域。雖

然一直欠缺資源、無法完整發揮潛力，但在 AlexNet 橫空出世的時候，楊立昆已經投入整整二十年的時間，不斷改進這種演算法並發表相關研究結果。結果此時，一項過去常常被視為誤入歧途的努力，一夜之間成了眼光精準的先見之明。彷彿投胎轉世一般，楊立昆那套卷積神經網路（名為「LeNet」，實在再適當不過）的精神在 AlexNet 清楚可見。

這樣的連結，讓 AlexNet 背後的團隊組成格外耐人尋味。這個團隊由多倫多大學的三名學者組成，除了與計畫同名的主持人克里澤夫斯基，還有一位合作者是蘇茨克維（Ilya Sutskever），這兩位年輕學者都很聰明，但也都尚未打出自己的名聲。不過，團隊的第三個名字立刻引起了我的注意：辛頓。

早在 1980 年代中期，這位辛頓就已經靠著研究反向傳播技術而成為機器學習早期的重要人物，當時正是在有了這項突破之後，才終於首次得以穩定訓練大型神經網路。而且楊立昆還曾經受教於辛頓，在他的實驗室接受指導。雖然神經網路研究讓他們備受同儕排擠，但辛頓與楊立昆都繼續堅持這方面的研究。

這樣看來，AlexNet 絕不只是「另一件參賽作品」那麼簡單，而是經過四分之一個世紀醞釀，終於迎來的平反。

　　隨著我更深入研究這套演算法的架構，這項根源的重要性也愈來愈清晰。雖然兩者時間差了超過二十年，但 AlexNet 與 LeNet 的主要差異似乎並不大，兩者都是運用了傳統神經網路的典範。但接下來就能清楚看到一項關鍵區別：這個新投胎轉世的化身，在規模上大得太多太多。

　　AlexNet 能處理的圖像數目是 LeNet 的十倍大，用來掃描圖像內容的卷積核（convolution kernel，就像是神經網路眼睛的「焦點」）也有大約兩倍大。這樣一來，比起原本的 LeNet，AlexNet 這個神經網路更深，有更多層級來篩選過濾所辨識的細節，也就能夠更徹底處理所見的內容，進而做出更複雜的推論。最後便造成，LeNet 的設計只能分析辨識手寫數字究竟是 0 到 9 這十種可能的哪一個，但 AlexNet 則能辨識物件屬於一千種物件類別的哪一種類別（也就是 ImageNet 選擇用來比賽的子資料集）。

　　然而，這些都只是程度上的差異，而非本質上的差異；說到理論層面，差異小得驚人。話雖如此，AlexNet 表現的優異程度，卻遠遠超越歷史上其他神經網路。

　　這究竟是為什麼？

　　部分的原因肯定在於所使用的硬體。神經網路一直有個明顯、甚至長期以來被認為是致命的缺陷，就是訓練的難度實在太高。在過去幾十年間，即使是某些規模小得多

的神經網路演算法，最後也都證明無法投入實用。說要用全世界最大的圖像集、訓練 AlexNet 這樣的神經網路，簡直就像是天方夜譚。然而此時技術已然有了長足的進步，特別是針對特定的應用，出現了成本實惠且性能優異的運算硬體。神奇的是，這全拜電玩流行所賜，全世界都該感謝電玩。

這可說是命運的另一個轉折，神經網路所需要的數字運算方式，功能上很類似電玩遊戲算繪（render，又譯「渲染」、「算圖」、「成像」等）圖像的方式，而電玩從 1990 年代以來已經發展成產值高達數十億美元的產業，推動了客製化硬體的進步與商業化，也帶動輝達（Nvidia）這樣在產業最前端的超大型品牌成長。到了 2012 年，這種稱為「圖形處理器」（graphics processing units, GPU）的硬體已經來到了價格實惠、能做為日常消費用品的等級。在辛頓的實驗室看來，這代表即使沒有政府補助、無需申請施工許可，也已經能夠取得所需晶片，讓 AlexNet 從理論變成現實。只要到百思買（Best Buy）大賣場，架上直接就有得買！

然而，「可行」還不一定代表「容易」。就算能得到如此強大的硬體，要在 ImageNet 上訓練 AlexNet 也需要用上不只一個處理器，全天二十四小時跑上一整週。於是，在 2012 年初有那麼一個禮拜七天，正當全世界有幾百萬

顆 GPU 忙著算繪機槍在抖動、喪屍在衝鋒、爆炸的碎片
四處飛散，但有兩個 GPU，就這樣在多倫多某處把一種
新型神經網路帶進我們的生活。

　　儘管這套演算法在性能上確實大有進步，但嚴格來說
還算不上什麼全新的進展，只是讓原本就已存在的程序
終於能在符合實用的時限內完成。如果真要說 2012 年的
世界到底有什麼真正的**不同**（也就是 LeNet 的時代絕對沒
有的東西），肯定是用來訓練神經網路的大量資料數據。
畢竟數位圖像在 1989 年才剛起步，大型的圖像集還很少
見。說要給神經網路演算法準備一套訓練用的資料，代表
不只要蒐集許多數位圖像，還得來到一個夠龐大的規模、
要有特定的應用、全由人類完成準確的標注——這在當時
不管怎麼看都太荒謬。

　　至於用來訓練 LeNet 閱讀郵遞區號的掃描圖像則是個
例外。而它也成為相當好的比較範例。即使是這樣，在當
時光是想蒐集手寫數字的訓練用資料集，也已經費盡千辛
萬苦。相較於有幾百萬像素的全彩照片，這些數字圖像的
掃描檔案不大、只有單色，所需的記憶空間也相對較小。
想要掌握手寫數字的多樣性，只需要幾千個例子就可達到
所需程度，不像是自然界的其他事物可能需要幾億個例子
才行。由於在這二十多年裡，能取得的訓練資料集只有手

寫數字這一個，想當然耳，能應用在辨識郵遞區號也就成了它唯一的成就。看起來，資料就是有種為系統吹進一把火、讓系統動起來的能力。

事實上，AlexNet 就是靠著 ImageNet 的存在而變得生龍活虎，貪婪地吸收這些內容，並且因為 ImageNet 的規模與多樣性而蓬勃發展。原來，在我們期待神經網路能理解這個世界的時候，神經網路其實都不需要用上什麼更複雜的數學、也不需要更奇特的概念，它們只是在等待我們能提供這個世界更清晰的圖像，好讓它們能夠真正從中學習。在過去，是靠著大數據才得以訓練 LeNet 理解人類複雜的筆跡；而如今，也是大數據訓練了 AlexNet 來理解一切。

我後來得知，在 2012 之前的幾年間，辛頓早已重燃熱情，孜孜努力證明神經網路確實可行。而在 2011 年，他相信自己比過去任何時候都更接近轉振點，也就開始以一種既挑釁又合作的方式找上同事，問問大家覺得接下來該做些什麼；與其說聽起來像在問問題，倒不如說更像是下戰書。他其中一通電話是打給馬立克，這位老朋友過去一直很懷疑他的研究。

「我該怎麼做，才能讓你相信神經網路才是我們的未來？」辛頓問。

「傑佛瑞啊，你是認真想讓我服氣嗎？那就讓我看看神經網路能做什麼正經事啊。」

「像什麼？」

「像是物件辨識啊，而且要放在實際世界裡喔。」不管馬立克過去對 ImageNet 有何看法，從我剛到加州理工學院，就知道他很相信視覺分類的力量。「你有沒有參加過PASCAL VOC？」

「參加過啊，但沒意思，那資料庫太小了，沒有足夠的實例，所以等我們給神經網路看新東西的時候，沒辦法歸納出很好的結果。」

「好吧，所以你需要更大的資料集。你有沒有注意過飛飛的實驗室？如果你想來場真正的挑戰，就去看看他們在幹嘛吧。」

不管馬立克是真的對這項計畫看法改變、又或者只是想逗逗自己的老朋友（兩種情況似乎都說得通），總之辛頓認真了。

旅途的辛勞讓我昏昏沉沉，但各種盤旋的思緒彷彿在一瞬間變得清晰，我忽然想通了一件事：神經網路技術與ImageNet 再現世界的方式簡直是天作之合。楊立昆的神經網路演算法處理了手寫數字，從微小到只有幾個像素的筆觸、到筆劃的結構、再到完整的數字，在各個分析規模

上都找出了有意義的圖樣。

　　像這樣的感知流暢度，是因為它完全是由資料數據自己生成，並自然組織成為有不同階層的感知層級。休伯爾與魏澤爾研究貓的視覺皮層，也發現同樣的概念。而我們在加州大學柏克萊分校的實驗室又看得更深入。神經網路技術一**直**都具備這樣的能力，但要到此時此刻，才讓它們有足夠的運算能力來實現目標。

　　到這個時候，似乎 AlexNet 也做了與 LeNet 一樣的事，只不過用的是 ImageNet 這個範圍廣及全球的資料集。而簡單來說，這正是兩者最大的不同：所**探索**的資料範圍大大增加了。經過訓練之後，AlexNet 各層內容之豐富，讓我大為讚嘆：各種形狀、邊緣、圖樣、紋理，涵蓋我們這麼多年從網際網路取得的各種人物、動物與物體。整個現實世界那些隱隱約約的碎片，就這樣以正確的方式組織了起來，讓演算法終於得以看見。

　　飛機機輪觸地，幾次輕巧彈跳，降落在佛羅倫斯。我到這個時候還是很難相信 AlexNet 得到了表面上看來那樣的進步。這次的飛躍，幅度似乎太大了。但我愈想，就愈覺得這帶有過往種種偉大突破的特徵：在看似瘋狂的外表下，包裹著一個可能很有道理的想法。

✦　✦　✦

　　隔天早上，消息已經傳開。現場的騷動，讓人覺得似乎有什麼歷史重大事件正等著宣布，而種種傳言神神祕祕，只讓與會者變得更為好奇。在我抵達時，研討會會場已經擠滿了人，就連楊立昆自己都因為晚到了幾分鐘而找不到座位，只能在最後面貼牆站著。

　　議程一開始，整個房間的氣氛就變得劍拔弩張，全場分成三派。第一派是一小群的 ImageNet 支持者，包括我、伯格、還有辛頓實驗室的成員。第二派（絕對占了大多數）是一群中立而興致昂然的旁觀者。至於第三派，雖然人數不多，但態度好戰、聲音也最大。這些人從 ImageNet 一誕生就採取反對態度，雖然我通常選擇不管他們，但在這個場上，他們的存在變得更難忽視。

　　更糟的是，我們這群人還算不上是個統一戰線。辛頓的背有著慢性的老毛病，幾乎不可能這樣長途往返國際，所以派了克里澤夫斯基代表出席。克里澤夫斯基極具才幹，而且又身為第一作者，由他代表其實十分適合。但他和許多才氣過人的人一樣，個人簡報風格與他整體研究的份量並不相稱——我甚至不確定他自己**是不是**真的感受到那份重量。學界不乏這種不容易合作的性格，最典型的一

點，就是我在事前一次又一次發簡訊給他，希望和他確認在研討會前見面的細節，但他顯然無能做出回應。（謝天謝地，他在該到的時候確實出現了。）由於在場會眾懷疑的程度可說來到史上新高，他那種有一才說一的介紹方式，實在很難說服更多人轉為支持者。

等到提問環節開始，緊張氣氛徹底爆發。我們聽到了所有常見的抱怨——ImageNet 太大、不可能實用，不需要涵蓋那麼多類別，物件辨識模型還太簡陋、沒必要用上涵蓋這麼廣的資料集。雖然事實上，用 AlexNet 幾乎就能一一推翻這些論點，但很奇怪，感覺起來就是沒什麼說服力。而且現場還出現了一些新的批評，其中有些根本是莫名其妙。像是某位與會者（恰好也是一所頂尖大學的新秀人物）甚至特別提到，認為描繪「T 恤」的這個圖像類別多樣性不足，無法給模型提供可靠的訓練。這一點格外讓我覺得大開眼界。**他認真？ T 恤是最致命的弱點嗎？**全場其他人也都覺得不可思議。

但只要是真的聽到重點，就會覺得大有收穫。在那 27 張投影片當中，雖然多半只是黑白的文字與圖表，卻以前所未有的清晰程度，點出了神經網路技術的本質，而且讓人深受啟發。繼羅森布拉特的感知器、福島邦彥的新認知機、楊立昆的 LeNet 之後，我們經過幾十年才終於踏

出了下一步，總算擁有能與其潛力匹配的規模。

特別值得一提的，是 AlexNet 的學習過程。

正如所有神經網路演算法，AlexNet 在一開始處於一種無形且沒有動作的狀態，像是一幅掛在半空中的掛毯。接著 AlexNet 開始發動攻勢：從 ImageNet 的資料庫隨機選出一張又一張照片，再為這張照片從一千個標注中選出正確的一個。這在當初完全就是個不可能的任務，因為神經網路裡的幾千萬個神經元採隨機配置，對這個世界半點理解都沒有，給標注的時候根本就是亂槍打鳥。把蘑菇的圖片標成「瓶蓋」。**不正確**。把拖車的照片標成「電吉他」。**不正確**。把革龜的照片標成「浴巾」。**不正確**。

然而，失敗並不是白費。錯誤會觸發修正訊號，漣漪般傳向整個網路的幾千萬個組件，評估自己對這項結果的影響高低，依比例決定下次改變行為的程度。「失敗的事就少做，沒失敗的事就多做」雖然是最簡單的一種學習形式，但規模卻極其龐大。而所有錯誤細節都會受到仔細檢視：每塊光影、每個圖樣與紋理、每次的柔和漸層或是銳利的邊線。

在早期，光是這樣也不見得有多大意義，就算 AlexNet 下次又看到一張類似的照片，很有可能還是會分類錯誤。只不過，這次會錯得少一點。這樣繼續下去，總

有一天會得到正確的解答，就算完全是碰巧也沒關係。而在答對的時候，得到的訊號便會將這種行為增強、而非削弱；只要看起來方向正確，便給予增強。訓練就這樣繼續下去。**不正確。不正確。不正確。正確。不正確。不正確。正確。正確。不正確。**

由於 ImageNet 的規模極為龐大（儘管為了這場競賽只特別挑出涵蓋了一千個類別的子資料集），這個過程肯定相當漫長。在資料集中，涵蓋了包括電子鐘、尖樁籬柵、碟煞、馬錶、義大利靈緹犬、微波爐、小葡萄乾等等物品，每種物品又都有一千種變體。但 AlexNet 也極為龐大。AlexNet 有 65 萬個神經元，以 6.3 億個連結形成一個龐大的網路，又有 6 千萬個微小、幾乎難以察覺的參數（weight，又譯「權重」）左右著連結的強度，在訊號從網路的一端流向另一端時，有些連結較強、有些則較弱。

整體而言，這就成了一幅足以畫上整個世界的畫布。每個連結的參數在每一輪都會改變，有的變強、有的減弱，有的就只是來回改變，讓整個網路就像一張柔韌的織品，以有機而優雅的方式對所受的訓練做出回應。兩個輝達的 GPU 承受著這些巨量而龐大的參數，這種專精此類功能的矽晶片採用平行運算架構，以最高速度一輪又一輪運作。

　　訓練從早到晚、日夜不停,直到所有圖像的所有像素都細細分析完畢。從幾小時到幾天,從幾天到為期一週。GPU 不斷推動向前,ImageNet 不斷提出挑戰,而 AlexNet 則是不斷做出調整。在整個神經網路上,這幾千萬個參數一次又一次地受到鍛鍊,也打造出更大、更宏偉的架構。這彷彿有一把鐵匠的錘子,不斷捶打著燒紅發光的鐵塊。每次增減那麼一點點,讓原本幾乎不可見的擾動就這樣形成了高山與低谷,綿延成幾千維度的超空間。全世界不可勝數而難以捉摸的細節,如地形般隱隱浮現,由一千種不同事物各自的一千張不同圖像,留下了對應的地形印記。這是一千隻大麥町,那有一千個洗衣籃,在其他地方又有一千臺馬林巴琴。

　　這就像是某種地質學,一個又一個印記合併成整片的地形,從 AlexNet 的一端延伸到另一端。削鉛筆機、清真寺、海星、冰上曲棍球——全部刻畫在這片景象的某一處。這套演算法不只「看到」了這些東西,還「成為」了這些東西。我們花了好幾年在網際網路追尋而來的照片,就這樣塑造出機器感知的多元多樣,過程原始但成效驚人。用單一整合的實體,再現了整體的一切。

　　跑過 140 萬輪,來到處理最後一批圖像的時候,與其說那是一次測試,不如說是一場加冕。這套神經網路的焦

點掃過像素，發現熟悉的圖樣就會亮起，再來到下一層，將圖樣與圖樣結合，形成一片愈來愈大的感知形狀，有如夜空中的星座。答案已經不再是隨機，大多數答案也不再出現錯誤。土狼。**正確**。檯燈。**正確**。敞篷車。**正確**。顯然，硬體、軟體與資料形成一種神奇的組合，比我們這個領域過去打造的任何成果都更能掌握演化的精神，呈現出人類這樣的哺乳動物如何演化形成目前的思維。

而現在，AlexNet 已經發展成最終的形式，靠著許許多多群眾外包志工所形成的多樣性，打造出一個如此多元而健全的拓撲結構，聖杯已然來到眼前。它是我們這個領域有史以來最大的神經網路，用了比史上任何其他神經網路都多的資料加以訓練，讓它擁有了**泛化**（generalize）的能力。

我們要再過好幾個月，才真正了解當時會場上看到的一切意義有多麼重大，但即使在當時，我們已經很清楚這肯定不簡單。這麼多年來，我一直期盼著 ImageNet 刺激創造出新的事物，而此時我才意識到它存在的真正意義：讓一項超越時光的東西得到期待已久的肯定。幾十年來，有一套受生物學啟發的演算法一直在我們眼前，所需要的一切，就只是讓它接受適當的挑戰。

那個下午也讓我們有機會反思這個領域過去十年的研

究。有好幾年的時間，我的實驗室賭上一切、不遺餘力，就是在追求規模空前的資料數據。而辛頓的實驗室也是賭上名聲，不斷研究這個領域幾乎等於放棄的演算法家族。兩者都像在賭博，而且兩者也都有可能根本賭錯邊。但在那天，當我們看到神經網路靠著 ImageNet 的訓練強度，真正發揮它不可思議的威能，我意識到雖然兩者都得到了證實，但成功的原因也正是因為兩者當初是同時並行。雖然所有相關人士並不知情，但我們的每一步其實都如此互相依賴。

這趟佛羅倫斯之行，我花在空中的時間還比在地面上多。然而回去的這趟航程，感受卻與去程截然不同。雖然機位同樣狹窄，疲憊更加沉重，但思緒不再飛馳躁動──至少方式不一樣了。我已經親眼看過那項研究。研究中沒有失誤、沒有疏忽、沒有文書錯漏。神經網路技術如同死者甦生，而且變得更龐大、更複雜，威力也更加強大。ImageNet 讓神經網路學會它們所需知道的一切，一次就讓它們擁有了與人類極近距離的能力。

五億年前，生物視覺出現在遠古海洋的波濤之下，導致了後來的寒武紀大爆發，而我們現在很難不去懷疑，人類是否正走到類似的轉捩點。機器視覺的出現，是不是會帶來另一場雪崩般瞬間又大量的演化發展，只是這次以數

位形式出現？

　　不同於去程航班上的想法混亂、疑團灼心，我這時腦中浮現的是一些我完全未曾預料到的內容。算不上完全平靜，而彷彿是一種意識的覺醒。我陷入沉思。這次我心懷滿足，就這樣從起飛到降落靜靜坐著，腦海只有一個念頭不斷迴盪：人類剛剛創造了一段新的歷史，而全世界還只有極少數人已然知情。

第 **9** 章

一切之外，還有什麼？

「呃，**這裡讓人感覺陰森森的耶**。」

學生說的話也沒錯。隨著燈光閃爍亮起，暗影逐漸退去，我們慢慢看清了四周幾何線條的奇怪場景：地上放著一些沒人用的 CRT 顯示器，處在一種彷彿是倉庫、也可能是要回收的狀態，深深鎖在黑暗之中好幾年。這個遭人遺忘的空間如今滿布灰塵，看起來就是個風華已逝的古董壁櫥，很難想像過去曾有怎樣的榮光。但這裡真的曾有過不得了的日子。2013 年初，一個平凡無奇的下午，

我們拿著垃圾袋、推著小推車，眼前是曾經世界知名的「SAIL」：史丹佛人工智能實驗室（Stanford AI Lab）。

幾十年來，這個曾經大膽自稱為「人工智能」的領域已經分裂成許多不同學科，聚焦更為狹窄，而很多學科也淡化了原本的認知根源，轉而使用「圖樣辨識」（pattern recognition）、「自然語言處理」（natural language processing）這樣更為機械論的術語。情況不斷演變，也逐漸不再需要有一個中央實驗室。當然，這個實驗室還是主持了許多重要研究，在自駕車、計算生物學（computational biology）等領域成就斐然，而對於如何透過機率與統計來為現實世界現象建模，各種新概念也得到爆炸般的成長。然而，在史丹佛人工智能實驗室這個名稱與它所支持的研究之間，兩者的連結已經比較像是徒具形式，而不像在鼎盛時期是一場共同的使命。

但就這樣在突然之間，AI 的寒冬逐漸遠去。隨著神經網路這種靈活的演算法再現生機，同時出現了真正的大規模資料集，加上 AlexNet 又展示了將兩者結合之後可以發揮出多大的實際威力，原本只有我最親近的同儕會在意的趨勢，現在開始變成熱門話題。我們的領域似乎正在統一，雖然是換了一個稍微不同，但卻愈來愈流行的名稱：機器學習。

　　這些改變一開始比較隱約不顯，例如我不過就是意識到，自己和同事收到的媒體邀訪似乎比平常多了一些。然而最實質的變化跡象，則是我們有愈來愈多人開始看上科技產業，許多人直接離開了學界，轉向矽谷工作。原本僅是涓涓細流，可流速卻愈來愈快，特別是兩個人的辭職，在一夜之間改變了我的生活。

　　第一個人的辭職是西爾維奧和我苦候已久的奇蹟，終於有機會一家人共同生活。雖然長達五年的遠距婚姻磨難頗多，但此時我們突然清楚發現，我們這段時間其實過得十分美好；我追逐著 ImageNet，西爾維奧則成了 3D 感知演算法領域的重要學者，而我們系剛好又發現這是個相當值得研究的課題。所以等到史朗離開史丹佛，加入 Google 推動蓬勃發展的自動駕駛業務，西爾維奧靠著自己的名聲成為名單上前幾位的人選。

　　雖然出於很顯然的原因，我不在面試委員之列，但我的同事和我一樣，清楚看到了西爾維奧的優點，讓他得到一面倒的贊成票，成為我們最新的一員。這個決定讓我們不再需要像過去五年來每週飛越全國，而跨越州界一起撫養寶寶的困難也終於煙消雲散。確實，這樣一來家裡會變得更擁擠；雖然現在先生來和我同住，但出於母親的健康因素，父母很有可能永遠會與我們住在一起，不過這真的

是小事一件。

第二位離開學界的是吳恩達，他一直既是個教育家，也在矽谷各大企業擔任主管職務，但他此時辭去了史丹佛人工智能實驗室主任一職。在許多資深同事支持下，我成為實驗室的第七任主任，也是首位女性主任。接下來，從打電話給專業電子設備回收業者、用免費午餐來引誘我的教授同事們，到安排新的會議議程。我開始重建史丹佛人工智能實驗室——除了要成為籌措資金的管道，更要成為我們這個社群在社交、人際、甚至是文化上的中心。

我從普林斯頓過來之後，原本一直在主持的實驗室名為史丹佛視覺與學習實驗室（Stanford Vision and Learning Lab）。該實驗室規模較小，就位於蓋茲電腦科學大樓（Gates Computer Science Building）二樓，位於大學最遠的那一端，校園就這麼融入帕羅奧圖的群山之中。不管有沒有日程安排，我都喜歡在這裡閒晃一下，似乎每個房間都會有一群新的學生，也至少會有其中一位得閒幾分鐘，可以談談他們的研究、或是某些天馬行空的想法。

我帶的第一批博士生畢業，對我來說意義格外重大，其中一員就包括了特別有耐心的鄧嘉。ImageNet彷彿給他點起一把創意之火，不斷燃燒。當時離他取得博士學位只剩幾個月，卻似乎讓那把火更加熾烈。他的態度很能代

表這整個實驗室：精力充沛、全神貫注、渴望探究一切。

　　但這也代表他把自己逼得愈來愈緊。雖然成果卓著，但整個工作量實在太過沉重。隨著他自己的學術研究不斷加深加廣，顯然 ImageNet 的競賽需要找個人來接手主辦。這時候，魯薩科夫絲基已經來我們實驗室一年，很樂意地接下這個位置，一方面保留了許多運作上的細節，另一方面也好好發揮了她高人一等的發言人才能；畢竟這場競賽除了是技術賽事，本質上也同樣是一場社群交流。

　　與此同時，實驗室也迎來新一代的學生，他們焦躁不安的急切心情，與實驗室老鳥們的泰然自若形成強烈對比。多虧了 ImageNet 大獲成功，我們實驗室簡直像一塊磁鐵，吸引著特定類型的年輕思想家。在這個 AI 重獲生機而復興的時代，那些第一批在學術研究上成熟的學生可說享有一份難得的特權。這批人的年紀夠大，能夠看見一段歷史正在成形，但年紀也夠輕，能夠在職涯剛起步就抓住這個契機。

　　他們每個人都能緊追趨勢的發展，不管是從網路或電視上的新聞，又或是在走廊無意聽見、和教授聊天得到的消息。這一切似乎都預示著，未來將會比預期提前幾十年到來，而且能給他們帶來的，遠比先前幾個世代所想像的更多。史上第一次，如果你是個學習電腦視覺的學生，最

高的抱負並不是那些散落在全美、人人渴望卻少之又少的
教職,而是直接走向科技業,在新創公司或是業界龍頭裡
工作。

在我們這個領域,很少看見前景這樣教人興奮,甚至
可說是錢途無量。但從我們的實際行動就能證明,大家
(即使加上菜鳥)的動機其實非常單純:看著這片未知一
路延伸到遠遠超出地平線,也讓我們探索的心情比過去任
何時候都為強烈。我們滿腔創意慷慨激昂,在日裡興奮難
耐,到夜裡廢寢忘食。

所以,雖然全球各地的產業肯定都有他們對 ImageNet
用法的打算,即將從中發展許許多多的應用,但我們很清
楚,那是他們要走的路、而我們另有自己的路。北極星依
然高懸,我們在這項科學還有未竟的志業。

鄧嘉把投影片一張一張打出來,實驗室也爆出一陣又
一陣的咯咯笑聲。這個演示的主題乍看之下似乎不怎麼有
趣:一種解決圖像分類錯誤的新方法。但為了要了解怎樣
的資料會讓演算法混淆,研究用上了一大堆經過修圖軟體
後製的怪物,有的看來就是異想天開,也有的看來令人不
安。組合出來的每隻玩意都讓某些人發笑、某些人皺眉,

例如一隻袋鼠長著斑馬的條紋和一對公羊的角；一隻長著鯊魚牙齒的小貓從波浪中衝出水面；以及一隻河馬，皮膚卻像顆西瓜。但接著出現在螢幕上的圖像，就真的讓全場忍不住了。牠有著鴨子的身體、完整的鱷魚頭，靜靜站在公園裡，細細的雙腳彷彿沒有承受什麼重量，就像是有本童書從希臘神話裡找出一隻怪獸來改編給小孩看。鄧嘉一派平靜，好像那些笑聲都在某個他聽不到的頻率。

「我把這個叫做『鴨鱷』（duckodile），」他講得如此平淡，簡直讓人懷疑他是不是真的相信有這種物種，「克勞斯則把牠叫做『鱷鴨』（cruck），但最重要的是我們的模型怎麼叫牠。」他再點了一下，在這個鴨子和爬行動物的混合體上方，就出現了一個單詞加以描述：**動物**。

雖然這個標注再次引發哄堂大笑，但頗有鄧嘉一貫的風格，低調的高明時刻。這個演示介紹他最新發表的研究〈打安全牌：大規模視覺辨識拿捏準確性與特異性之最佳化〉（Hedging Your Bets: Optimizing Accuracy-Specificity Trade-Offs in Large Scale Visual Recognition），與他合著的是博生新秀克勞斯（Jon Krause）。在這項研究中，他們正面迎擊的是一項連最先進的圖像分類器（image classifier）都愈來愈難以應付的挑戰：面對模糊性，如何做出明智的抉擇。事實上，雖然對這隻「鴨鱷」實在無法進行準確的分類，卻很

能看出他們的模型做出了更聰明的選擇。它並未冒險做出某項肯定錯誤的猜測，而是在本體論上拉高到比較安全的程度；它無視那些奇怪的細節，判斷圖像看起來就是**某種**動物。

這項研究提醒我們，雖然我們的研究把重點放在視覺上，但語言也是整體不可避免的一部分。畢竟要是沒有 WordNet，就絕不可能有 ImageNet。WordNet 架構所提供的不只是每個類別的標注，更讓人知道在這棵由類別相連而成的思想樹上，每個類別是處於怎樣的位置。而我們也很難想像，要是沒有心理學家羅許（Eleanor Rosch），WordNet 會是什麼樣子。

現在對於分類本身，以及分類在人類思考所扮演的角色，我們的理解都深受羅許的影響，她在全球進行實驗，了解人類（不管是柏克萊的學生、或是巴布亞新幾內亞的高地原住民）如何建立對世界的概念。雖然對分類的研究能夠上溯到亞里斯多德，但羅許的實驗方法結合了清晰的邏輯、實證的數據，讓這個領域在 1970 年代發光發熱。

在 1975 年的一篇重要論文中，她提出了一套更精確的詞彙來讓人理解階級層次，也就是有許多概念都可以像是在一個光譜上移動，從一般到特定。以鄧嘉的動物分類為例，比如「鴨」就算是一種分類類別，擁有其特定層次

的細節。要了解這個類別時，所需要的資訊會多於一些比較概括的分類，例如「鴨科」（Anatidae，包括鴨、鵝和天鵝等等）、「動物」、「生物」、以及最廣的「事物」，羅許把這些類別稱為「上位詞」（superordinate）；但這個層次的細節又少於某些更深入的「下位詞」（subordinate）類別，例如「綠頭鴨」、「鴛鴦」和「環頸鴨」。就整體來看，這樣的層次結構（包括 ImageNet）就像樹一樣，愈往根部移動，特異性與差異性就愈少；愈往葉子移動（也就是分支的最遠端），特異性與差異性也就愈高。

鄧嘉與克勞斯把這樣的原則帶入了電腦視覺。如果分類器有充分的理由相信自己看到的可能是鴨子**或**鱷魚，但又沒有足夠的資訊能在兩者之間做出選擇，唯一合理的做法就是拉高到上一個級別，犧牲深入層次的特異性、換取概括層次的安全性。

排除了像是貓鯊、西瓜河馬、羊角袋鼠這些異常圖像之後，鄧嘉和克勞斯也展現了他們的技術在較合理的場景效果如何。像是一隻柯基的特寫圖片，傳統分類器會誤標成「黃金獵犬」，現在則能比較安全地標注為「狗」；一輛有著奇怪雙色塗裝的計程車過去被標成「坦克」，現在則走安全路線標為「車輛」，諸如此類。

我不禁注意到，又一次，這充分展現了大數據的力

量。這項研究的成果要能做到如此巧妙，若不是靠著像 ImageNet 如此巨量的圖片庫，絕無可能。ImageNet 先是提供了探索這一系列層級概念所需的原始資料，而且可能更重要的是，這個圖片庫的規模與本體論組織讓模型得以去**發現**這些概念關係。不需要有誰去告訴模型，如何從有更多細節的下位詞層次轉到較少細節的上位詞層次；也不需要列出新的連結列表或是需要遵循的路徑。ImageNet 就是如此全面，模型所需的一切都已齊備；唯一需要的，只是用些新的策略來駕馭。

鄧嘉與克勞斯這種「打安全牌」的技術，應用了我認為最讓人深受啟發的思維方式。雖然做法優雅且直觀（甚至在你了解之後，會覺得實在太簡化），但需要有真正的洞見才能發展出來。目前電腦視覺的演化有著許許多多的方式，而這種有點取巧、卻又相當精確的做法，正是其中一項優秀典範。

而下一項演示介紹，則討論了另一個更廣闊、卻也更深奧的問題：要是我們走另一個方向，往細節更加豐富的枝葉**前進**，又會有什麼在等待著我們？如果演算法所面對的，是一個比它們原先需要理解的更微妙、更複雜的世界，它們會有何反應？

這就是克勞斯負責的部分了。他是一個溫文儒雅的俄

亥俄人，最自在的裝扮似乎是 T 恤和工作短褲，他和鄧嘉一樣很安靜，只是表現出來又更古怪了些；例如，大家很快就知道他超愛小貓熊，工作站的螢幕上方永遠貼著一張他印的小貓熊圖片。但可別以為他好欺負；我實驗室裡最優秀的人都一樣，一旦覺得有必要讓人聽到自己的觀點，就會堅持表達己見。

滑鼠一點，螢幕上就有了一張分割畫面的圖片。一邊是一輛汽車的照片，另一邊則是透過電腦輔助設計（computer-assisted design, CAD）所畫的對應線圖，也就是設計師畫的示意圖。將線圖疊加在實際照片上，以數位紅線描出現實車輛的水箱罩、車窗、車體板材等輪廓，就能特別強調分類器需要處理的特徵，以便辨識明確的車款。

「就車？」有人問。

「噢，等著瞧。」克勞斯很清楚大家在想什麼，咧嘴一笑回應。

他可不是在開玩笑。那是我們第一次看到這個主題，而這個主題的規模遠大於我們任何人的想像。

一直以來，我都覺得 ImageNet 真正的貢獻在於它具有雙重特質。這個龐大的規模之所以強大，是因為背後組織的本體論層次結構；而它的本體論之所以強大，又是因

為它如此龐大而全面，涵蓋了如此廣泛的類別。這兩項優
點如果單獨存在，其實都還有所不足。但就像規模本身一
樣，「類別」這樣的詞也是相對的。打安全牌的技術已經
證明，根據所提出的問題不同，在許多不同深度都可能找
到有效的分類答案。層次愈深，概念之間的距離就愈近，
區別彼此的細節也就愈少。**事物。生物。植物。樹。楓
樹。岩槭。**

　　然而，ImageNet 其實也沒有表面上看來的那樣龐大
與細緻。雖然在某些類別確實格外精細（像樹木就是一個
特別好的例子），但還是有許多其他類別只是蒐集了許多
截然不同的概念，儘管分類上還太粗糙，可是每個概念之
間有著巨大的差異。而這樣一來，在許多領域，要分類絕
對不是什麼難事。

　　但汽車就屬於那種在概念之間差異小之又小的主題；
鄧嘉與克勞斯那天下午給我們來了一場密集課程，讓我們
都了解這個領域多麼有可能讓人如入五里霧中。舉例來
說，看著一張車的照片，我們或許可以清楚判斷這顯然
是一輛豐田（但可以肯定，我們大多數人事前都沒有準備
要聊車），而經過一番研究，似乎也能判斷這是輛豐田的
Yaris。但到底是 **2008 年**的車款還是 **2009 年**的車款？

　　突然之間，問題的難度大幅提升了。而且就算知道它

是輛 2008 年的豐田 Yaris，它究竟是**亮藍珍珠色**、還是**海灣藍珍珠色**？那年有這兩種選擇，而且都是⋯⋯藍色。再者，這究竟是**基礎車款**的 2008 年豐田 Yaris 亮藍珍珠色、還是**掀背跑車版**的 2008 年豐田 Yaris 亮藍珍珠色？讓人驚訝的是，就算到了這個地步，問題可還沒問完。這一切問題，問的都還只是單一車廠、單一車款的各種不同選項。而且，這裡談的還只是車而已。

在場就有人提到，最近有幾篇關於鳥類的電腦視覺論文，而 ImageNet 收錄了 59 種鳥類，看起來已經頗為豐富。但康乃爾大學一項計畫的資料庫卻有著幾百種鳥類的照片，讓 ImageNet 立刻相形見絀。但即使如此，全球鳥類的品種超過萬種，所以就算目前最先進的資料庫也落後現實好幾個數量級。我笑了，回想起科技媒體用著急切的語調，刊出一篇又一篇文章，宣告機器學習時代已經到來，還宣稱圖像分類在突然之間已經成了「已解決的問題」。我心想，**這世界上的各種楓樹、各種不同的鶴、各種豐田汽車可不會同意。**

這個研究主題後來稱為「細粒度圖像分類」(fine-grained classification)，而我們當時上的便是第一堂實物課程。細粒度圖像分類研究的是，在各個分類不斷愈來愈相似之後，如何運用愈來愈小的細節辨識不同的物件。從過去區

分明顯的差異，到現在解析一些不太明顯的差異，雖然看起來只是將我們過去的研究再行延伸，卻提醒了我們一件更讓人震撼、也更具啟發的事：就算在最宏偉的事情上，我們還是得思考一些小問題。

然而科學最大的優點之一，在於各種令人自覺渺小的教訓都能進一步化做無限可能。我們已經花了好幾年蒐集圖像，總數來到**幾十億張**，還請來全球民眾協助我們理解這些圖片，但只要看看從事車輛估價的「凱利藍皮書」（Kelley Blue Book），就能讓我們知道自己還只在皮毛而已。我們距離樹根的距離，還是比距離樹葉近得多。經過多年努力、不斷與全球一些最聰明的人競爭，這一切都還只是向真正的視覺智能邁出了如同嬰兒的小小一步。

但我當時環顧房間全場，在學生臉上看到的並不是驚嚇或絕望。我看到他們眼睛後面彷彿有齒輪開始轉動。我毫不懷疑，我們每個人都在想著同樣的事：**旅程尚未結束，還有許許多多有待探索。**

畢德曼所提的數字確實龐大，但也只是個必要的虛構數字，是把所謂的「一切」做了一個簡單方便而經過縮減的定義，讓我們的思想與演算法得以勉勉強強加以駕馭。而我們現在來到了懸崖邊，眼前是一片全新的廣闊景象。我們即將找出在一切**之外**，還有什麼？

✦　✦　✦

　　我注意到一個精美的木製香料架，拿起來仔細瞧瞧。父親發現我有興趣，也走過來湊個熱鬧。

　　「哦，」他說，「是很漂亮啦，可是……」他整個湊了上去。「啊，對啦——看起來是手工的，對吧？這裡肯定住了個木工。」他稍微壓低了語氣，好像不想讓別人聽到他講的普通話。

　　或許吧，我對自己說，然後又看了另一張桌子一眼，問道：「那邊有什麼有趣的嗎？」

　　「有，很多，有幾副手套我很喜歡，還有一個工具組挺漂亮。我看到車庫裡還有更好的，可是大概沒賣。我真的覺得主人一定是在做木工之類的。」

　　人生常常就是這樣，來自事業、婚姻和當媽媽的要求似乎都在一夜之間大爆發。但我還是會盡量偶爾撥個空，陪陪父親做他最喜歡做的事。我這輩子似乎總在不停加速，很少有像這樣平靜而懷舊的時刻，但這些時刻讓我能夠維持彼此的關係，早從我們來到這個陌生的新國度，這樣的關係就讓我們緊緊相繫。我特別著迷的一點，就是父親總有那種細心與思緒，看著車道小折疊桌上擺的那些待售物品，就能想像出這些陌生人生活時的點點滴滴。不管

內容是對或錯，這樣的嘗試總讓人感到真誠，而且也自有一番道理。

而多年來，這也成了我的習慣。

又一輛特斯拉。2012 年中，特斯拉的 Model S 問世，從此就成了帕羅奧圖的流行時尚宣言，簡直處處可見。**大概又是一個搞技術的吧，或許是做創投的？**我經過的下一輛車雖然沒那麼時尚，但也表達了一些什麼。那是一輛掀背車，似乎長年停在戶外，米色的烤漆有些褪色。**好像是我哪個學生會開的玩意。**

我受邀去一家新開的火鍋店，途中用了 Google 地圖導航，還看了幾張店門口的街景照片，確保我在車上也不會錯過。一路上，我對周遭視覺細節的感受似乎比平常更加高昂（我注意細節已經成了習慣，但通常就只是像某種白噪音）。這就像是有一半的我正專心開車去餐廳，但另一半則是著迷於路上看到的種種。

有人說從車可以看人，不管講的是車主個人、或是當地社區，但這樣的評估規模也總是有限。過去我們會用調查的方式來蒐集相關資訊，但要請來專業人士、調查整個城市大小的車輛擁有資訊，不但昂貴耗時，事實上也很難應用到中等規模以上的區域。但如果能克服這些限制呢？

但要是能實現這樣的分析，不管任何規模都能完成，又會如何？而且，要是能調查的對象不只是汽車，而是萬事萬物、**任何一切**，那又會如何？如果我們能把每天周遭的世界看得更仔細，在社會、文化、甚至政治上，可以得到怎樣的全新洞見？想回答這個問題，似乎肯定需要先有個全新的感知形式。接著我靈光乍現：Google 街景服務；車型車款；細粒度分類。**我們該不會已經在打造這種感知？**

✦　✦　✦

AlexNet 就像任何一種優勢生物一樣，在接下來每一年，一代一代的神經網路演算法都實現了驚人的飛躍，幾乎主宰了所在的環境；事實證明這種技術的應用如此有效、如此優雅、影響如此深遠，幾乎讓所有其他技術都在一夜之間遭到遺棄。例如支援向量機和貝氏網路這些短短一兩年前還受到學界寵愛的演算法技術，幾乎再也不會出現在研討會、發表文章、甚至是實驗室附近的對話。所有人想談的，都是神經網路技術的最新發展。

我們之所以知道，是因為 ImageNet 挑戰賽收到太多這類新模型來參賽。自從 ImageNet 在 2009 年於 CVPR 首次亮相以來，還不到五年，ImageNet 挑戰賽就發展成電腦視覺領域的重大活動，不負我們一直以來的期許，成為

這個領域進展的共同標竿。雖然我們實驗室訂有政策，自己的演算法模型並不參賽，以避免任何明顯的利益衝突，但到這個時候，光是觀看賽事就已經成了幾乎像在過耶誕節一樣的固定活動。每年都有新的進展，不斷讓機器與人類的表現愈拉愈近。錯誤率愈來愈低，愈來愈接近我們人類的數值。接著，或許會比人類還要更低。

然而，即使這項技術的表現已經逼近「人類表現」，還是讓人覺得，這就算不是痴心妄想、至少也教人難以置信。當然，所謂人類的能力，絕對比任何單一指標能呈現的更為豐富。然而，人類的短處其實也像人類的長處一樣，能讓人深受啟發。舉例來說，人類或許比電腦更能整合各種常識、視覺線索與直覺，解釋為什麼自己相信附近樹上那隻鳥是沿岸亞種的冠藍鴉，但人類的能力大概也就到此為止了。不論賞鳥者的經驗再豐富，能辨認的鳥類物種也很少超過幾百種，因此就單一賞鳥者而言，對於這整個鳥類宇宙的認識只能說是掛一漏萬。

在一般物件辨識上，AI 正在努力突破最後那幾個百分點的差距、與人類表現並駕齊驅；而在一些其他面向上，似乎也已經差不多要超越人類──而且是大幅超越。畢竟人腦所能容納的知識就是遠遠不及電腦那般。

從那時開始，散落各地的點也開始以新的方式連結

了起來。多虧了 Google 街景服務，讓我們能夠擁有全美幾乎所有街區的高解析度圖像。雖然街景服務的主要目的在於導航，但其中關於這個世界的細節之豐富，令我嘆服。樹木、路燈、郵箱，當然還有我們駕駛的汽車——Google 街景服務讓我們有機會一窺那些隱藏在身邊的資訊。我一想到我們實驗室正在研究如何精確分辨各種車款車型，Google 街景服務提供的契機就像是又一次天上掉下來的禮物。

慢慢地，似乎已經該問問，我們目前真的還是在研究「視覺」嗎？不管這種新的能力將會形成什麼，我已經開始相信，這種機器的表現絕不只是等同於人眼而已，它可能在任何想像得到的主題上，既有著準確的視覺，又有著百科全書般的知識深度。這會是一種全新的事物：一種更深層、也更精細的鏡頭，能從我們從未想像過的視角來展示這個世界。

✦　✦　✦

看著我們的車型車款圖片庫愈來愈豐富（都是從網際網路上散落各地的資源當中努力蒐集而來），我不禁想像，如果要向十幾歲的自己解釋這是在做科學研究，該會有多麼困難。當然，這裡的重點並不在於研究的細節多豐

富,而在於這項最新發展恰恰證明了我們實驗室的核心價值:對這個世界的複雜度持續抱持敬畏之心,並且不惜一切代價,渴望加以探索。我們就像是一群藝術愛好者,正參加博物館導覽,每個新的展區都像在對我們發起挑戰,但也激起我們對周遭無限細節的敬畏。

我們並沒有浪費時間去擔心這一切能不能帶來心中想要的回報。光是我們正視挑戰,擁抱世界真正的樣子,沒有妥協、不經挑選,感覺起來已經像是一項值得奉獻一生的使命。不論這扇望向世界的窗究竟是車型車款、鳥類物種、又或是其他完全不同的東西(或許我們下一項計畫會是探究各種不同的道路鋪面、爬行動物的鱗片、又或是小提琴漆面),彷彿都讓我們又向前邁進了一步,逐漸迎向那個能以全新眼睛來觀看現實的一刻。不論我們最後會發現什麼,我都相信這趟旅程絕對值得。

與此同時,還是有一系列常見的阻礙需要克服。當然,逃不了的其中一項挑戰就在於規模。但這次我們準備好了。在 ImageNet 之後,我們已經習慣了這種大量資料整理的麻煩。我們遍尋 Craigslist、Cars.com、Edmunds 與其他線上銷售網站,蒐集到一套訓練用的圖片集,幾乎涵蓋了 2014 年路上每一款車輛類型(總共有 2,657 款),再帶入本實驗室史上最大、最精確的分類器。我們再運用大

量的 Google 街景服務圖像，在伺服器裡用照片描繪出全
美各地的大道、大街、轉角、十字路口與死巷。世界的另
一個縮影正在我們的實驗室集結成形，再過不久，我們就
能直接窺視、揭露它所把持的祕密。

　　然而，要揭露這些祕密可得經過一番苦鬥。因為我
們打算以「汽車」這項因素做為代表，探究背後更大的社
經問題（從車型車款連結到車主身分的各個面向，例如收
入、教育與職業），也就不得不面對一項事實：雖然車的
售價天差地遠，但在外觀上常常只有很細微的差異。

　　所以，雖然我們很容易就能分辨哪輛是凱迪拉克的轎
車、哪輛又是豐田的貨卡，但早期的實驗顯示，訓練分類
器時如果太過「天真」，很容易把凱迪拉克誤認成像是本
田的 Accord，特別是車款烤漆顏色類似的時候——而這
正是我們竭力避免的錯誤。更麻煩的，則是要設法辨別某
輛車到底是凱迪拉克的 ATS、還是 CTS；至於每款車型
系列**之內**那些不可勝數的變化，就更別提了。我們最頭大
的一點在於配備等級的概念，常常只要車身風格和品牌標
誌有了一些小小變動，車價就會相差幾千美元！

　　「嘿，呃，大家好。在休息之前，我有個想法想和大
家分享。」

我們的 Google 街景服務研究計畫每週開會，某次會議正要結束的時候，研究生蓋布魯（Timnit Gebru）發表意見。我們當時擠在我的研究室，那是蓋茲電腦科學大樓三樓的一個狹小長方形空間，完全符合學術界的刻板印象——原本就不大的辦公室，書籍、論文和一些小擺設卻已經從書櫃書架蔓延出來，爬向房間中央，讓整個空間變得更狹窄。四周的零亂宛若畫框，愜意地包圍一切，畫面的中心則是三人學生小組，剛好擠在我鮮紅色的沙發上。

「好，所以——當初是說要把我們的圖像分類器拿來跑所有的 Google 街景服務圖像，盡量追蹤所有能追蹤的車型車款，看看會找出怎樣的模式，對吧？後來我一直找，覺得應該找到完美的辦法了。」

蓋布魯是這項計畫的三個學生裡面最小的，但她的那股衝勁令人無法小覷。雖然她和我一樣個子不高，卻充滿自信，又深具演說天賦，讓她輕輕鬆鬆就能鎮住全場。當時鄧嘉正在準備博士答辯，克勞斯手頭也已經有許多其他計畫，蓋布魯毫不猶豫就接下了棒子。

我們第一次碰面是在大約一年前，當時她來參加我的一堂高階專題討論，還是個讀電機工程的研三學生，之前幾乎沒有任何 AI 背景。但她讓我印象深刻——除了因為她是唯一一位正在攻讀工程博士的黑人女性，還因為她積

極提問，展現出所有教授都會立刻注意到的求知慾。在她想加入實驗室的時候，我二話不說馬上答應，連推薦信那些基本手續都直接免了。

她繼續說著，而我能聽出她信心十足。「就是用美國人口普查局（U.S. Census Bureau）的資料。他們每年都會進行一項名為 ACS（American Community Survey，美國社區調查）的全國調查，追蹤全美各地許許多多的社會學資訊。」

「你是說我們該把這些資料納入分析嗎？」

「這裡的可能性根本**無窮無盡**。人口普查絕對是一個資料寶藏，每區、每郡、每州、甚至是每個投票區都整理得好好的。只是得花很多時間精力來蒐集。如果把我們分類器挑到的物件，都拿來跟這些資料找出其中的相關性，你能想像會有多精采嗎？」

她的提案除了在道理上十分充分，那份渴望更讓我印象深刻。這可說是教授夢想成真、感覺最有價值的其中一種時刻──學生完全憑藉自己的能力，提出了深具創意、新穎、完全出人意料的想法。而且她的直覺是對的。隨著我們細細翻查她協助我們取得的人口普查資料，驚嘆的不只是這些資料範疇廣闊、變化多樣，還有背後能夠探究的想法概念。全美的政治、教育、收入、甚至犯罪的縮影就

這樣在我們指尖，已經準備好要連結到一種關於全世界的全新訊號：電腦視覺。

自我們實驗室成立以來，都還沒處理過人口普查資料，而這也給我們的研究帶來一份沒人預想到的嚴肅。後來的演變，絕不只是一個資料挖掘計畫那麼簡單。

✦ ✦ ✦

廚房很亂，然而是我最愛的那種亂。西爾維奧就像在自家工作室裡的匠人，行雲流水般穿梭於鍋碗瓢盆之間，時不時用一用那些在一旁準備完美的料理工具，再偶爾從櫃子旁邊排得像彩虹般整齊的袋子、盒子和罐子裡抓起一把調味料或食材。

「這是在幹什麼？」我問。

「我大概就是覺得心情對了，今天晚餐想弄點特別的。這是 *polpo alla luciana*，就是章魚。我還準備了櫛瓜義大利麵、烤甜椒、布拉塔起司、芝麻葉之類的。」

「哇，我好期待！呃，不過我們還是先把門鎖上好了。」

他很清楚我的意思。一家人三代同堂、分別來自兩個文化，很快就讓西爾維奧學會了與我母親同住一個屋簷下的藝術。因為一直以來都居住在窄小的空間，我母親對廚

房清潔的要求簡直處在病態的極端，徹底遵從著要邊煮邊清的準則——否則就沒有地方擺放廚具。雖然她很愛西爾維奧的廚藝，但像這樣需要大費周章的晚餐卻是個家庭緊張的成因。我又看了他表演一兩分鐘，然後就自己咯咯笑了起來。

「怎麼啦？」他問。

「沒有啦，就很好玩。我一**下子**就知道今天晚上會怎樣，也知道一定不能讓媽走近廚房。看到鍋碗瓢盆擺成這副陣仗，我知道你一定是有什麼大計畫，我光是走過去就發現了。沒有經過什麼邏輯思考喔，一下子就意識到了。你知道這讓我想到什麼嗎？沃爾夫（Jeremy Wolfe）。」

西爾維奧手上的攪拌動作稍微慢了一下。「沃爾夫……沃爾夫……哦，認知科學家？哈佛那個？就是談『要旨』（gist）的傢伙，對吧？」

「記性真好！老天哪，他早在 1998 年就在期刊寫了那篇超難看懂的文章，甚至還不是研究喔，只是一篇意見。但那肯定能輕鬆排進我在加州理工學院讀過最有影響力的文章，我到現在還會想那個概念。」

沃爾夫是世界知名的學者，研究專長的是視覺記憶的內部運作。人類能在轉瞬之間快速理解場景的能力讓他十分著迷，進而致力於研究這樣的現象。那篇 1998 年

的文章題為〈視覺記憶：對於你看到的東西，你知道些什麼？〉，全文近乎口語，但結論卻又如此深刻精闢。以他的說法，看到一個圖像的時候，會讓我們的大腦「記住場景的**要旨**」。

「沒錯沒錯，我還記得，在那樣的文章看到『要旨』這個詞實在有點好笑。」西爾維奧一邊咯咯笑，一邊擺好布拉塔起司、芝麻葉和番茄，還三不五時瞄一下，確保門還關著。

「這也是我愛極了那篇文章的原因之一，」我回答道，「那麼宏大的概念，用的語言卻又那麼容易理解。」

西爾維奧做飯的時候不喜歡分心。我知道這一點，他也知道我知道這一點。但他也愛談科學，而且早已學會，如果我談這樣的話題到了興頭上，最好別想阻止我，就讓我繼續談，直到把這些想法從我的系統裡清空。我微微笑了起來，知道他可能是一邊切著甜椒，一邊還在腦子裡提醒自己這一切。

「在他認為，」西爾維奧補充道，「我們只要看某樣東西一眼，就足以理解它，至少是到某種程度，對吧？」

「沒錯，當然這包括看到那些基本的東西，像是看到各種物件。人類很擅長於快速掃描、看到各種『事物』。但人類更了**不起**的一點，在於還能夠看到各種物件的擺設

與安排方式。你知道，像什麼角度啦、位置啦之類的。我們會去詮釋裡面有什麼意義。」

「也就是事物彼此**之間**的關係。」

「對，一點沒錯！可是了不起的一點在於，人類做這些事是想都不用想，一看就懂了喔！就**發生**在一瞬之間，像是我一看到你在做飯──」

「飛飛？你在裡面嗎？」

媽來了！我和西爾維奧對視一眼，兩個人的眼睛瞬間睜大。

「門怎麼鎖著？」她繼續說道。

「呃，呃──西爾維奧，呃──蒸氣太多啦，還有，呃──」

「你講的話沒有邏輯耶！」他一邊傻笑，一邊想要低聲說話。

「不許**笑**！」我一邊反擊，一邊把門開到剛好夠我溜出去的角度，一心想要放自然一點，但看到母親那個眼神的表情，就知道我失敗了。

沃爾夫所談的「要旨」，在我讀完文章很久之後依然縈繞腦海，讓我深受啟發，在加州理工學院時還自己花了很多時間來探索。這項研究與電腦科學或 AI 並沒有明確

的連結，但直接切入了在人類看到現實世界的時候，究竟是感知到什麼。雖然佩羅納、柯霍和我都覺得，電腦視覺要達到這麼細微的意識還只是個遙遠的夢想，但我們都相信，想踏上這樣的旅程，唯一的辦法就是要更了解人類的行為，而我們也設計了一種辦法來加以探索。說來也再適合不過，我們的發現在 2007 年登上以神經科學為重點的《視覺期刊》(*Journal of Vision*)。

我們的實驗請來 22 位受試者，向他們展示 90 張照片，每張照片的顯示時間非常短，從 500 毫秒（半秒）到 27 毫秒（大約是電影單幀顯示時間的一半）不等。這些照片的內容概念簡單、卻細節豐富，都是些日常場景，但畫面有許多人、事與活動，有的在室內、有的在室外，有的是自然環境、有的是人工環境。受試者的任務就是要盡量詳細描述自己看到了什麼——或者講得更準確，是他們記得自己看到了什麼。

就像其他實驗一樣，起點都是賭博；整件事的樂趣有一半就在於不知道我們會有什麼發現（甚至是會不會有發現）。但結果看來太值得了，對於我們得到的回應，現在想起來都還令我讚嘆。舉例來說，我們讓受試者看一張維多利亞時代住宅的室內照，為時 0.5 秒，一位受試者寫下的回答是：

十九世紀的豪華客廳，有幾張華麗的單人椅，牆上有幾張肖像畫。

不過短短半秒，他就看到了足夠的內容，能夠對場景進行簡單但基本上完美的描述，包括合理估計了所屬世紀、牆上的裝飾，以及個別家具的結構。但就算只讓他們看了 27 毫秒（大概才 1/40 秒），短到幾乎不可能讓受試者去講究什麼深度與細節，他們仍然能夠真正感知到內容：

看不到太多；房間裡大部分是黑的，有些方方的東西，可能是家具。

「可能是家具。」短短一句話，卻透露著太多的資訊。這太了不起了，只有這麼短的時間，就能得出如此複雜的概念：不只是形狀、顏色，甚至也不是什麼深植於人類基因的自然現象，而是**家具**這種如此現代、如此彷彿隨機出現的物品。

不管到底有沒有時間限制，我都覺得這種能力讓人著迷。就算照片是靜止的，將動作都凝結在當下，但不論是宏大而盡情揮灑、或是微小而幾近難以察覺，人類卻很能

感知到那些動作，敏銳得讓人讚嘆。我們自然而然就會考慮身體、手臂和腿部的角度，立刻感受到它們是從哪裡出發、朝向哪個方向；速度與力量、重量與平衡、動能與位能。我們會想像背後的情境，想像著是怎樣才來到照片所捕捉的那一刻、接下來又會是怎樣的結果，像是滑板運動員從路緣跳下過了幾分之一秒之後會如何，一對年輕夫妻交換結婚誓言後的一生又會怎樣。

我們甚至還會去推斷意圖。只要看到人擺出的姿勢、兩個人靠近的程度、或者甚至簡單到眉毛的角度，我們就能感受到其中的張力，進而大書特書。常常光是這樣，我們就已經能夠推論自己看著的是怎樣的人、他們彼此之間是什麼關係、又有著怎樣的目的。可能是個不耐煩的老闆，帶著不祥的氣息逼近某個早就過勞的員工。某個有同情心的爸媽，正在幫助遇上困難的小孩。親近的朋友。完全的陌生人。鍾愛或憤怒。工作或玩耍。安全或危險。

我也愈來愈意識到自己有這種能力。每天下班回家，大門在我身後關上，我甚至還沒把包包放下，就肯定會先完成一件特定的事。這算不上是種儀式，因為這件事也沒有儀式那種刻意的架構，但就是會在每天同一時間、以相同的方式展開。只要曾經照顧過生病的家人，肯定也感受過這樣的時刻：我會去找到母親在哪，不論她是在廚房、

客廳、或後院，而且我只要一眼就知道有沒有什麼該擔心的；知道她今天過得好不好、我能不能鬆口氣，又或者……是什麼別的情況。

就只需要看上一眼。這項我能做到最重要的判斷，只需要憑著認知魔法在這一瞬之間的爆發就能完成，如此迅速、如此自動，而且也如此難以理解，就連我這個研究領域的人也難以掌握。**母親在水槽削著馬鈴薯。父親穿了圍裙，正把橄欖油倒進爐上的炒鍋，旁邊還有一碗像雞丁的玩意，準備待會下鍋。兩個人看起來都很心滿意足，也都還沒抬頭看我一眼。看起來沒有什麼困惑或擔憂的神色。感謝老天，我可以鬆口氣，今晚會是個美好的夜晚。至少現在是這樣。**

但也有時候的情況不是那樣。**母親在沙發上，但不是真的坐著或躺著，而且看起來很不舒服。她一手撐著頭，眉毛緊蹙。貓蜷縮在她身邊，但母親空著的那隻手卻只是無力地放在貓的背上，沒有撫摸貓咪。**

情況不對。該趕快量量血壓、體溫和脈搏，之後搞不好還得趕快打電話給醫師。

這種能力運作的速度驚人、力量強大。我很少會有意識地去一一細數家裡的種種事物：滿屋子的家具、我的父母、他們穿的衣服、廚房用具、未開封的包裹或信件、西

爾維奧的濃縮咖啡機、家裡的貓等等。雖然我們花了許多時間精力來教機器如何分類各種物件，但這項任務似乎需要的不只是視覺上的敏銳。在像這樣的時刻，似乎有些更深層的事情正在發生。我不只是**看見**我的母親，而是還去**了解**她的狀態，包括評估她的姿勢、預料她的態度，從像是她額上的皺紋、身體靠在櫃子旁的角度之類這些具體的線索，做出關於生與死的推論。

就連目前最先進的演算法，在這樣的能力面前，也顯得是雕蟲小技。現在只要演算法的分類錯誤率稍稍降了那麼一點（但這簡直只是能想到最粗淺的一種感知成就），我們就已經歡天喜地；但我們自己的大腦，在每分每秒對整個世界的感知是如此流暢，流暢到我們看不見它有多麼活躍。

早在 1970 年代，學者暨數學家霍特（Anatol Holt）已經對這樣的短視做出總結，表示 AI 這種技術就是能在房間著火的時候還下出完美的棋步。即使到了現在，這項斷言也依然如此貼切。現代 AI 的行為就像是某種下棋專家，精通一些特定的任務，能在像是「錯誤率」這樣的狹隘指標上表現優異，卻不會注意到同時正有燃燒的餘燼飄落在棋盤上。

相較之下，雖然人類的感知有著種種局限，表現起來

卻正好相反。人類是從整體來看世界，不只是去辨識物件，而是去**理解**整個世界的內容——各種事物的關係、意義、過去與未來。也就是**要旨**。我們絕不只是旁觀者，而是說故事的人。感覺起來，是時候讓演算法來學習這種本領了。

「來，讀讀這個。」我把我在《視覺期刊》的文章印出來，放在卡帕西（Andrej Karpathy）的桌子上，他當時研二，是實驗室裡看起來特別前途無量的新成員。卡帕西在斯洛伐克出生、在加拿大長大，身材頎長，說話速度頗快。他充滿解決複雜問題的熱忱，也具備能將想法化為現實的技術天賦。

就像我實驗室裡的許多學生一樣，卡帕西有工程師那樣的勇氣與毅力，不論是要在白板上寫滿方程式、或是要拆解電晶體收音機，對他來說都是輕輕鬆鬆。如果說愛因斯坦、波耳和惠勒都是宇宙的夢想家，那麼卡帕西這樣的學生該算是另一種人，可能屬於愛迪生或萊特兄弟一類。從外界看來，這兩種人的區別或許不太明顯，但在我們實驗室卻如此重要，讓幾乎每次談話都更為精采。這兩種風格既對立卻又互補，注定會對彼此形成挑戰、拉扯，也會稍微惹出一點火氣。但如果是要嘗試一點什麼新的事物

（特別像是在這裡，常常碰到的是些很困難的新事物），這兩種風格的搭配就能發揮強大的力量。

「這是什麼？」他一邊問，一邊拿起文章，開始快速看過摘要。

「我們的下一項挑戰。」

◆　✦　◆

我開始固定約時間和卡帕西討論進度。即使以我們實驗室設下的高標準來看，要用演算法來描述整個場景、而不只是簡單標注前景裡的某項物件，聽起來也像是我們（甚至可能是整個領域）未來才能達成的目標。但因為我對此充滿熱情，要求也就變得格外嚴厲。

「好啦，卡帕西，這**看起來**是很不錯。」

「可是……？」他勉強擠出了一絲笑容。他知道接下來會怎樣。

在他的螢幕上，目前展示出來的似乎正是我們的目標：輸入一張照片，便能輸出一句說明文字。

「**可是……**」——在某些方面，可以說他的研究非常、非常巧妙；然而，我知道這樣還不夠。我們只是稍微瞥到了解決方案的一角，而非全貌——「就是還差了一些。」

他整個人癱倒在座位上。

　　問題很微妙，但正是我當教授的這些年深刻體會到的一種現象。卡帕西和許多學生都有種常見的問題：一心在意自己的模型**是否**有效，卻忘了去問它**為什麼**有效。不可否認，至少乍看之下，這套模型確實交出了成果。但因為我們前面有定期討論的過程，讓我很清楚他的想法，知道雖然他解釋了使用的方法和理由，但這樣做出來的模型說穿了只是一個「解說配對」系統。

　　簡單來說，螢幕上顯示的說明文字有太多是來自先前的各種訓練資料，就好像他的演算法其實是去某個複雜的資料庫裡找出這些敘述說明。而事實上，這反而會讓模型無法達到我心目中的最終目標：要能夠**生成**說明文字，完全從零開始。就實際上，我很確定這套模型無法做到泛化——雖然在測試的時候似乎表現良好，但只要加進了不在訓練資料集裡面的圖像，就可能讓它混淆，使得說明文字不再正確、格式錯誤、或是兩者兼而有之。但這裡真正的關鍵是出在科學。這套模型只是在**檢索擷取**它的輸出結果，而不是在真正在**創作**。

　　卡帕西嘆了口氣，完全領悟到我這下把事情的難度給提高了多少。雖然他顯然對這件事並不開心，但我知道，他能了解這是一道值得跨越的鴻溝。

　　「好吧，我來重新想想，」他說，「所以我懂了，說明

文字應該要是一字一字寫出來的。這會有很多問題，像是要怎樣才能既遵循圖像的視覺特徵，**又要**生成語法正確的內容，但……反正我會想辦法。」

我笑了。他的沮喪表露無遺，但顯然他已經走在對的方向上。我心裡那個科學家不可能接受任何不到位的結果，而他也很清楚這一點。雖然這時候還沒人能猜想他實際上該如何**做到**這一切，但我知道，他心裡那個工程師跟我一樣會堅持下去。他肯定做得到。

語言和視覺是非常不同的東西。圖像的基本單位是「像素」（pixel），這個現在廣為人知的術語，原本是「圖像要素」（picture element）的縮寫，指的是一個小到幾乎看不見的點，用來呈現場景當中特定某個小點位置上的顏色。想要描繪出任何有意義的東西時，都可能需要使用幾百、甚至是幾千個以上的像素。

現在人人口袋裡的手機都能拍出擁有大量細節的照片，每張照片都由幾千萬個像素組成。如果我們是一一去檢視那些像素，基本上並看不出什麼整體圖像的端倪。而視覺演算法（不論是我們頭骨裡的大腦灰質、或是機器裡的矽）的工作，就是把這些像素組合成一個又一個較大的區域，形成一張二維圖像，再設法掃描取得其中的圖樣，

並對應到現實世界的三維特徵，例如空間、體積、表面、紋理等等。

相較之下，如果是像英語這樣的語言，至少在一般日常口說和書寫的時候，則是以「單詞」做為基本單位。單詞與像素不同的地方在於，就算只有單詞本身，通常也能表達出明確的意思。此外，雖然詞彙總量很大，但再大也有個極限。

話雖如此，在單詞兩兩相鄰的時候，詞義就會被調整、甚至是徹底改變，例如同樣是岩石「rock」一詞，「rock bottom」指的是「最低點」、「rock fragment」是「岩石碎片」，而「rock music」則成了「搖滾樂」。只要有愈多單詞串在一起、形成更長的句子，這種現象就會變得愈複雜，至於等到形成段落、篇章、甚至是全書，就更不在話下。整體而言，把單詞組合起來表達概念，這種做法的潛力可說是無窮無盡。

雖然講到這個初現曙光的新時代，早期的頭條新聞主要談的都是電腦視覺的突破，但在自然語言處理方面同樣成果斐然。循環神經網路（recurrent neural network, RNN）正是此時期早期的一大重要成就。各種循環神經網路演算法專門用來處理線性排序的單詞，能夠快速推算文本的基本屬性，非常類似 AlexNet 這類卷積神經網路處理圖像的方

式。一如卷積神經網路，循環神經網路同樣早已存在數十年，但眾人到如今才真正意識到它真正的威力。

然而，比起任何單一領域的進步，或許更讓人期待的是在 AI 諸多子領域之間，已經開始了一場異花授粉。神經網路技術家族不斷壯大，讓視覺、語言、語音與其他形式的感知都能擁有共同的演算法架構，激勵像我們這樣的實驗室去模糊種種領域之間的界限，希望能進一步整合、得到更類似人類的能力。

「我覺得我想到一個辦法。」卡帕西站在我辦公室門外說道。我們上次談話已經過了幾天，現在他看起來心情好多了，也看得出來他肯定想到什麼好點子。「想像一下，我們拿一套卷積神經網路、再搭配一套循環神經網路，」他邊說邊在沙發上坐下，「一個是用來把視覺資訊**編碼**並與單詞配對，另一個則是用來**生成**語言。而我們訓練模型的時候，用的是已經配對好的圖像和人類編寫的描述。」

這下可就真的有進展了，我一邊反覆思考、一邊點著頭。

「繼續說，」我很好奇他是不是還有什麼別的點子，「然後呢？」

「嗯，肯定會有一些還未知的問題得解決，但我覺得

循環神經網路會根據句子**既有的**單詞，有條件地去生成說明文字裡的每個新詞。這樣一來，我們就是一方面在說明圖片的內容，另一方面也遵循著從訓練資料推斷出來的各種語法模式。至少在理論上，這樣應該就能提出一套全新的說明文字，多多少少屬於自然語言。」

這實在太讓人感動了。就算只能成功一半，他也已經成功爬出了我給他挖的坑。我實在迫不及待，想看到接下來的發展。

＊　＊　＊

我們完成了 Google 街景服務計畫，蒐集到的資料深度令人驚嘆。我們的分類器在超過 200 個城市蒐集到超過 5,000 萬張圖像，涵蓋超過 3,000 個郵遞區號、將近 40,000 個投票區。全部加起來，我們的分類器辨識了超過 2,200 萬輛車，近乎全美車輛總數的 10%，得到的觀察結果具有不得了的統計意義。一部分有趣地證實了過去的刻板印象，例如講到一個城市的轎車與貨卡比率：如果轎車比率較高，該市投票給民主黨的可能性高達 88%；如果貨卡比率較高，則是投票給共和黨的可能性高達 82%。這還只是開始而已。

舉例來說，根據我們的研究結果，車主的種族與偏好

廠牌有極強的關連性,與美國社區調查所呈現的社區種族組成資料幾乎是殊無二致。此外,根據我們的研究結果,也能夠幾乎同樣準確地預測某地的平均教育與收入程度。一次又一次,我們的模型以不同的色彩將整個城市的地圖編碼,追蹤這些城市從一端到另一端的社經與政治指標波動,得到的結果都與人口普查局使用傳統方法蒐集的資料驚人地相似。而這一切,靠的都只是去觀察路上的車。

可真正的發現在於,我們這套流程具備怎樣的潛力:傳統的人工調查,每年光在美國就需要耗費超過 2.5 億美元,而我們這套方法可說是提供了一種快速、容易擴大規模、並且還相對便宜的替代方案。這是我們實驗室史上最大、最具抱負的計畫之一,結果發表在《美國國家科學院院刊》(*Proceedings of the National Academy of Sciences, PNAS*),以蓋布魯為第一作者——鑑於她付出的心力,這項榮譽當之無愧。這項研究的技術層面已令我自豪,但最教我興奮的,其實是它讓我們了解,AI 能夠以全新的方式向人類展現我們的這個世界。

我側身用肩膀推開實驗室的門,手上拿著錢包、手機、還有一杯喝到一半的星巴克香料茶。每次早上行程排

得太滿，我都是暈頭轉向，忙著從上一場會趕向下一場會，拚命跟上每個議程；經過卡帕西研究室的時候，他向我揮了揮手。

「你來瞧瞧，」他說，朝他的螢幕點了點頭。這次他臉上看起來明顯有自信多了。

我立刻衝了進去，一心想看到最新的發展，幾乎忘記自己本來要去哪。螢幕上的照片是一個青少年和一個滑板正飛在半空中，背景則是一片藍天與遠處的灌木叢。圖像下方有個小小的命令視窗，裡面列出了一句文字。

一個人在滑板上。

我露出笑容，接著才意識到自己笑得如此開心。卡帕西讓這一刻停留了一秒，再按了一下鍵盤。螢幕出現另一張圖片，是一個凌亂的建築工地，兩個工人穿著橘色背心，正在灌水泥。過了一兩秒，下方又列出一句說明。

建築工人在路邊工作。

他再次按了一下鍵盤。又一張圖，又一句說明。就這樣一張、一張、再一張。由於場景繁多、種類多樣，顯然

這些句子絕不只是簡單取自某個訓練用的語料庫，而真的是模型**寫出來的**。

卡帕西同樣笑得燦爛。但正如所有優秀的科學家，他雖然得意，但也還有一些疑慮。「當然，還有一些問題得解決。像是，呃……」

他又按了一下鍵盤，出現了一張新的照片，是遊客照的一個西班牙鄉鎮廣場，我後來才知道那個廣場是在特魯希略（Trujillo），以豐富的文藝復興時期建築著稱。我正神遊在照片裡，說明文字出現了。

一個男人騎著馬，走在一棟建築旁邊的路上。

要再過了一拍，我們兩個才爆出大笑，畢竟這條說明簡直近乎完美，卻有唯一一個關鍵的疏漏：那個人和那匹馬根本就是個青銅雕像。接下來還有許多這種誤判的精采片段。一隻寵物海豹睡在沙發上，說明文字說牠是隻貓。一個嬰兒在玩牙刷，說他拿的是棒球棒。有一群在莽原上吃草的斑馬，模型對這件事確實做出了完美的說明，卻完全沒有注意到背景有一道迷人的彩虹。

演算法犯的這些錯誤往往有著一種孩子般的笨拙，意外地很可愛。令人振奮的一點在於這提醒了我們，雖然人

類還有很多東西需要學習，但機器也是一樣。而這裡真正最值得紀念的，仍然是卡帕西所得到的成就，包括那些缺點在內。

「我們一定要把這個寫出來發表。」我說。

「真的嗎？」他問，「已經可以了？」

「沒錯，絕對可以。」我回答的語氣之急切，連我自己都沒想到。不知道為什麼，但我突然非常急著想把這件事做好。或許是因為媒體對我們這個領域的狂熱還是持續提升，也或許是因為身為實驗室主任的那份自豪。不管是哪個，總之這份急切揮之不去。

「愈快愈好。」我說。

✦　✦　✦

「你是說……跟機器約會？像是《雲端情人》那樣？」

學生的這句話，引發了教室裡如潮水般的一波笑聲。由瓊斯（Spike Jonze）執導的《雲端情人》（*Her*），講的是有個男人愛上他的 AI 伴侶，看過電影的觀眾應該多半還記憶猶新。

「有何不可？」另一個學生回應，「如果機器真的夠聰明，能有人類水準的對話──我指的是**真人**喔，就像我們現在的對話這樣，誰說一定沒有像談戀愛這樣的可能？」

「我不知道⋯⋯我覺得聽起來有點太荒謬了。」

「可是，**原則上**也沒什麼擋得住這件事，對吧？我們能不能至少在這點達成共識？」

那是寒假前的最後一個星期五，我正在參加我最新愛上的活動「AI 沙龍」，它是每月兩次，為史丹佛人工智能實驗室師生舉行的閉門聚會，讓大家有機會來談談我們這個領域的話題。自從首次聚會以來，我們已經談過許許多多廣泛的主題，從文化議題（像是電影與電視裡對 AI 的描述）、哲學辯論（像是類別與符號結構是不是語言的基本事實），又或者有某次聚會的主題訂得很嗆，叫做「語言學者的幻想」。

我們當天談的是《超智慧》（*Superintelligence*），這是由牛津大學哲學家伯斯特隆姆（Nick Bostrom）所寫，探討 AI 未來而極具啟發性的巨著。這本書之所以意外熱銷、成為主流讀物，是因為有比爾・蓋茲與伊隆・馬斯克等知名人物在推特上發文，一方面推崇本書，另一方面也談到對超智慧影響的擔憂，再次喚醒那種人類與機器即將迎來最後決戰的古老科幻陳腔爛調。而我們那次聚會的談話則是走了個適當的折衷路線，既談殺手機器人、演算法演化出主觀意識的潛力，到最後也談到與電腦墜入愛河的想法。但就算是那個下午最故意岔題的話題，也帶有我在幾年前無

法預料到的分量。在未來忽然之間來得這麼快的時候，相關的討論實在很難等閒視之。

2012 年 ImageNet 挑戰賽帶來的衝擊仍在迴盪。對於我們這種鑽研電腦視覺的人來說，那場比賽是個重要的分水嶺；但對全世界來說，這場一度沒沒無聞的競賽所帶來的結果，絕不只是在「理解圖片」這件事上的轉捩點，而是「理解一切」的轉捩點。AlexNet 所展現那種近似魔法的組合，就此成了一個發展的藍圖；大規模資料集、高速 GPU、深層神經網路，注定將受到各方大規模採用，範圍遠遠超出我們這個領域。而說來也再適當不過，一個新的名稱就此開始流行。如今已經不再只是機器學習的時代，為了向世界各地實驗室那些擁有愈來愈多層的神經網路致敬，**深度學習**（deep learning）一詞應運而生。

這是一種全新典範的誕生，正如二十世紀初的物理學那般。我想起自己在十來歲的時候，當時那些故事令我無比嚮往，激發了我的想像力，幻想起在那些風起雲湧的時代當個物理學家會是什麼樣子，希望能體驗一下諸位先驅肯定感受過的神祕與敬畏。很難不羨慕他們，他們對現實的觀點之所以能如此徹底而又突然地得到提升，靠的就是突然領悟到了量子世界的奧祕、和宇宙相對論的壯麗。他們出生在對的時間、對的地點，得到了史上最令人為之驚

豔的禮物。而要說神經網路技術可能是這種發展在我們這代的再現，應該算不上言過其實。

即使如此，還是有理由該承認，未來絕不會單純那麼地富有詩意。像是有關 AI 的研討會，就讓人感到改變山雨欲來。幾十年來，這些研討會的規模一向不大，只會有教授、研究者與學生參與，幸運地沒有媒體的關注，總得勒緊褲帶的樣子也令人覺得可愛。過去幾乎沒什麼企業贊助，多半只有像施普林格（Springer）這樣的學術出版商會出現，可也只是在整個會場的角落擺上幾張長桌罷了。

但在 AlexNet 嶄露頭角之後的這幾年，那些赫赫有名的《財星》五百大企業把這些研討會變得無比盛大，愈來愈像是在拉斯維加斯大道上的產業博覽會。不過短短幾年，會場就開始處處可見高聳而印有品牌商標的展位，沐浴在五彩的燈光之中；Google 和微軟等公司也會舉辦奢華的派對，吸引正在思考職涯出路的研究生。

各界不斷要求**更多**，使得這個領域被一種饑餓感把持。要打造更多層級，讓神經網路的層數變得更深、也更強大。要有更多晶片，讓訓練過程更快，也能有更大的網路。當然，還要有更多的資料數據。更多圖像、更多影片、更多錄音檔、更多文本，以及其他任何一切能讓神經網路經過訓練而理解的內容。就是要有更多的**一切**。

　　光是去思考這些新整理出來的資料數據能帶來怎樣的能力，一方面令人興奮，另一方面也讓人苦惱；在我自己的實驗室，就已經發現其中隱藏的事物要比我們意識到的更多。這些資料絕不只是圖像、錄音檔或文本——資料數據能讓模型打造出一套這個世界的**再現版本**，而擁有愈多資料，就有愈多個再現版本，不僅變得更強大、也擁有更多細節。種種關係、連結、與想法；各式真相與謊言；諸多見解與偏見；雖然有新的認識，但也有新的陷阱。深度學習革命已經到來，但沒有人真正做好了準備。

　　與此同時，我們實驗室的研究計畫也顯現出自己的那份饑渴；不管得到多少成就，每篇新的發表似乎都會再催生出十個後續的研究想法，也總有某個人（不管是博士後、又或只是一年級的新生）願意迎向前去接手研究。我正是因為這點而喜歡這個領域，但也常常感到力不從心。

　　事實上我也常在想，北極星這個隱喻的真正價值，會不會除了在於能夠指引方向，也在於永遠有著無限的距離。我們可以不斷追求，追到投入所有、追到一生痴迷，但絕不會有真正抵達的一天。它象徵著科學家最明顯的特質：那份一直躁動不安的好奇心，就像碰上了同極相斥的磁鐵一般，永遠不願真正滿意。那是夜空中的一顆星，那是遠方的海市蜃樓，那是一條沒有盡頭的路。

我意識到，這就是 AI 對我的意義。ImageNet 是一個轉振點，肯定值得慶賀，但也絕非旅程的盡頭。如果真要說，這甚至是開啟了一段更宏大的旅程。而我在此時也能確信，前方還有更多正等待著我，憑我的職涯、甚至是此生都難以窮盡。

✦ ✦ ✦

我們的圖像說明文字技術即將發表，卡帕西和我又花了幾週，把研究方法修得更嚴謹，也將結果記錄得更完善。我們策略的成果已經達到我的理想；雖然都還是簡單的句子、語氣說不上禮貌，但至少語義準確，用詞也堪稱自然。如果用沃爾夫的話來說，這套演算法確實能抓到所見內容的「要旨」。

是我們和世界分享這項成果的時候了。到頭來，其實發表的對象是一群學術受眾：我們的投稿上了 2014 年神經資訊處理系統研討會（NeurIPS），會議即將在幾週後舉行。與此同時，我受邀到灣區另一邊的阿拉米達，在一場 IBM 研討會上演講，忍不住提前透露了我們的研究成果。

一般來說，我們並不會提到尚未發表的研究，但我在事後立刻接到的來電證實，這是個正確的舉動。電話那頭是《紐約時報》的科技線記者馬科夫（John Markoff），當時

我還坐在開回史丹佛的 Uber 後座。我一向對馬科夫印象很不錯，因為他是媒體界少數在 ImageNet 早期便看出其重要性的人，幾年前就在《紐約時報》寫了報導。不過，像這樣忽然來電仍然並不尋常。

「馬科夫？呃，嗨！最近怎樣？」

「都好、都好。嘿，猜猜看有誰也去了你今天早上在 IBM 的演講？」

蛤？我想都沒想過，居然會有記者來聽這場演講，肯定事有蹊蹺。

「你們那套演算法，說是能夠生成句子來描述圖像——你說你們還沒發表，對吧？」

「沒錯，可是我們會在 12 月的神經資訊處理系統研討會正式發表。」

「啊，真是個好消息，」馬科夫的態度有點閃爍，接著切入正題，「這個嘛，我想讓你知道，我這裡有些消息，是關於另一個研究團隊——名字當然是還不能透露。我不能說他們是誰，但他們號稱已經率先打造出一套演算法，至於功能嘛，」他笑得有點尷尬，「就是能生成句子來描述圖像。」

什麼？

這沒道理。卡帕西跟我完全沒聽說過有誰也在研究這

個問題。但馬科夫說得沒錯。幾天後,《紐約時報》就刊出了他的文章,標題為〈研究人員宣布圖像辨識軟體有所進展〉。他寫道:「有兩組科學家獨立研究,都打造出了能夠辨識、描述照片及影片內容的人工智能軟體,準確率遠高於過去。」

學術競爭算不上什麼新鮮事,研究者之間的競爭,一直是讓這個世界成為創新沃土的魔法之一。但這次奇怪的點在於,這完全在我的意料之外。研究的世界是出了名的開放,有時候甚至是開放過了頭;我們的研究成果除了有時候可以拿來說說嘴,說是自己率先發現了什麼東西,一般來說並不會被視為是智慧財產權,更不用說是像商業機密之類的祕密事項。研究的成果本來就該和全世界分享,即使是最大的競爭對手也不例外;而且一般來說,就算離發表還早得很,通常我們也都至少知道是誰在做些什麼研究。但我繼續讀下去,也就清楚了是什麼情況。

多年以來,媒體常常都會過度渲染 AI 的進展,讓同事和我都很不以為然。但這一次,一篇報紙的文章卻讓我看見世界變得有多快。我們的對手並不是哪所大學的哪個神祕研究團隊,而是 Google。

第 **10** 章

看似簡單

　　音樂響起，我也感覺手機開始震動。2013 年一個夏季午後，西爾維奧和我參加朋友女兒的成年禮，儀式正從原本莊嚴的氣氛搖身一變，來到歡樂的派對氛圍，恰恰是個被打擾的好時機。我做了手勢表示得接個電話──我很不喜歡在公共場合跳舞，西爾維奧肯定覺得我是在找藉口。接著我就躲到了外面。

　　「嘿，爸，怎麼了？」

　　光是從他的語氣，我就能猜到答案。

「我覺得你媽在發燒。她一直喘不過氣,還說胸痛。你在哪?我該怎麼辦?」

我倒抽了一口氣,心一沉。不管這種時刻經歷過多少次,我還是永遠無法習慣。**又來了**,我想。**又來了**。

二十多年來,已經記不清我們一家有過幾次這樣的危急時刻或半夜驚懼,似乎人生有好幾章都是待在 ER(急診室)、ICU(加護病房)、OR(候診室)、或是其他各種縮寫的醫院單位裡。母親是在十幾歲的時候種下了心臟病的禍根,最早是由嚴重的風濕熱誘發,又在接下來幾十年恣意成長。這一直是母親最大的敵人,而且還引發骨牌效應,倒向四面八方,從各種藥物的副作用,到致命的腦出血,完全是我們運氣好才來得及發現。我曾和母親坐在一起,努力理清保險的重重謎團,尋找各種經濟補助方案,甚至也曾因為無法在當地取得合適的治療方案而回了中國一趟。一路走來,我的角色從十幾歲的普通話口譯員變成像是非正式的社工,幫忙找專科醫師、安排會診與治療、監控症狀、注意用藥與復原的時程,但似乎都沒辦法讓病情穩定太久。不管從哪種標準看來,這都成了我平行的第二個職涯。

過程中,雖然災難似乎總是一場一場交織,但母親還

是維持著那份註冊商標式的堅強。只不過，每次衝擊給我的震撼並不會散去，與其說是慢慢減弱，不如說是慢慢固化，成了生活的基石。我們總在不斷等著下一波的壞消息——而且當然，每次都可能是那最後一次。每當她的名字又出現在我手機螢幕，總讓我心裡為之一沉。無論人生讓我走到了哪裡，我還是覺得自己總陷在一種脆弱無助裡。

經過兩天肆虐，最新一次的苦難風暴終於過去。一切只是因為發燒導致心率波動變大，可能是流感所致。虛驚一場，但沒有性命之憂。我頹然坐回病房角落的塑膠椅，本能地打開筆電，接下來的幾分鐘就這樣迷失在咔噠咔噠聲中。在這種時候，熱愛自己的工作實在太棒了。但有什麼地方怪怪的。我可以感覺到，就像是四周有什麼刺刺的東西。

是有人在監視我嗎？

我的目光從螢幕上方瞥過，發現母親醒了。而確實，她在看著我。

「感覺都還好嗎？」我問道。

我看得出來她在想些什麼，而且肯定不是她的健康問題。她又再想了一會。

「飛飛呀，你到底是在**做什麼**的呀？」

這個時間點聽到這句話，實在太不可思議，我忍不住放聲大笑。

「哈哈，**什麼？**」我一邊咯咯笑，一邊努力想讓語氣嚴肅一點。「你問我是在做什麼？是說做什麼謀生嗎？」

「我知道你是科學家，在研究什麼大腦的。可是這麼多年來，我們都沒真的談過你到底是**哪種**科學家。你爸爸說你就是個『瘋狂科學家』，可是我相信一定不只這樣吧？」

我媽居然在講笑話？護理師說過，要是我發現她有任何異樣，該立刻求救。

「是有一點。」我說，一邊保持微笑，一邊也想著她的問題。

我笑歸笑，但她說得沒錯。這些年來我只把她當個病人，從不跟她說我工作的事，現在我在想，會不會我還忽略了她的其他面向？雖然她穿著醫院的病人袍，手上也還有靜脈注射的繃帶，但我知道她還是那個愛動腦、喜歡提問的人。於是我也決定奉陪，開始從頭談起。我談了心智的奧祕，談了物件分類對視覺理解的重要性，談了 ImageNet、GPU、神經網路的爆炸式成長，也談到整個世界突然起了變化。她一如往常地聽著，但那態度感覺起來就像是一位母親充滿耐心配合，容忍自己的小孩嘰哩呱啦

說個沒完。肯定有什麼不對勁。

「我不懂，」她停了一下說，「聽起來都像是科幻小說。」

我不該驚訝。雖然她的聰明才智讓她可以跟得上我說的內容，但科學本身從來不是她的風格。她是從故事與人物、激情與衝突角度思考問題的。我決定要現場編個故事來說明。

「你知道，醫院再過一兩個小時就要讓我們出院了，但你接下來的恢復期還得休養個幾天，想去哪的話，只能靠我、爸爸、西爾維奧或其他人載你去。但有沒有可能，你自己就能到處行動自如？」

「你是說像去搭公車嗎？」

「不是，光是要來回去公車站就已經太累了。我說的是可不可以有輛車來幫你做到開車這件事，會自動到家門口接你，送你去想去的地方之類。」

當時，距離 Waymo 或 Cruise 這些光鮮亮麗的品牌上市還有好幾年，但自從自駕車領域的先驅史朗離開我們系、帶著他的專業前往 Google，自駕車的概念就一直徘徊在我腦海。我的興趣也因媒體關注與日俱增。史朗的計畫成果確實讓人印象深刻：一輛福斯 Touareg（Volkswagen Touareg）經過大幅改裝，取名為「史丹利」（Stanley），成了

史上第一輛自駕車完全單憑己力成功挑戰美國國防先進計畫研究署（Defense Advanced Research Projects Agency, DARPA）年度沙漠競賽。話雖如此，我並不認為很快就能看到完全自駕的車輛行駛在路上。現實世界的駕駛狀況比起競賽要複雜得多，差距有好幾個數量級，我實在不認為這是個現實的短期目標。只不過，這個例子還是讓我能有機會把一些深奧難懂的概念講得更貼近生活。

「哦？」她說，語氣裡充滿希望，「對我這樣的人來說，那可太棒了。」

而又沉默了幾秒之後，她問了一個看似簡單的問題。

「飛飛呀，那 AI 還能幫人類做點什麼**別的**事情嗎？」

我相信自己是在看到畢德曼那個數字的那一刻成了科學家，走上這條定義了我大半職涯的旅程。而後來回想，母親在病床上幾乎是隨口一提的那個問題，對我的意義也同樣重大；在那一刻，讓我有機會成了一個人本主義者。這成了一個我想追尋的新目標，而且動機遠遠不僅是為了滿足我的好奇心。我還不知道這條路會通往何方，但我已經在像這樣的病房裡待了太多年，簡直感覺這個答案的提示就在我眼前呼之欲出。

或許這是第一次，我終於想到能把這兩件事結合在一

起：一邊是我這輩子對 AI 的熱愛，另一邊則是照顧慢性
病人，AI 在醫院裡能幫上什麼忙？我們已經打造了一個
鏡頭，能用人類做不到的方式來看世界，讓 Google 街景
服務變成社會學。而在像醫院這樣的地方，AI 能幫我們
看到什麼？我們也曾經打造一套演算法，能將圖像轉為故
事、將像素轉為語言與意義。而我現在想知道，在醫院這
個人類得花這麼多時間的地方，是不是就有些最該講出來
的故事？

✦　✦　✦

　　阿尼・米爾斯坦（Arnie Milstein）博士是醫界的傳奇。
他既是史丹佛大學醫學院的教授，也長期擔任業界的顧
問，還曾經做過臨床，可說是專家中的專家。我們認識的
時候，他已經轉換到新的職涯，希望改善醫院提供的照護
（提升流程品質、結果和病患體驗），同時降低成本。他的
灰髮已經幾乎成了白色，可見他閱歷之深厚，但他態度謙
遜，精力充沛，笑容親切，天生帶著友善的氣息。

　　自從跟母親在病房討論 AI 以來，我有好幾個月一直
想著如何將 AI 與病患照護結合起來，一有機會就和系裡
系外的同事聊天（有些甚至是毫不相干的科系），到處播
下對話的種子。等到有個共同朋友把我介紹給米爾斯坦，

就像是有顆種子終於開花；雖然對話剛開始的時候彷彿來自不同的世界，都覺得對方像在講外語，但也立刻感覺到某種親切感。兩人都還不知道未來會怎樣合作，但也都確信肯定能行。而為了加速這個過程，他邀請我一起參加一場閉門演講，地點在舊金山北邊有一段距離，展示的是飛利浦（Philips）正在研發的遠距醫院監控技術。

「非常感謝大家出席。」飛利浦公司的代表走到演講室中央，一排護理師站在配有大型平板螢幕的工作站前。「我們將為大家展示『eICU』技術，這是一種用於加護病房的遠端監控解決方案。雖然目前還在概念驗證（proof-of-concept）階段，但已經在幾家醫療院進行測試。」

我意識到，螢幕上顯示的都是某家真實醫院裡面 ICU 患者的即時狀況，影片上疊加顯示著患者的各種生命體徵數據，讓護理師從這裡就能遠端監控。而一旦發現出現危險或異常，只要透過面板按鈕，就能立刻通知現場醫護人員處理。

「沒人喜歡去談那些醫療疏失，但這些問題不斷威脅著醫院的患者。像是感染、手術器具遺留在病人體內、用錯藥物、用錯劑量，甚至是像老年病人跌倒這麼簡單的問題，不勝枚舉。」

這可好，聽起來我下次待在候診室的時候要擔心的事可多了。

「很遺憾，這些疏失每年造成大約十萬人死亡──而且多半完全能夠事先避免。」

等等，什麼？我簡直覺得頭一陣暈。**每年十萬人死亡？就只因為醫療疏失？**

「eICU 技術是我們跨出的第一步，希望預防一種特別危險的疏失，也就是病人在加護病房太長時間無人照護。有了這項技術，便能由規模更大、位於不同地點的照護團隊更仔細照護醫院最脆弱的病人。」

這個概念很棒，但我忘不了剛剛聽到的數字。**十萬。**這個數字一直在我的腦海裡迴盪。

「飛飛，這就是我所謂健康照護的其中一個『死角』，」米爾斯坦湊過來低聲說道，「也就是避免病人在醫院、養老機構、手術室或其他任何地方的時候被醫護人員忽視。」

我想到自己的母親躺在醫院病床上，也想到自己每晚回家一進門，總擔心有沒有什麼蛛絲馬跡，顯示她的病情在我離開之後惡化。

「這是在試著解決一個非常古老的問題，」米爾斯坦繼續說著，「在健康照護這一行，幾乎每個人都過度疲勞到

要累倒。而且在某種程度上，過去幾十年為他們發明的所有科技反而讓事情變得更糟，因為他們這下還得應付被**資訊**淹沒的問題。這些事情加起來就十分危險，太多的病人就這樣被忽視。」

那場介紹十分順利，令人印象深刻，但我的焦慮依然揮之不去。

「我還是在想那個數字。」我在電梯門關上的時候說。

「是說每年十萬人死亡嗎？」米爾斯坦回答，「在過去這十幾二十年，那個數字可能正是我努力的最大動力。」

一個數字，帶出一種放不下的執著。米爾斯坦和我的共同點，似乎比我想像的還要多。

「我問你個問題，」他繼續說，「想像一下任何一家醫院、養老機構、甚至是居家照護方案。照護人員巡房的時候，主要目的究竟是什麼？」

我回想母親住院期間來查房的醫師和護理師，多半似乎連一兩分鐘的空閒時間都擠不出來，總在急急忙忙趕往下一項任務。

「來露露臉？符合臨床禮儀要求？」

「當然，但要再想得簡單一點。」

「呃，還真不知道，我猜就是來看一下？」

「你說對了。他們盡全力想做到的，就是要讓他們照護的所有病患都得到他們**一部分**的注意力。但不管他們再怎麼認真，實際上能面對面的時間有多長？當然也就免不了，病患在大部分時間其實都處於沒人注意的狀態。」

「所有那些意外也就是在這種時候發生？」我問。

「就是因為這樣，才讓每年有十萬人無謂離世。」

「嗯。」我停了一會，想理清思緒，「聽起來最大的共同點在於注意力，要能感知、察覺到這些事。」

「**一點也沒錯**。感知就是一切。這正是健康照護最寶貴的資源，但這也是我們一直無法擴大規模的一項。」

我彷彿又回到了紅門咖啡館，和佩羅納與柯霍一起思考著視覺體驗的問題。我也想到了索普的腦電圖讀數、畢德曼的影像實驗，以及肯維瑟希望能夠繪出大腦皮層的解剖圖。但我想到最多的是崔思曼，以及她研究的核心論點：**場景愈混亂，就需要愈長的時間才能理解**。而這項論點在這個世界格外令人警醒，因為匆匆踱過洗手站的醫師多半早已過度疲勞，且護理師也都早有太多事情在忙，根本無暇注意是否有虛弱的病患即將跌倒。我自己的研究，有一大部分都圍繞著感知的本質，談感知是從何而來、做了什麼、又有何能力。然而是等我遇到米爾斯坦，才開始意識到感知能發揮怎樣的價值。

✦ ✦ ✦

「不好意思，」我花了一點時間才開了口，「只是我有點被這些數字嚇到。」

演講介紹幾週後，我和米爾斯坦在他的辦公室碰面，繼續我們的討論。當時我們正在翻閱《犯錯是人性》（*To Err Is Human*）這份針對整個醫院環境醫療疏失的調查報告，報告結果相當全面而令人不安。報告是在 2000 年出版，作者群的結論認為，每年被不遵守規定或心不在焉所奪走的生命，比起車禍、乳癌、愛滋病這些著名的死因還要更多。

「我懂，這是有點難以想像。」

但讀這篇報告是必要的。看完 eICU 的簡報之後，我們就一直不停討論，後來決定要提出一個小型的研究計畫，我們的激動也更上一層。而這是我們第一次好好坐下來開會討論。

「我說我們從**這裡**開始，」米爾斯坦說，指著頁面底部附近的段落：

> 根據美國疾病預防管制中心（CDC）報告，即使到了今天，「洗手也是預防感染傳播的最重要手段。」但

　　經過反覆研究指出，就算已經有了超過 150 年的經驗，在健康照護環境中，不洗手或是洗手不當仍然是疾病傳播的主因之一。

　　雖然這或許聽來很無聊而缺乏想像力，但到目前，洗手依然是健康照護服務的嚴峻挑戰。據美國疾病預防管制中心表示，如果在每次轉換病人與任務的時候都要確實洗手，每位護理人員一天巡房就得洗上一百次。有鑑於人性犯錯的頻率與本質，即使在最理想的狀況下，偶爾失誤在所難免。而隨著值班時間拖長、壓力與疲勞不斷累積，風險更會急遽增加。到頭來，有一定比例的失誤就會導致病人受到感染，正式名稱為「院內感染」（hospital-acquired infections），並給人類帶來無盡的苦痛。

　　雖然這個題目令人生懼，卻是個相對簡單的研究起點。醫學研究一旦牽涉到患者接受治療，就會有些比較麻煩的問題，而把注意力集中在護理人員（而非病患）的行為，便能避開。況且照米爾斯坦說來，史丹佛醫院的行政管理人員注意這個問題已經好一段時間，很歡迎有人提出創新的解決方案。

　　我很快就發現米爾斯坦的執行力真是一流。感覺我們才談完一兩個小時，他就發來一條簡訊更新進度，堪稱成

果斐然：已經找了人幫忙、安排與決策人士開會、確保出入醫院沒有問題。我自己做事也總喜歡像這樣縝密規劃，在事前就為每次新的實驗做好所有準備。但這次的研究是在他的主場、他的世界，看著他似乎一彈指就把一切安排妥當，實在令我無比佩服。

不知不覺中，米爾斯坦這位導師就像是延續著佩羅納與柯霍的精神，在解決問題的時候，完全不受學科界限的束縛。而等到開始這項計畫的技術部分，我也很快將有所貢獻，對此我滿心期待。但至少在當下，我很樂意跟隨老手的腳步。再次當個學生的感覺真好。

然而，雖然米爾斯坦的辦事手段已經堪稱一絕，這項挑戰的難關還是一一浮現。我們設定最初的目標，是要有一套自動化技術，確保護理人員在醫療照護場所堅持徹底洗手——但這需要的絕不只有電腦科學領域代表性的圖像分類技術，就算再用上我和卡帕西共同完成的圖像說明技術，也還有所不足。我們理想的解決方案不但需要辨識出特定類型的動作（除了要察覺某物的存在，還要辨識它動作的方式、背後有何意義），還得夠準確，足以符合臨床使用的標準。

棘手的問題比比皆是。舉例來說，在做圖像分類的時候，究竟怎樣叫做「正確」的洗手？當然不是光看到有個

臨床醫師站在洗手臺附近就算數。想達到這個目標，演算法大概需要辨識以下過程的各個步驟：靠近水槽、開水龍頭、拿取肥皂、在水流下搓揉雙手，並且動作要維持足夠的時間。不管從哪方面來說，這都是我碰到過最先進的感知任務。

幸好我並非全無先例可循。我的實驗室一直都在研發這樣的系統所需的各種基礎功能。像是卡帕西曾和 Google 合作的研究，要辨識運動賽事鏡頭下的特定場景（例如棒球打者揮棒，或是籃球選手運球），例如這樣的分類任務，就很需要能夠辨識各種動作與舉止。至於另一位學生尼爾布雷斯（Juan Carlos Niebles）的整篇博士論文，就是要辨識影片中的各種人類活動。他現在已經回到祖國哥倫比亞，任教於北方大學（Universidad del Norte），最近和學生一起打造了「ActivityNet」資料集（顧名思義，也就是「關於活動的 ImageNet」），整理蒐集幾萬部短影片，每部都標注其中的身體動作：行走、奔跑、跳舞、演奏樂器等等。換句話說，想要把影片分析做到我們理想的精準度，雖然不能說是個已經解決的問題、但看來也還在可能的範圍：就是要找出它在研究上的甜蜜點（sweet spot）。

我一如往常，向本系的研究生寄出電子郵件，宣傳需要找一批新的助理。先前做過像 ImageNet 這樣的計畫之

後，讓我知道別對應徵人數期望太高，這次也不例外。得
到了為數不多、但已經相當可觀的回覆之後，我整理了幾
張投影片來解釋整個概念，並安排了第一輪面試。與此同
時，我們需要給計畫取個名稱。米爾斯坦和我所想像的
技術，是希望讓某個空間充滿著聰明而又可靠的感知技
術，但又不會讓人覺得受到侵犯。相較於派人在一旁監
看，我們這套技術能夠悄悄融入背景、靜靜觀察，唯有偵
測到有危險時才會發聲。我們稱之為「環境智能」（ambient
intelligence）。

　　「所以，計畫要做的就是這個：供健康照護人員使用
的環境智能。」我總結道，「有什麼問題嗎？」

　　我唯一的聽眾就坐在我研究室的紅色沙發上，是個格
外聰明的電腦科學與統計雙主修博士生。當時他剛成為博
士候選人第二年，而且對我們雙方來說都正好，他正希望
能有個比較長期的職位來完成他剩下的研究。只是，現場
的氣氛其實並不如我所希望的輕鬆。前三位來面試的應徵
者最後都決定不加入我們團隊，他已經是我們面試的第四
個人了。我盡了全力，希望他別發現我們團隊目前士氣有
多低迷。

「我是說，這聽起來超有趣的，」他回答道，語氣聽起來很誠懇，但他已經是連續第四位說這「超有趣」的面試人選了，對此我先選擇忽略。

「但我想確認一下，如果是這樣的主題，我還能投稿到那些常見的地方嗎？你知道，像是 NeurIPS、CVPR 之類的。」

「當然，」我微笑著說，「我們是在探討**很多**有待解決的問題。」

那是真的。雖然這項研究的醫院環境並不是常見的正統研究場景，但背後要用的電腦視覺絕對是最先進的。我們想推進的技術是要辨識人類的活動，而不只是辨識靜態的物件（雖然光是辨識靜態物件就已經是個非常精細、也仍在實驗階段的技術），況且我們的演算法還會面臨額外的壓力，因為這裡要辨識的動作特別細微，需要極高的準確度。與此同時，我們也要把物件辨識技術提升到一個新的高度，因為分類器在這裡必須面對許多密集層級的動作、混亂與模稜兩可。研究將會異常艱苦，但也有許多揚名立萬的大好機會。

「但老實說，我們其實是希望真正在臨床上有幫助。所以我們也會和臨床人員合作，投稿到臨床醫學相關的期刊，而不只是電腦科學期刊。」

那位學生考慮了一會。「好，但像那樣的期刊，審查刊登的時程大概要多久呢？」

由於學術職涯發展深受發表情況的影響（特別是在職涯早期），這其實是個很好的問題。醫學期刊的審查腳步如同冰川般緩慢，會像是個船錨，在他需要衝刺的時候形成沉重的負擔，這樣的憂慮實在也很合理。要是他的發表頻率能有同儕的一半，就已經算是很幸運了。我一邊回答，心裡也一邊皺起了眉頭。

「老實說，我自己還沒投過。但我的搭檔米爾斯坦博士說，每次審查大概得花一兩年。」

他眼睛睜大。又是一次長長的停頓。

「哇。這……比我以為的久多了。我是說，電腦科學的論文審查一般就是幾個月吧。」

他講的事人人皆知，但又一點也沒錯，我實在是無話可說。

「呃，李教授，最後一個問題，」他兩手叉在胸前開始說，「我知道您花了多久才打造出 ImageNet，也知道它對電腦視覺有多重要。而對於現在這個，呃，環境智能這個概念，是不是已經有類似的資料集了呢？」

我嘆了口氣，而且可能聲音大了點。

答案是否定的。而且還只是諸多否定回答的其中一

個。沒有資料集，沒有已知的文獻能做為概念基礎，也沒有其他正在研究類似問題的實驗室可以合作。雖然他最後說得很禮貌，但他對於加入我們團隊的回應也是以否定來結尾。

✦　✦　✦

過了幾個月，我們連一個人手都沒招到，開始讓我徹夜難眠。我本來正要展開整個職涯最有意義的篇章，能夠像母親那個問題說的，真正用 AI 來做點好事——但要是沒有人手，一切只會成為泡影。這讓我想起 ImageNet 早期也曾經得要單打獨鬥，但那時比起現在要簡單多了。

今天我可以奢侈一下，暫時拋下那些擔憂。或許是米爾斯坦發現得幫我一把，讓我更清楚整件事，於是幫我安排了一場實地考察。

「你確定這沒問題嗎？」我一邊調整口罩一邊問。我這輩子遇過不少穿著刷手服的人，但自己穿還是第一次。

「當然沒問題，我們一天到晚都在做這種事。護理師啦、醫學院的學生啦、在做住院醫師實習的畢業生啦，大家都這麼做。別擔心，不會有人覺得你在那裡很奇怪。」

米爾斯坦安排讓我來到露西派克兒童醫院（Lucile Packard Children's Hospital），跟在兒科的泰瑞‧普拉切克

（Terry Platchek）醫師身邊，觀察醫師在醫院輪班期間維持手部清潔衛生的實際情況。但我想做到的是把一切都收進眼底：病患、護理師，所有的一切，他們最完整的體驗。我知道他們的世界肯定是一片混亂，而我希望能了解從他們眼中看來是什麼樣貌。

我完全沒想到自己面對的會是那樣的情景。

當時耶誕季已經來到普通病房，我簡直不敢相信那裡會有這麼多小孩。每個小孩都有一個故事，也都教人心疼。我們的互動有些聽到的是好事、也有些聽到的是壞消息，而對大多數患者與家屬來說，這只不過是在他們漫長而麻木的旅程又添了一小步。有些家長會問我是誰、我為什麼在那裡，但大多數似乎都沒去多想；他們只想知道自己愛的孩子究竟怎麼了，也早就習慣有一張張不同的臉孔像是從旋轉門一般進出。

我到這個地方，本來是該來記錄那些機械式、容易量化的項目，但我很快就體會到，這場觀察真正的重點是「人類提供照護的行為」，而我絕不該把目光從這個重點上移開。對患者與家屬來說，一位好醫師既是資訊的泉源、力量的根據，也能偶爾在沮喪時給予堅定的支持。憑著多年來照顧母親的經驗，我本來確信自己對健康照護的空間再熟悉不過，但這次觀察普拉切克醫師卻徹底顛覆了我的

想法。我深信，不論是再先進的技術，都無法取代我那天看到的價值。

　　話雖如此，我還是深刻了解到，在某些重要時刻確實很需要出現一些新的工具。像是我認識了一位資深護理師，最近有一位病人跌倒受傷；這是她職涯第一次出現這樣的疏失，而這件事對她影響之深，連她自己都感到驚訝。就統計而言，畢竟她當護理師已經當了幾十年，遲早總會有**某位病人**在她當班期間受傷；但等她終於遇上這一刻，過去整個職涯的優秀表現似乎也沒了意義。她情緒之崩潰，彷彿這就發生在她上任的第一天。兩個人受到了深深的傷害，要是 AI 能避免這種情況，那我們的努力似乎看起來就完全值得了。

　　雖然當天的行程非常耗體力，但等到輪班結束，我情緒上的疲憊遠比任何身體上的疲勞更高。這就像是我看著自己與母親面對的每一刻，但此時是一小時又一小時地循環播放。我整個人昏昏沉沉，和帶我的普拉切克醫師握完了手、寒暄寒暄，正準備離開。但就在出去的路上，我突然想到一件事。

　　「泰瑞，我對一件事很好奇。你為什麼這麼願意讓我進到你的世界？我是說，如果講老實話，我其實就是個外人。」

他想了一會才回答。

「你知道，最近新聞常常在談 AI，而老實講，大部分看了都讓我不太高興。」

我笑著，心裡有點難過、也有點尷尬。我知道這種話題會怎麼發展。

「當然，要是我的工作有哪些地方可以自動化之類的，肯定是有好處，我也懂，」他繼續說，「但我聽那些科技高層在說要讓像我這樣的人沒了工作，聽得也真是有點煩。而似乎只有你和阿尼是真的想要**幫助**我，而不是取代我。」

我好好思考了一下該怎麼回答。「我知道我們談過我母親的狀況，也談過我這些年來照顧她的健康，對我有什麼影響，」我說，「但這個故事還有另一面。這些年來，我待在這樣的病房裡，都還是能感覺在不幸中有一絲的溫暖。」

「是什麼讓你這樣感覺？」

「就是有什麼不太一樣……我不知道，我猜可以說是某些護理師照護時的舉止吧，可能是某位護理師在幫我母親坐起來，或是哪位專科醫師在大致描述治療的策略。這些事就是很有**人性**，你知道嗎，這有可能是我們能做到最有人性的事了。所以我不但無法想像要用 AI 來取代它

——我甚至根本不想用 AI 來取代。對於科技在這些日子如何讓我們每個人活著，我確實很感謝，但可以毫不誇張地說，我母親和我之所以能度過這一切，真正的原因都是因為**人**，是像您這樣的人。」

太陽已經在我們輪班的時候落下，我走出醫院，傍晚清新的涼風迎面而來。一切相對靜了下來，我的思緒得以舒展，回想這整天的記憶，感受心裡那種隱隱的刺痛。雖然過程很折磨人，但米爾斯坦說得沒錯，這正是我需要的體驗，也是一種任何電腦科學學位都無法提供的教育，好比病房裡的喧鬧、那些因為未知而產生的懇求眼神，以及一心得到任何安慰的絕望。痠痛的雙腳，走破的網球鞋。休息室裡冷冷的披薩。一小時又一小時的折磨。米爾斯坦知道，雖然我已有多年待在母親身邊的經驗，可仍然不知道臨床人員真正的感受。所以他才邀我去親身體驗。

回家路上，一個奇怪的想法浮上心頭。我突然十分慶幸我們還沒招到任何學生，否則我大概已經要他們忙著讀許許多多電腦科學領域的重要文獻，要他們從資料數據、神經網路和最新的架構進度來思考。當然這些事情也很重要——在這樣的研究計畫裡，絕對不可能避而不談科學。但我現在知道，那不是正確的起點。想讓 AI 來幫助人，

我們的思考就必須從「人」出發。

　　我立刻做出決定。從那天開始，在寫下任何一行程式碼之前，只要是可能加入這個計畫的團隊成員，都必須先和我一樣有過那樣的體驗。跟診觀察成了每位新進人員的起點。而且這件事情沒半點商量餘地。

✦ ✦ ✦

　　幸運之神眷顧，加上這段醫院體驗讓我精神一振，進度開始加速，足以讓願景繼續存活。足足花了將近兩年、再加上我遠高於過去的耐性，米爾斯坦和我湊足了團隊人數，得以認真推動我們的研究。雖然很明顯，環境智能至少在短時間內只會屬於研究的小眾（對 AI 人才的需求實在太強烈，機會也太豐富），但看著我們的組成，顯然能夠幹出一番大事。毫無疑問，在我曾加入的所有團隊中，這是智識最為多元的一支。

　　我們的第一批成員包括一名電腦科學領域研一的學生、一名電機工程的博士候選人，還有一位博士後研究人員，專長是人類活動感知與機器人社交導航（social navigation）。米爾斯坦再把我找到的這批人分配給他挑選的幾位年輕醫師，包括一名在醫院的兒科醫師、一名老年醫學醫師，以及一名重症照護專科醫師。而關鍵的一點在

於，我們一開始就說好了不會由團隊的某一方擔任負責
人；米爾斯坦他們需要我們的經驗來打造這項技術，但我
們也需要他們的經驗才能把事做對：這套技術不但要有
效，也得有對人的尊重和講人性。

米爾斯坦最後的壓箱寶也教人無比佩服：他說服了真
正的醫療機構，讓我們去現場實地展示我們這套技術。我
們先是到兩家醫院（分別位於帕羅奧圖和猶他州），用這
套技術來預防手部衛生清潔的疏失對患者造成影響。接著
則來到灣區的一家養老機構，追蹤機構長者全天的身體活
動，希望對照護人員有所幫助。最後則是來到史丹佛醫院
自己的加護病房，這裡部署的系統能偵測這些康復中的患
者，如果病人有太長的時間未有活動，可能有問題，就會
自動向護理人員發出警告。

但這裡還是有一項挑戰，就算翻遍米爾斯坦的百寶箱
也找不出個解決辦法：資料數據。要說這項計畫的前幾年
有什麼令我難忘，就是如果想好好訓練這樣的模型，資料
數據有著絕對、明確的必要性——而且需要的是大量、真
實、有機的資料數據，還得有最大可能的多樣性。

但在健康照護領域，我們需要的那種資料數據極度匱
乏。出於法律責任到基本隱私等等再顯然不過的原因，我
們從一開始就很少會去記錄這些與病人和臨床醫師相關的

資料；至於那些我們想要偵測的活動（許多本來就是異常值，像是跌倒），相關的清楚記述更是少之又少。於是，這項研究的複雜程度甚至超出了我原先的想像；在我們能夠訓練模型之前，還得先自己一頭栽下去、蒐集必要的資料數據。

話雖如此，我們的進步卻是愈衝愈猛。新的實驗、新的假設，大家也捲起袖子，讓新的軟硬體都派上用場。不出所料，這成了我這個實驗室史上對科學要求最高的計畫。但真正抓住我們心的，是那份**使命感**。我們所做的一切都充滿意義，讓我的整個職業生涯煥發出新的生命。我向來是用盡心力，想把自己的個人生活與科學家生涯分得愈開愈好，但現在卻彷彿洪水決堤，席捲一切。早就應該這樣了。

「叫護理師來，」我母親懇求著，喉嚨也時不時發出微弱的呻吟，教人幾乎聽不清她說的話，「那個點滴⋯⋯又癢了。扎針那裡。」我們又回到了醫院，來做最新一次的心臟造影，這些檢查已經做了好幾年，但每次都比上次更不舒服。我按了呼叫鈴。

那天晚上當班的護理人員是曼迪，是一位來自加州中

部的旅行護理師（traveling nurse，又譯「臨時護理師」）。她年輕、樂觀，還在為了拿到證照和找到專職職缺而努力。她一走進房間，我就知道我肯定喜歡她。

「很不好意思，」我開始說，「我知道我們幾小時內就好像已經按了三次了。」

「沒事沒事。」她堅持道，雖然雙眼疲憊，但臉上還是帶著彷彿來自另一張臉的笑容，那種溫暖難以假裝。「哎呀，真可憐！」她說，注意力已經轉向我母親，幾乎可以感覺她整個人就散發著善意。「看起來我們得再通一下 IV 唷，我知道你今天晚上真的辛苦了。」

我看這種事可能已經看了上千次，但這次卻有了不一樣的感受。可能是曼迪的舉止讓我感受到某種純真，也可能是因為我們的研究，讓我們成了不具實務經驗卻能看懂護理師日常工作的專家。總之這次我感到一陣哽咽，是我在病房待了這麼多年從未有過的，夾雜著同情、敬佩、感激，還有一些我說不上來的模糊感受。看著曼迪在那裡，做著**照護**這件如此簡單、卻又影響著一個生命的舉動，深深觸動了我，令我淚珠盈眶。

在那些時候，我通常全副精神都放在我母親身上，但我們做的研究從此改變了我的想法：**護理師每次值班，平均需要走上 6 到 8 公里**。我知道這位女性在來到我們病房

之前，已經去了多少地方、見了多少張臉。**護理師得負責
的工作任務林林總總，超過 180 項。**我知道，她很有可
能早就累壞了。**雖然早有充分的文獻證明護理人員過勞的
隱患，但輪班時間有增無減。**然而，她還是毫不吝惜地展
現著她的善意。**平均每次輪班時間長達十二小時。**她完成
這一切的時候，臉上還帶著笑容。

要是我的研究真的能幫上任何人，曼迪這樣的護理師
絕對是我想幫助的首選。我無法想像有誰比這更值得獲得
幫助。

「你在這工作嗎？」蘇珊問。隔天早上，來了另一位護
理師值早班。

我低頭，看到自己胸前的那個史丹佛醫學院徽章，我
和米爾斯坦一起工作的時候常常戴著，這才發現我忘了拿
下來。

「哦，這個？」我笑了。「不是，我其實是在參與一項
研究計畫。」

「哦？是怎樣的研究啊？」她問。

「我是電腦科學系的，正在跟學生合作，打算用人工
智能來追蹤手部清潔衛生。」

她的笑容漸漸消失，現在看起來比較像是出於禮貌、

而不是友善。「呃，所以……是有個鏡頭在監視我們的意思嗎？」

「沒沒沒！當然沒有！」我已經不是第一次被問到這個問題，但每次都還是一陣尷尬。「更像是個感測器，而不是鏡頭，不會錄下任何影片，只會為演算法提供某種能用來分析的圖像。現在還在學習觀察有哪些不同的洗手模式。一切都還剛開始，主要是想搞清楚演算法到底能不能做到這種要求。總之沒人在偷看，我保證！」

我盡全力讓話聽起來輕鬆一點。當然，我說的一切都是真的，但實在也不能怪她做的是最壞的想像。

「好吧，聽起來還可以啦。」她嘆了口氣說。「你知道，」她壓低聲音又說，「你們那些不是鏡頭的東西呀，實在應該要多注意那些醫師啦。」蘇珊和曼迪一樣善良，但個性再強一點。她臉上浮現了那種狡黠的微笑。「那些醫師最糟糕了。可是行政人員只會對我們護理師大吼大叫。」

✦ ✦ ✦

「老闆軟體（bossware）。」

對於這種新軟體，比較禮貌的說法是在做「員工監控」，各地從倉庫到辦公室正逐漸開始採用。這種軟體監

控員工的程度，很多人已經覺得是種侵犯、甚至是違背人性。雖然行銷說詞是這種軟體能夠提升生產力、確保員工行為符合職業規範，但幾乎立刻就引來勞工譏嘲，也成為科技媒體反覆討論的話題。如今，我們的研究都還沒機會證明自己，就已經快要被反烏托邦的想像給吞沒。對於這樣的聯想，一開始我們也感覺太不公平了，明明這套技術是為了病人安全，而不是用來打績效的；但旁人會有這樣的疑慮並不難理解，況且事後看來實在也很理所當然。那是我第一次碰觸到「AI 的監控能力」這個面向，而這個面向也很快就會大大占據公眾對 AI 的想像。

回顧當初，我們很容易忘記其實這種變化來得極為突然。那是在 2015 年，AI 對隱私的影響還沒成為我們大多數人關注的焦點；畢竟，就連圖像分類的準確度高到開始有實用價值，都還只是幾年前的事。但感覺起來簡直是瞬間，我們這種研究人員手中的能力已經如此強大，原本位於核心的技術問題，已經需要讓位給**倫理**問題。而隨著我們的研究旅程踏入健康照護的世界，也就把這些倫理挑戰全套帶回了我們的實驗室。

「沒人喜歡老闆軟體。」一個學生說。

研究團隊當時剛從露西派克兒童醫院回來，他們本來是想去把前一項計畫收個尾，並用一項前導研究（pilot

study）邁出下一步，卻意外踢到鐵板。在我們希望他們參與的各個單位，所有護理師都拒絕讓我們安裝感測器原型。這對研究來說是一項嚴重的挫敗，但依據之前和蘇珊談過那一次經驗，我也不能假裝說自己全然意外。

這提醒我們，就算是背景如此多元而跨學科的團隊，也可能出現盲點。雖然團隊裡的臨床醫師學問淵博，但他們比較是學者、而不是天天在現場的護理人員──一旦遇到這種情況，區別就會非常明顯。簡單來說，雖然團隊有深厚的健康照護專業知識，但沒有任何護理師。米爾斯坦和我召開了一次緊急會議，討論後續有什麼選擇。

「我看來只有一條路能走，」一位醫師建議，「需要讓那些護理師見見你們的研究人員，他們需要談談，而且我說的是要**真的**好好談談。」

「一點也沒錯。而且能找來的人愈多愈好，」另一位說，「要去**聆聽**，要了解他們的觀點。」

又有另一位插話：「來場全員大會怎樣？我可以幫忙安排。」

感謝老天讓我有你們每一個人，我心想。要是沒有米爾斯坦和他的同事，我根本無法想像還能怎麼繼續。

「我們的 IRB 條款必須無懈可擊，」米爾斯坦把話講得非常嚴肅，「要讓合作夥伴都得到保證，**沒有人的**隱私

會遭到洩露。**一個都不行**。這點大家都清楚了嗎？」

對於像我們這樣的臨床研究，是由 IRB（Institutional Review Board，醫學研究倫理委員會）來監督審查。想要符合他們的期許、確保研究得到批准，需要有高超的技巧策略與方法手段，而深厚的臨床經驗更是不在話下。早從我在加州理工學院跟柯霍一起做心理物理學研究開始，已經很習慣這樣的流程，但對於大多數我那些讀電腦科學的學生來說，IRB 的審查就是個全新的概念。這是真正的醫學研究，會牽涉到真正的人，也就需要考量到一整個全新世界的專業規範。

但我們沒人想到，這個研究的範疇其實還超越了 IRB 的審查範圍。隨著學生報告後續去醫院的進展，令人欣慰的是，護理師的擔憂已經不再是針對我們的計畫；很多護理師認識了我們、相信我們的動機，也能夠接受我們的研究。但他們現在擔心的，是這項研究可能**帶來**怎樣的影響：這種技術可能如何發展、可能有哪些人開始使用、適用範圍又可能如何擴大。他們的擔心極具遠見，凸顯出挑戰其實在於必須看清 AI 的未來、而非僅止於現在──可是，連 IRB 的審查設計也並未考量到這樣的概念。

為了確保我們的設備不會受到任何非議，所有資訊絕不能傳輸到遠端的資料中心──或者用一個當時才剛剛得

到主流接受的術語來稱呼它，也就是「雲端」（cloud）。這個詞在當時大為流行，幾乎不論在任何情境，只要冠上「雲端」就能吸引媒體與資金，但我們卻是避之唯恐不及。我們的選擇是追逐另一項新興趨勢：「邊緣運算」，將所有必要的運算資源都整合在設備當中。雖然這正是我們研究所需的典範，但它本身就是個完整的領域，而我們所有人對它的理解都遠遠不足。

雖然這絕對是場錯綜複雜的挑戰，但我們只能正面迎擊。過去那段從網際網路大批下載圖像的日子，相較之下可說是輕鬆自在。現在要蒐集的可能是最敏感的資料數據：呈現的是人類最脆弱的時刻，而且還得有足夠的保真度（fidelity），才能用來訓練機器做出可靠的判斷。況且除了這一切，同時還得確保（**絕對地**確保）受試者從過程的第一步就能夠維持安全與匿名，此外還得符合各項高標準，包括 IRB 準則、一般禮節（我相信團隊成員都有做到），以及像是《健康保險可攜性與責任法案》（Health Insurance Portability and Accountability Act, HIPAA）這樣的法律規範。

我們的團隊也不斷壯大。原本團隊背景堪稱多元，已經包括工程師、研究人員、健康照護政策的專家，但現在還加入了臨床醫師、生物倫理學家，以及史丹佛法學院的

法律博士（JD PhD）。就連技術合作夥伴也更加多元，有了感測器、網路安全，當然還有邊緣運算領域的專家。我們的願景規模宏大，能夠實現是多虧了結合兩方的資金，一方是我的實驗室，另一方則是米爾斯坦的臨床治療成效研究中心（Clinical Excellence Research Center，隸屬於史丹佛，宗旨為提升照護的品質與可負擔性）。

前方的疆界依然無限寬廣，我們研究所提出的問題也只有一小部分得到了回答，但我們仍然繼續向前。最重要的一點在於，我第一次體認到，如果把 AI 視為一門獨立的科學，反而會錯過它最大的潛力。從我們的研究可以看到，如果與其他領域結合、由其他專業來推動，AI 的可能性很有可能是無窮無盡。

✦ ✦ ✦

「媽，**拜託**。」

母親最近一次的手術結束，大家終於鬆了口氣。但這次後續的康復之路特別漫長，其中一項重點在於肺部鍛鍊，需要每天多次使用「誘發性肺量計」（incentive spirometer）這種手持設備，做吸氣吐氣的練習。她剛做完的手術很容易引發肺部感染，甚至可能致命，而肺量計訓練就是一種簡單有效的預防。

　　對於一位撐過多次心臟衰竭、腦出血、還剛做完開心手術的女性而言，這本來應該只是小事一樁。但她卻拒絕了。當醫師在場把設備拿給她的時候，她會假裝吸氣吐氣，但等到醫師一離開，她就會把設備丟到一邊。等到護理師來查房，這套把戲又會再次上演。當然，這一切我都看在眼裡，但不管我怎麼懇求，她就是不願意好好配合。

　　這太沒道理了。我的焦慮一天一天累積，似乎不管怎樣好說歹說、怎樣情緒勒索，都無法說服她。護理師告誡她，她會點頭；醫師責備她，她也會假裝順從。但光靠這些舞臺表演無法改變現實：液體在她的左肺累積，最後不得不再受一次苦，做手術把液體排出。

　　最後，經過了第二次原本完全不必要的手術，她又在加護病房多待了幾週，苦難終於結束，我們能夠出院回家。大夥都筋疲力盡，在後院休息，距離上一次有這樣安靜的下午，彷彿已經是上輩子的事。母親不在，父親也無心照顧這座庭園；如今她回來了，他也如釋重負，重新開始他的日常。

　　「媽，我有件事想問你。」

　　我很不想破壞這份平靜，但就是無法釋懷。

　　「你還記不記得醫師想叫你用的那個小玩意？那個肺量計？」

　　還真是沒想到，她動都不用動，就能傳達出那麼多資訊：她顯然不想談這件事。

　　「媽，我只是想知道一下。拜託，你就幫幫忙。」

　　她又等了好一會才開口。「我想不起來了，」她最後這麼說，但還是沒看著我，「那時候吃的藥劑量那麼重，什麼都記不清楚了。」

　　我知道她沒說實話，但又不能逼她解釋自己究竟怎麼了。我只好先把這個問題放在一邊，先繼續享受這段和她在一起的時光。陽光宜人，梔子花開。

　　終於，她打破了沉默。

　　「你知道，飛飛，」她輕聲說，「當個病人啊……真的是個**折磨**。」她看著我。「不只是身體上的痛，而是沒有了控制。就好像我的身體，甚至我的心靈，都不屬於那個房間裡的我。房間裡都是陌生人——我知道他們是醫師、是護理師，但對我來說就是陌生人啊，什麼都只能聽他們的……真的最後就受不了了。」

　　我繼續聽著。

　　「就連**你**都在命令我！」

　　我們都笑了，心情也好像輕鬆了那麼一點。

　　「我知道你是為我好，」她補充說，「我知道你們都是。我也知道這些東西對我的健康很重要。但就是過了某

個程度之後，我實在沒辦法再聽你們的了。」

接著，她再想了一會，想出了她的答案。「那時候我就是沒有尊嚴了。**沒有了。**在那種時候……」她愈說愈慢，愈來愈小聲。我正要鼓勵她繼續說，她終於說了出來，「……就連健康……也不重要了。」

從這項計畫開始以來，我學到了很多東西。這些教訓來得很慢，也常常帶著痛苦。但我開始能從不同的角度來看我母親與健康之間的掙扎，也對於我們多年來依靠的照護人員有了新的同理心。人類在醫院裡有多麼脆弱，讓我大受震撼，但想到自己有能力對此做點什麼，又令我精神一振。但要說我學到最深刻的一課，就是永遠該把人類的尊嚴擺在首位，可這個變項沒有任何資料集可以說明，也沒有演算法能夠改善。當我看著我最熟悉也最關心的人，看著她飽經風霜的皺紋與疲憊的雙眼，人類尊嚴這個古老、熟悉、卻又錯綜複雜的概念，在我眼前鮮活了起來。

自從母親問了那句 AI 還能做點什麼給人幫上忙、而讓我的職涯走上一條全新道路，時間已經過了兩年多。在這之前，我一直是以好奇心為動機在探索著我的領域，雖然這個動機已經很強，但一從母親的觀點來看我的領域，就立刻讓我的動機又變得更為寬廣。這是第一次，我把

AI 看做是一種做好事的工具，甚至可以用來減輕我這樣
的家庭每天承受的負擔。我也第一次面對 AI 倫理的問題：
當時這對我們許多人來說都還是個新興的概念，但很快就
成為無可避免的現實。此外，我的職涯原本一直都待在熟
悉的領域之中，但現在卻彷彿來到一個全新的世界——這
一切如此陌生，要是沒有合作夥伴的協助，我肯定寸步難
行。和米爾斯坦的合作讓我學到兩個重要的教訓：AI 最
偉大的勝利除了會是科學的勝利、也會是人文的勝利；要
實現這樣的目標，眾人必須攜手互助才有可能。

第 11 章

無人控制

「嗨，呃，是『飛飛』嗎？」

我轉向聲音的來源，那個男人也做出禮貌的手勢。

「我是戴夫。」他說，伸出手來和我握手。「我有天在某個播客上聽過您的大名，但忘記是哪個播客了。您知道，我的公司一直在談 AI，真的**談個不停**，」他繼續說，「光是過去這幾個月，我們就搞定了**四個** A 輪融資（A round），都是在這個領域。」

我露出微笑，但其實不知道還能做出什麼反應。那是

在 2014 年，創投術語搞得我好像是自己這個 AI 領域的局外人。

「對了，你跟傑夫認識了嗎？」他轉身，向房間另一頭的另一個男人揮手，那個人也穿著幾乎一模一樣的牛仔褲和抓毛絨套頭毛衣。

「傑夫，來一下！大家認識認識！傑夫是產品研發副總，他是在──」

「麻煩大家聽到這邊，我們差不多要開始了。」感謝老天，另一個新的聲音在場地另一邊響起，打斷了這一切。「感謝今晚大家蒞臨，幼兒園是人生的一大步，我們本年度也為各位的寶貝準備了豐富的內容。」

「我們待會聊！」男人一邊低聲說，一邊把自己擠進倉鼠籠旁邊的一把小木椅。

✦ ✦ ✦

不管我們學界曾經以為 AI 是什麼、有什麼可能性，現在有件事情已經無可否認：AI 不再是我們說了算。有十幾年的時間，AI 一直是我個人的執著，就像是一層想法，靜靜覆蓋著我的世界觀。但到了 2010 年代中期，AI 已經屬於大眾，眾聲喧譁震耳欲聾。101 號公路沿線立起一面又一面大型廣告看板，引領著 AI 新創企業的招聘狂

潮。連我去看牙的時候，候診室的雜誌封面報導講的也是
AI。汽車廣播一臺轉過一臺，也會聽到在談 AI 的片段。
最後在幼兒園家長會上，AI 也成了熱門話題。

　　整個世界變得非常超現實。同事和我這輩子都在研
究 AI 的**科學**，但現在卻遇上了這種——我甚至找不出個
準確的詞來形容的—— **AI 現象**。雖然這項技術本身就帶
著各種奧妙，但說到它是怎麼突然與產業、政府、記者與
名嘴、甚至是大眾有了更多互動，這段過程的錯綜複雜也
是不遑多讓。經過幾十年的**離體**（in vitro）實驗，AI 終於
要走向**活體**（in vivo）實驗，也顯得焦躁、饑餓、渴望去探
索。而且，雖然我有點猶豫，不知道究竟該不該把 AI 比
做一個活體生物（電腦科學領域史上有過太多想把 AI 比
做人的嘗試，但多半並不高明、只會造成誤導），但不可
否認，AI 已經進化成了某種新的東西。

　　不到一年前，聽到 Google 的研究就這樣緊追在我與
卡帕西之後，還曾經令人大為震驚。但現在風水輪流轉，
殘酷的事實是：原本 AI 研究完全僅屬於大學實驗室的範
疇，但到如今，已經不只大學實驗室在努力開疆闢土。
整片 AI 地景顯得擁擠，除了有我們，還有 Google、微
軟、臉書等科技龍頭，世界各地的新創企業，饑渴的創投

資本家，甚至還有開源社群的軟體研發人員，有的是在 GitHub 這樣的平臺分享程式碼，也有的是在 Reddit 這樣的論壇討論最新的進展。

而他們能談的可真不少。

在 2015 年，鄧嘉與魯薩科夫絲基發表了一份回溯性研究，討論 ImageNet 競賽成立到當時的影響，其中也提到了卡帕西的一項研究結果，估計如果是**人類**要來標注一千張圖像，錯誤率大概是 5.1%。雖然卡帕西只是出於好奇，卻像是給事情煽風點火。突然之間，演算法除了和彼此競爭，還要和**人類**競爭。2014 年，Google 的神經網路分類器 GoogLeNet 的錯誤率來到史上最低、只有 6.67%，幾乎要擠下人類在榜首的位置，教人為人類捏了一把冷汗。

然而，雖然 AlexNet 與 GoogLeNet 確實是電腦視覺領域飛躍式的進展，但我們對於電腦視覺完整的潛力，理解依然遠遠不足。舉例來說，我們原本深深相信，網路深度是決定電腦視覺效能的重大關鍵，而隨著 GPU 愈來愈便宜，也代表人類能打造出比過去都更大的神經網路。然而，光是增加神經網路的層數，並無法解決所有的問題——雖然在一開始，深度增加確實能提高準確度，但很快就面臨效果遞減（diminishing returns）的問題。人類的野心

把神經網路愈做愈大，但也意外將神經網路變成了迷宮；分層過多，阻礙了訊號從網路的一端傳至另一端，於是訓練受到阻礙、系統也就失去功能。

顯然，不管再投入多少的矽，也無法讓我們輕鬆達到理想。這也代表著，像 ImageNet 這樣的資料集，我們即使到現在也尚未發揮其潛力。現有的神經網路就是還無法完整吸收這些資料。現狀還需要再進化，不只是在規模上，而是需要有所創新——這也正是我希望 ImageNet 挑戰賽能啟發的方向。

這樣的創新在 2015 年來臨。何愷明（Kaiming He）這位年輕的微軟研究員以他主持研究的深度殘差網路（Deep Residual Network）參賽，再次改變了整個賽局。這套演算法簡稱為「ResNet」，規模極為龐大，足足有 152 層，但靠著架構上的扭曲設計，訓練階段可以繞過其中某些層，讓不同的圖像將其影響引至整個神經網路比較小的一些子區域。

雖然經過整套訓練之後，這套系統還是會用上所有的層數深度，但在訓練過程中，沒有哪個例子必須讓所有層數全派上用場。結果可說是兩全其美：既能增加層數，讓效能提升、吸收更多資料數據（比過去更能完整運用 ImageNet），又能維持一定的簡易度，使訊號得以自由流

動、沒有衰減的問題。這是一個教科書等級的範例，能看到獨創性如何推動這個領域來到最輝煌的時刻。

然而，講了 ResNet 的設計，還只講了故事的一半。因為 ResNet 的效果遠超出作者的預期，表現之驚人，甚至登上《紐約時報》等主流媒體頭條。世界會如此注意，其實並不奇怪：ResNet 的錯誤率只有 4.5%，已經大幅超越卡帕西對於人類準確度的預估。簡單來說，視覺分類這項挑戰似乎已經結束；在幾年前看起來還幾乎不可能完成的任務，現在機器輕輕鬆鬆就打敗了它們的創造者。這是一個令人屏息的里程碑，但我們在不久之後就意識到，原來這還只是接下來諸多里程碑中的第一個。

嘿，你有在注意這個什麼 AlphaGo 嗎
知道誰會贏嗎
我該下注嗎 lol

我生下第二個孩子之後出院才沒幾天，簡訊就開始洪水般湧入。我可是才剛產後出院，本以為至少可以圖個一兩週的清靜。**沒有那麼好的事！**我的手機開心地震動提醒著我。

那是在 2016 年初，媒體愈來愈關注 DeepMind 這家

位於倫敦的新創公司，這家公司正準備舉辦一場圍棋比賽，一邊是棋王李世乭，另一邊則當然就是一臺機器。在這之前，DeepMind 科技公司的名氣並不特別大（連我對它也只是略有耳聞），但此時似乎即將變得家喻戶曉。在這一年之前，Google 開始瘋狂收購 AI 新創企業，其中 DeepMind 以超過五億美元的收購價格居首，但比起價錢，更讓人難忘的是它的使命。「他們說要發展 AGI 耶。」我還記得有位同事這麼告訴我，臉上帶著學者那種見慣不怪的笑容。

我很懂那位同事的心情。「AGI」是「artificial general intelligence」（人工**通用**智能）的縮寫，這種 AI 形式非常複雜且靈活，不但可以處理像是圖像分類、不同語言文本翻譯這樣的狹隘任務，甚至還能複製**所有的**人類認知能力，從分析到創造都不在話下。我無法確定這個詞是什麼時候創出來的，但在電腦科學系肯定是從來沒聽人說過。畢竟自從 AI 誕生以來，本來目標就是追求這種「通用」智能；雖然距離成功還遠得很，但這可不代表我們的目標會打半點折扣。在我們這樣的研究人員聽來，這個新詞實在有點多餘。但它的確琅琅上口，也很能讓圈外人了解我們這個領域的最終抱負。此外，在這個本就競爭激烈的生態系統裡，這個詞也讓 DeepMind 顯得格外大膽無畏。

　　我被來自各方的問題不斷轟炸，包括來自學生、朋友、甚至有些人根本只是點頭之交，都想知道我有沒有什麼預測能分享。我還真的沒有，但當我家那另一位 AI 教授拿著一罐新的配方奶來到我面前，我也忍不住問了他這個問題。

　　「呃，我覺得兩邊都有可能，」西爾維奧說，「深藍（Deep Blue）二十年前在西洋棋就贏了。」接著他似乎在心裡算了算什麼。「呃，準確一點的話是十九年前。」

　　書呆子真的就是書呆子。

　　「不管怎樣，」他繼續說，「我知道圍棋比西洋棋難很多，但怎樣也還是一種棋盤遊戲。不論再複雜，依然算是單純。至少就數學而言是如此。」

　　西爾維奧意識到自己又不小心用了那種教授語氣在說話（我們兩個都不想把這事帶到家裡，但也都常常失敗），一邊小心把奶瓶放進加熱器，一邊也傻笑了起來。我們兩個幾乎是同時開口：「**這個**更難！」

　　西爾維奧說得沒錯。雖然大家說得天花亂墜，談著這項策略遊戲有多少教人難以理解的下法組合、要建模有多麼困難，但某個機器人專家想追尋的聖杯，可能不過就是怎樣準備好一瓶嬰兒配方奶、把它好好放到加熱器裡——況且出了控制嚴格的實驗室環境之後，這可遠遠不是什麼

已經解決的問題。

確實，早在 1997 年，電腦就曾經正式打敗過人類的西洋棋高手。那場讓人類臉上無光的比賽，一方是棋王卡斯帕羅夫（Garry Kasparov），另一方則是 IBM 的超級電腦「深藍」。然而相較於西洋棋，圍棋可不只是「比較複雜」而已。事實上，圍棋規則所帶出的可能性空間是如此遼闊，19 乘 19 的盤面，變化數可以高達 10 的 360 次方──這個數字之龐大，不僅超過了整個宇宙的粒子數量，甚至高出許許多多個數量級。棋手其實是用一輩子的時間在練習、培養直覺，好將每一手原本無窮無盡的選項限縮到能夠掌控的數量。就算是最先進的 AI，也還沒有足夠的認知深度來複製這種能力。

雖然如此，我們還是有理由保持樂觀。雖然確實需要極龐大的運算，才能夠找出圍棋當中最佳的一手，但圍棋本身還是有些簡單邏輯可循，不但所有規則都是白紙黑字，輸贏與否（哪方棋子占領較大盤面）也十分清楚客觀。在各種充滿雄心壯志卻又幾乎不太可能成功的計畫當中，下圍棋可能還算是最單純的一項。但不管怎樣，平心而論，要成功還是難上加難。

「而且就算機器贏了，」西爾維奧補充，「也肯定還要很久很久，才能把千層麵做得比人做的更好吃。」

　　短短一句回答，他不但立刻對現代 AI 做出了正確的評價，也讓我開始覺得餓上心來。

　　到頭來，AlphaGo 還真贏了，也讓全世界為之瘋狂。全球媒體的關注一波一波，特別在亞洲更是掀起一陣狂潮。對我來說，從個人經驗最能感受到這一點。

　　「飛飛，我的老同學們問我你知道 AI 下圍棋是怎麼回事嗎？」我父親說，又轉發了他從國外朋友那裡接到簡直無窮無盡的微信訊息。「他們聽說我女兒是 AI 教授，都在問我呢！」新聞頭條在談是一回事，但要是連我在中國的爺爺奶奶輩都在談，那看起來世界可真的變了。

　　當時彷彿充滿各種轉捩點，但不論這些突破來得再出人意料，只要背後仍然是那些我們奉獻了一輩子在研究的技術，在我們看來也還不會太過意外。ResNet 與 AlphaGo 這樣的故事引發了更多的對話與辯論，也激勵我們在自己的研究走得更遠。就連我也忍不住要借用矽谷最愛的一個詞，因為我意識到，這個 AI 新時代已經不只是一種現象，而是正如他們所說的「顛覆」(disruption)。

　　在我研究室的那張紅色小沙發上，我們曾經想出了許多讓我們實驗室建立名聲的計畫；但現在也是在那張小沙

發上，我常常得懇求那些年輕的研究人員，留些時間好好研讀我們這套建立科學的基礎文獻。我注意到的這種現象，先是讓我不悅、後來更是令我憂心：由於現在的發展不斷加速，所有人的注意力都放在各種更熱門的資訊，卻忽略那些最基礎的根本。

「各位，我**懇求**你們，不要光是每天去下載那些 arXiv 上最新的未定稿論文（preprint，又稱「預印本」）。要讀讀羅素（Russell）與諾維格（Norvig）的書，讀讀明斯基、麥卡錫與維諾葛拉德的研究，讀讀哈特利（Hartley）與齊瑟曼（Zisserman），讀讀帕默（Palmer）。**正因為**這些文獻出現得早，所以才更該讀，而不是就丟在一邊。這些文獻的價值是超越時間的。這真的很重要。」

arXiv（英語發音與檔案庫「archive」相同）是一個物理與工程等領域的線上學術文章資料庫，這裡的文章就是以一種未定稿、未經編輯、尚未正式發表的預印本形式，提供給好奇的人搶先一窺究竟。幾十年來，這種未定稿論文一直是大學文化的一部分，但到最近這幾年，因為這個領域發展如此迅速，似乎每個禮拜、甚至是只要過了一個晚上，便又有了新的變化，似乎也就得一直追著 arXiv，才能跟上最新的進展。而如果光是幾個月的同儕審查都已經被認為是要等得太久，那麼也就不奇怪，學生根本懶得

去看幾年前（甚至是幾個世代之前）所寫的教科書。

這還只是開始，後續還出現了更多干擾，在我學生的心裡占了更大的份量。挑明來說，就是科技龍頭開始爭先恐後打造公司內部的 AI 團隊，給出了年薪在美元六位數以上的高薪，還有慷慨的配股方案，開啟了一場搶人大作戰。一位又一位機器學習先驅離開史丹佛，到了 2010 年代中期之後，甚至連博士後也變得搶手。有個事件特別放肆，是 Uber 為了推出自己的自駕車，從卡內基美隆大學挖走了**四十位機器人專家**，創下紀錄之餘還差點搞倒一個系。對同事和我來說，這種事光是看著就讓人難過。對於我的學生而言，他們還年輕、充滿渴望、也還在培養自己的認同，可這種發展似乎從根本上扭曲了他們對教育的認識。最後，這個趨勢走到頂點（至少對我個人而言），讓我感受到格外切身的驚訝。

「你**真的**不去嗎？安德烈，這可是全世界最頂尖的學校啊！」

「我知道，可是我不能放掉這個機會，這真的跟其他地方都不一樣。」

卡帕西這時已經拿到了博士，即將進入 AI 史上最肥沃的就業市場，就連想當教授也有很多機會。然而，雖然

普林斯頓大學都願意直接給他一個位子（等於是職涯發展的快速通道，我們這些人都會願意為此拚個你死我活），但卡帕西卻選擇完全跳出學術界，加入一個沒人聽說過的民間研究實驗室。

那就是 OpenAI，是矽谷大亨奧特曼（Sam Altman）、馬斯克和 LinkedIn 執行長霍夫曼（Reid Hoffman）的心血結晶，初始投資就高達**十億**美元。從這就能看出矽谷多麼重視 AI 突然的崛起，以及那些矽谷重要人物多麼渴望在此據有一席之地。卡帕西將成為其核心工程師團隊的一員。

OpenAI 起步後不久，我在當地聚會碰到幾位創始成員，其中一位舉杯祝酒時的賀詞，可說既是種歡迎、也是種警告：「所有做 AI 研究的人，都該好好想想以後在學術界還有什麼前途。」他在表達這種觀點的時候沒有任何嘲笑的意味，只是冷冷地把話說得再清楚不過──AI 的未來，會是由那些擁有企業資源的人來書寫。我很想表現出那種不以為然的樣子，就像學術界這些年來對這種說法的回應。但我並沒有。老實說，我甚至不知道自己是不是真的反對。

這一切究竟會走到怎樣的結果，誰也沒把握。我們這個領域比其他大多數領域經歷了更多起起落落；從「AI 寒冬」這個詞，就能看出多舛的 AI 歷史曾有多高的遠大

期許、卻又迎來重大挫敗。但這次感覺不一樣。隨著愈來愈多專家的分析逐漸成形,「第四次工業革命」也成了從科技到金融、再到其他領域都逐漸接受的新詞彙。雖然這些流行語通常都有著誇大的成分,但這次聽起來夠真實,而且決策人士對此也十分認真。不管是出於真正的熱情、外部壓力,或兩者兼而有之,矽谷管理高層目前的動作比以往更快、更大膽,有些時候也更不計後果。這樣的思潮會有怎樣的結果,我們應該很快就會知道。

「猿猴」?我的老天啊。

這是 Flickr(隸屬於 Yahoo 的圖片託管服務)在 2015年 5 月自動生成的標注,但標注的是 56 歲黑人男子威廉的黑白肖像照。民眾之間迅速掀起一場義憤,但這還只是 Flickr 新技術一連串錯誤的開端,像是後續曾把一張達浩(Dachau)集中營大門的照片標成「叢林健身房」,也曾再一次把人標成「猿猴」,只不過這次是一名臉上塗著彩色粉末的白人女性。出錯的不只有 Yahoo;時至 6 月,Google 的相簿也惹出類似的爭議,把兩位黑人青少年標成「大猩猩」。短短幾週,原本殆無疑義的圖像分類成功故事,忽然變得有點一言難盡。

就算是我們這些沒在惹議公司上班的人,也很難不覺

得有點愧疚。那些錯誤絕非出於惡意，但這種想法也算不上安慰，因為所顯示出來的問題更令人不安：錯誤起因包括了資料集不夠多樣化（包括 ImageNet 在內），演算法並未經過充分測試，以及決策過程值得質疑。如果網際網路上的日常生活景象主要就是白人、西方人、還通常為男性，我們得到的技術也就很難用來了解其他類型的人。

這無可避免地導致記者兼評論員克拉克（Jack Clark）所謂 AI「男山男海」（Sea of Dudes）的問題：科技行業的組成不夠多元、缺乏代表性，使得演算法在無意之間出現了偏見，只要遇上非白人、非男性使用者，就表現不佳。克拉克的文章於 2016 年發表在《彭博商業周刊》，後續也有愈來愈多人加入對話，共同討論 AI 的潛力，如何一念為善（支持殘疾人士、追蹤森林遭到砍伐摧毀的情形，以多種新的方式保護人類生命），但也可能一念為惡。

我回想起當初還在辛苦打造 ImageNet 的那些年，就算是當時最具創意、即興揮灑的我們，基本上也對這樣的問題無知。十年前，在 Google 與維基百科的組織下，關於這個世界的內容爆炸般成長，似乎打開了一扇窗，讓人可以望見人類生活最真實的面貌，而不只是像電視或報紙那些傳統媒體狹隘的窗口。當然，在某種程度上，Google 與維基百科確實達到了這樣的效果。然而，雖然這樣呈現

的面貌極其生動、我們也對此深懷期許，但這樣看到的景象與真正完整的全貌卻還有很大的距離。

這是個我們早就該面對的問題，但光是像這樣的對話，還不足以讓我心裡的工程師覺得滿意。雖然當中的問題顯然有一大部分在於資料集不夠平衡，但也還有其他無數因素得加以考慮。演算法的模型呢？受到這些資料影響的演算法當中，是否還隱藏著尚未發現的架構弱點？用來輔助訓練過程的學習技巧，會不會也有問題？目前看來，不僅問題的數量比答案更多，比例還愈來愈不平衡。

這些問題也沉甸甸地壓在魯薩科夫絲基的心頭上。在這個男性占絕大多數的領域裡，我們兩個身為相對少數的女性，多年來可說是惺惺相惜，對於女性做 AI 研究這件事，種種不愉快的體驗也極為相似。等到 2010 年代中期，她實在覺得受夠了，決定要不做點什麼，要不就徹底離開學術界。她最後選擇了前者，而我們決定攜手合作。

我們意識到，代表性不足是經過多年積累的問題，只是我們一直沒有感覺到；因此我們決定精挑細選一批九年級和十年級女孩，為她們開設史丹佛人工智能實驗室課程。這個為期兩週的 AI 速成班緊湊扎實、絕不輕鬆，但也向所有在場的人證明，雖然歷史上女性似乎被排除在這個領域之外，但其實只要投入少到讓人意外的資源，就足

以讓她們相信自己也可以進入這個領域。事實證明，這個想法大受歡迎，如同滾雪球一般發展成一個全國型的非營利組織，擴展到北美各個校園，也不斷擴大其使命。很快地，我們就開始將類似課程提供給其他邊緣群體，納入了有色人種、經濟弱勢群體等等。

過了短短幾年，這項計畫正式命名為「AI4ALL」，甚至還吸引到一些資金投入，改變一切的其中一輪投資，投資者就包括了梅琳達‧蓋茲（Melinda French Gates）的樞紐創投（Pivotal Ventures）與輝達創辦人黃仁勳。跨出了可能需要好幾代人才能完成的一小步，但它就是一個開始。而且，看著這整個產業在追逐 AI 未來的時候常常是恣意妄為而缺乏省思，現在這個發展也能稍稍令人感到寬慰。

話雖如此，看著像 Yahoo 和 Google 等公司學到了慘痛的教訓，受到全世界的注視與評判，也提醒我們，光是投資下一代、希望一切終會好轉，可能還不足夠。魯薩科夫絲基得到了普林斯頓大學的教職邀聘，而她也決定接受；她的新實驗室除了會研究機器感知的運作，還會擴展到更大的「運算中的公平性」（fairness in computing）議題，包括特別強調「去偏見」（debiasing）：希望透過有系統、數學上嚴謹的方式，將潛藏於資料中的偏見加以量化並消除。有了像魯薩科夫絲基這樣的人，把這種社會意識的議

題搬上檯面，我對未來也再次看到希望。

　　我是真心相信 AI 技術的價值，除了相信 AI 有潛力用新的觀點來看智能的奧祕，也看到在米爾斯坦與我合作的醫院研究中，AI 帶來了實際的好處。然而人如果過度自信，即使只是片刻，付出的代價可能也正在迅速上升。更糟的是，這種代價會是由他人來承擔，而且這些人很有可能正是我們當中最脆弱的人。AI 已經走出了實驗室，很大程度上也走出了我們的控制範圍；雖然看著新思想、新面孔和新機構發展蓬勃，令人覺得大受鼓舞，但帶出的新問題也絕對不少於好處。雖然對於我們這種總得勒緊褲帶的研究人員來說，AI 相關的商業投資承諾簡直是天上掉下來的禮物，但它卻也如洪水以萬鈞之勢淹沒了一切，感覺更像是一場感覺不祥、令人擔憂的挑戰，而不是單純的好運氣。

　　我還是找不到適當的詞。「現象」太被動；「顛覆」太傲慢；「革命」太自鳴得意。現代 AI 正展現出它就像一幅**拼圖**，每一片都有著尖銳的稜角。然而，雖然意識到這一點會令人不安，但是大家愈來愈意識到的這種危險，倒也是科學家本身願意注意的。這又引發了我另一種的好奇，雖然不讓人覺得舒服，卻又有強烈的吸引力。我就是得要

好好上前瞧一瞧。

✦　✦　✦

「目前為止，結果讓人很有信心。在我們的內部測試，神經網路架構搜尋（neural architecture search）成功設計了分類器，在 ImageNet 上訓練之後的成果超越了其他由人類打造的分類器──而且完全是它自行完成。」

那是 2018 年，我坐在 Google Brain（Google 大腦）一張長會議桌的遠端；Google Brain 是 Google 最知名的一個 AI 研究機構，位於加州山景城（Mountain View）Google 矽谷總部「Googleplex」的核心。當時出現的這項發展令人非常興奮，已經在校園裡轟動了好幾個月：「神經網路架構搜尋」，目標是自動完成神經網路架構的最佳化。

像這樣的模型，背後會有大量的參數來決定其行為方式，在速度與準確、記憶與效率、以及其他各種問題之間做出權衡。想要單獨微調其中一兩個參數並不困難，但如果是想要在所有參數之間全盤考量、在各種推力與拉力之間達到平衡，對人類來說便是個相當大的考驗，就連專家也很難把所有參數都調得恰到好處。如果能夠把整個過程自動化，顯然能得到極大的便利，值得努力；而且對於愈來愈多的非技術使用者而言，自動化也能讓他們更容易接

觸 AI，無須專家指導便能打造自己的模型。除此之外，
「讓機器學習模型來設計機器學習模型」就是帶著點詩意
——而且很快地，它們還做得比人類更好。

然而，這些強大的威力需要付出代價。除非你是那些
資金最雄厚的實驗室與企業，否則就算只是想訓練一個模
型，所需的成本還是高到嚇人——至於神經網路架構搜
尋，需要訓練的模型是**幾千個**。這雖然是一項教人印象深
刻的創新，但運算成本也極其高昂。成本問題同樣成了會
議上討論的一項重點。

「運作的硬體需求如何？」一位研究人員問。

「在整個程序的任何時間點，我們都要測試一百種不
同的配置，各訓練八個特徵略有不同的模型。也就是同時
會有八百個模型在訓練，各配有一個專用的 GPU。」

「所以是說大概要——」

「八百個，沒錯。」

八百個 GPU。這個數量的成長快到讓人困惑，想當
初在 2012 年，AlexNet 只用兩個 GPU 就已經改變了世界。
但接下來的數字只會愈來愈驚人。我回想自己實驗室的預
算，輝達最強大的 GPU 售價大約是 1,000 美元（所以我們
自己只能勉強買了十幾個），但如果想要做神經網路架構
搜尋的研究，最少就得丟出將近百萬美元。當然，這還沒

算上時間和人力成本，除了要在一開始把這麼多高性能的
處理器連成網路，後續還讓這些矽處理器整天運轉，並且
維持溫度在可接受的範圍。另外，也還沒算上場地位置的
成本。不論是所需的物理空間、或是達到天文數字的耗電
量，這種網路都實在不適合放在自家車庫或臥房。就連我
的大學實驗室，也很難打造出這種規模的網路。我頹然坐
在椅子上，環顧四周，想知道有沒有別人也跟我一樣，覺
得這話聽了真教人頭大。

　　時間來到 2016 年，我將迎來長達 21 個月的學術休
假，而電子收件匣裡滿是輝達、Uber、Google 等企業向
我招手的訊息。我經過千錘百鍊的本能是把這些信立刻隨
手刪掉，但在愈來愈多的郵件面前，我發現自己猶豫了。
或許現在比以前更有理由接受，我嘆了口氣。我想，**也就
做一點點**？

　　我必須承認，到民間企業工作的想法已經不像以前那
樣難以接受。跳槽的同事已經多到我數不清，我的學生也
常有人讀到一半就先休學，跑到世界各地的科技公司領著
高薪短暫工作一會兒──卻不見得會再回到校園。而現
在，一切變得如此之快，我不得不懷疑，自己對到民間企
業工作的厭惡是否已經過了保存期限。我確實想去看看現

代 AI 在史丹佛大學與科學期刊之外是什麼樣子。而或許眼前正是大好機會，至少就短期來說是這樣。

考慮手上各種選項之後，我選擇擔任 Google Cloud 的 AI 首席科學家。雖然 Google 這家龍頭企業歷史悠久，但雲端運算部門才剛成立一年左右，在我看來是個能夠協助從頭打造一點成果的機會。此外，我也剛好認識 Google Cloud 新上任的執行長格林（Diane Greene）。她是虛擬化龍頭企業 VMware（威睿）的共同創辦人，也是少數征服矽谷的女性，我很期待能在一個性別如此不平衡的產業與她並肩工作。

這次的工作，既不像我讀大學時華爾街給過的那些看來像鍍了金的工作機會，也不像我在加州理工學院時曾經苦惱過的那條麥肯錫職涯快速通道。我已經不能再矇著眼睛，假裝民間部門給的工作都只是在不懷好意地賄賂、要我放棄實驗室。如今，這其實是在邀請我去主持一個規模甚至更大的實驗室，其能力超乎我的想像。能提供超高性能的運算，達到我想要的任何規模。能有博士級的研究團隊，數量遠遠超過我在史丹佛大學所能召募的大小。而最令人著迷的一點在於，我能夠取得連做夢都沒想過的大量資料數據。當然，我的工作還是會受限於公司的產品路線

圖（至少是間接受限），但不論如何，這些產品都還是處於下游，是上游的基礎研究才讓這些產品成為可能。

最重要的是，Google Cloud 意味我不會只看到 AI 的某一種應用案例，而是會看到幾千種。隨著雲端服務在幾乎所有想像得到的產業找到立足點，Google 這樣的供應商也成為所有這些產業不可或缺的一部分。這給我一個機會，能去觀察 AI（以及推動 AI 的資料）在各行各業的應用，包括製造業、農業、保險業、運輸與物流業、零售業、金融服務業、甚至是政府部門。這裡能取得的規模與多樣性，遠遠超越大學能提供的水準。

我們還是花了一點時間來敲定細節，特別是我就算在休假期間，也不打算完全不進史丹佛；我每週會進實驗室一天保持聯絡，也和學生見見面。顯然，種種後勤安排會是個挑戰，但我已經下定決心。

我在大學待了多年所獲得的見識，並不足以準備我面對 Google Cloud 幕後等待我的一切。這家科技企業非但不負其財富、權力與抱負的名聲，而且有過之而無不及。我看到的一切，都比我所習慣的更大、更快、更時尚、也更複雜。

光是食物選擇之豐富，就教人目瞪口呆。休息室裡準

備的零食、飲料與專業等級的濃縮咖啡機，就比我在史丹佛或普林斯頓見過的都多，而且幾乎是每棟 Google 大樓的每一層，都會出現這樣的休息室。我甚至還沒走進他們的餐廳呢。

接下來是技術部分。這些年來，我老是在對那些看心情工作的投影機、時好時壞的視訊會議設備發火，但在 Google 開會簡直就像是科幻小說成真。從足以容納五十人的行政高層會議室，到簡直只有衣櫃大小、供單人使用的會議小間，全部配備了最先進的親臨實境功能（telepresence，又譯「網真」），只要在觸控螢幕上碰一下就能啟動。

接著還有深不見底、令人敬畏的人才隊伍。之前我辛辛苦苦花了足足兩年，才勉強找來三位合作者協助打造醫院用的環境智能，現在一想到就臉紅。在這裡，我到職第一天，已經有一個十五人團隊準備好要上工。而且這還只是開始而已——過了十八個月，我們的規模成長了二十倍。擁有亮眼履歷的博士幾乎是隨處可見，更讓人感覺到似乎萬事都有可能完成。無論 AI 會有怎樣的未來，透過 Google Cloud 這個窗口，我都看到這個世界正以最快速度向前邁進。

我固定在週五回史丹佛，但隨著我新職的消息傳開，

每天都有人想申請實習，也讓對比的感受更為明顯。這在某種程度上也確實能夠理解，因為那些學生（偶爾還有教授）也只是盡力想建立人脈。但我擔心的是，我每次的實習面談，毫無例外都以同樣的結局收場：他們覺得最有趣的研究，都只有到了那些民間實驗室才有可能完成。即使像史丹佛這種地方，預算也就是不夠，而且常常差得可遠了。到企業做研究，除了是個更賺錢的選擇，也慢慢成為唯一可行的選擇。

最後一點則是資料數據——Google 這整個品牌，靠的就是資料數據資源。ImageNet 讓我第一次看到資料有了足夠的規模之後能夠發揮多大的潛力，而我後續幾乎所有的研究也都是以此為基礎。不管是和克勞斯研究幾十年來的車型車款，和卡帕西將大量的照片與說明文字做配對，又或是和蓋布魯研究全美的 Google 街景服務圖像與人口普查局的紀錄，隨著資料量不斷成長，AI 的能力也隨之成長。現在，我被資料包圍著——不只內容來到言語無法形容的豐富，甚至連類別都是我過去所未能想像：這些資料的來源，有的是農業客戶，希望更了解植物與土壤的資料；有的是媒體業客戶，急切地想要組織自己的內容庫；有的是製造業客戶，希望減少產品的缺陷；還有其他更多更多。

　　時間就這樣一個月一個月過去，我的生活也來回於這兩個最有能力為 AI 未來有所貢獻的機構之間，試著達到一種平衡。這兩個地方都人才濟濟，富有創意與遠見，也都在科技史上有著深遠的淵源。簡直見鬼的是，兩者甚至都位於同一條高速公路，在 101 號高速公路上就只差了幾個出口。然而，隨著整個領域的進入障礙開始變得如山脈一般，在整條地平線巍然聳立、直入雲端，似乎只剩其中一個機構還擁有適應所需的資源。

　　我的思緒不斷回到那八百個 GPU 上，它們彷彿就在一點一點啃食著某個教授和她的學生根本無法想像該如何克服的運算負擔。要有那麼多電晶體，產生那麼多的熱，需要那麼多的錢。光是「拼圖」這樣的詞，無法表達我開始感受到的那種恐懼。

　　AI 正在成為一種特權。而且是一種特別排外的特權。

　　自從 ImageNet 的時代以來，「規模」的重要性已經不言可喻，但近年來更繼續上升到幾乎堪比宗教。媒體處處可見使用各種圖庫相片，背後的伺服器設施占地幾乎等同整個城市街區，而且媒體上對「大數據」的討論也是沒完沒了，更讓人覺得規模彷彿就是某種神奇的催化劑、機器

裡的幽靈，讓我們得以擺脫舊時代的 AI，迎向一個令人
屏息、五光十色的未來。而且，雖然這種分析或許有點簡
化，卻不能說是錯誤。沒有人能夠否認，神經網路技術是
在這個豐饒的時代才得以發展蓬勃；令人咋舌的資料數據
量、層數驚人的架構、面積廣大而緊緊相連的矽處理器，
這一切確實帶來了歷史上的重大改變。

　　這對科學的意義是什麼？如果我們工作的祕密能夠如
此簡單赤裸裸量化、到頭來似乎只要靠著蠻力硬幹就行，
我們身為思想家的努力又算是什麼？如果曾有某個想法，
在層數太少、訓練樣本太少或 GPU 太少的情況下看似失
敗，卻在得到足夠的層數、樣本或 GPU 之後忽然萌現生
機，這對於演算法的內部運作而言，我們能從中吸取什麼
教訓？在這些發展下，我們好像愈來愈走的是以實證方式
來**觀察** AI，好似它都是自行出現。彷彿人類不是根據第
一原理來打造 AI，而是我們先發現有 AI，接著再試著去
理解。

　　我們與 AI 的關係本質正在變化，在科學家看來，這
是美妙的前景。但是坐在 Google Cloud 這個新的位子上，
鳥瞰著這個在各個層面上都愈來愈依賴技術的世界，我不
禁仰靠沉思：這一切奇蹟會不會是人類無力負擔的奢侈？
這個新一代 AI 能夠做到的**一切**，無論是好是壞、是否出

於預期，都因為其設計本身缺乏透明度而變得複雜難懂。光是神經網路的結構本身就交織著神祕──這個龐大的集合體，由微小而帶著微妙參數的決策單位組成。儘管這些決策單位個別來看毫無意義，但組成最大規模之後卻威力無窮；也因為如此，它讓人類幾乎無法認識。雖然我們能用某種理論、超然的角度來討論神經網路（例如它們能做什麼、需要哪些資料數據、訓練後大致上又會有怎樣的性能特徵），但神經網路內部**究竟**在每次調用（invocation）時發生了什麼事，卻完全不透明。

這樣的事實帶來一個格外令人不安的結果，是一種稱為「對抗式攻擊」（adversarial attack）的新興威脅，輸入的一切資料都只有一個目的：混淆機器學習演算法，以達成一些違反直覺、甚至是顛覆性的目的。舉例來說，一張照片可能看似描繪了某種毫無疑義的事物（像是一隻在藍天映襯下的長頸鹿），卻被刻意動過手腳，使某些個別像素顏色有細微的波動；這些改動雖然人眼無法察覺，卻會在神經網路內引發一連串失誤。如果手腳動得好，雖然原始圖像看起來沒什麼改變，分類的結果卻會從正確的「長頸鹿」降級成「書架」或「懷錶」等等錯得離譜的分類。看到先進的技術被耍成這個樣子，連隻野生動物也分類得亂七八糟，或許是能引得人咯咯發笑；但如果某項對抗式攻擊是

針對自駕車，要讓車子誤判停車標誌（甚至是人行道上的孩子），那可就一點都不有趣了。

當然，加強工程技術或許會有幫助。現在就有一種振奮人心的全新研究取向，稱為「可解釋 AI」（explainable AI），或簡稱為「可解釋性」（explainability），希望將神經網路那種簡直像在變魔法的思考運作，簡化為人類能夠可以仔細審查與理解的形式。但這種研究才剛開始發展，還無法保證能否達到支持者所期望的高度。而與此同時，需要用這種技術去解釋的模型卻在世界各地愈來愈多。

即使能夠做出了完全可解釋的 AI，也還只是邁出了第一步；之後的難關是要將安全性與透明度加入到這套方程式裡，而且就算再次成功，也不能說已經足夠。真正的下一代 AI，必須從研發的一開始就採用完全不同的態度。其中，熱情會是很好的第一步，但面對如此複雜卻又乏味的挑戰，若想取得真正的進展，還需要抱著一份崇敬，而矽谷在這點上似乎並不合格。

關於這些議題，學界其實很早就意識到 AI 可能帶來負面影響（像是缺乏透明度、容易受到偏見與對抗式攻擊的影響），但由於學界研究規模有限，風險也一直只存在於理論上。即使我的實驗室做過影響最深遠的研究——環境智能，也會因為我們再興奮也得受到臨床法規的約束，

而有充分的機會能夠處理這些隱患。但現在，隨著這些市值逼近上兆美元的企業坐上駕駛座來主導一切，研究也急遽加速。不管我們是否已經準備好，都必須跟上企業的速度來面對這些問題。

這些議題單獨來看已經很駭人，更別提它們還共同指向一種未來：監管減少、不平等加劇，甚至所託非人——好比近在咫尺的數位威權主義。走在這家全球龍頭企業的大廳，我腦海裡竟是這種念頭，實在也有點尷尬，特別是當我想到我的同事們，他們在做研究的時候，肯定都是滿懷誠心、一片好意。這些都屬於制度問題，不是個人問題，沒有了那些手捻著小鬍子的明顯壞人形象做為目標，只會讓人對這個挑戰感到更茫然。

我回想起自己與米爾斯坦的研究，想到當時光是要在少數幾家醫院裝設那些手工製作的小型原型感測器，就已經如此困難。在健康照護這種高度謹慎的領域，創新的腳步只能緩緩前行，這件事雖然有時教人喪氣，但同時也令人寬慰。而我在想，或許這件事會是個值得更廣泛效法的範例。

指責矽谷過於狂妄自大的聲浪從來沒低過，但隨著 AI 時代到來，雖然我們似乎愈來愈了解其中隱患，但企業的狂妄也達到新的高度。各家執行長前往全球各地舞臺

發表主題演講，有的深具遠見、有的內容拙劣，也有的簡直是在侮辱智慧；承諾的未來則包括了很快就能自動駕駛的汽車、高超的腫瘤檢測演算法，以及工廠的端對端（end-to-end）自動化等等。但說到這些技術進步之後會取代的工作者（計程車司機、長途貨車司機、生產線工人，甚至是放射科醫師），企業對他們的態度似乎就是隨口提提什麼「重塑技能」（reskilling），又或是直接表現出不加掩飾的冷漠。

然而，無論那些執行長或自詡為未來主義者的言論會引起公眾怎樣的敵意，隨著 AI 的使用日益普及，都會讓民眾更有理由害怕 AI。這是一個充滿里程碑的時代，但我們能夠想像最黑暗的時代也將到來。在我們這個領域的歷史上，第一次有人付出了血的代價。

在亞利桑那州坦佩市（Tempe），伊蓮‧赫茲柏格（Elaine Herzberg）推著自行車過馬路，卻被一輛由 Uber 先進技術團隊（Advanced Technologies Group）正在測試的原型自駕車撞倒身亡。Uber 精心策劃將卡內基美隆大學機器人系教師大批挖走還不到三年，該公司發展自駕車的雄心壯志已經成為公眾鄙視的對象。如果說 AI 現在受到的偏見已經讓同事與我感到難受，那麼當時我們的感受更是難

以言表。雖然要把錯都怪到 Uber 頭上很簡單（這個品牌本來就已經惡名遠播，而且原因並非出於技術），但很明顯，這樣的故事絕不會到此為止。

事實上，更多後續的教訓很快就這樣一一浮現。2016年，非營利調查新聞網站 ProPublica 進行了一系列調查，發現金融機構廣泛使用了存有偏見的 AI 程式處理貸款申請，甚至法官也用來協助判斷是否允許假釋。類似的報導也發現，在招聘過程來到人工面試之前，用人單位也會運用 AI 來篩選求職者，但這種做法大有問題，常常會在無意（但實在也並不意外）的情況下產生歧視的影響。之前提到伊蓮·赫茲柏格的死，最後迎來了一個正義的結局：Uber 的自駕車計畫就此解散，整個領域也因此受創。但如此迅速的糾正不可能套用在更屬於制度層面的較細微傷害。這些問題幾乎是無聲無息，影響的規模更大，受到的監管又更少。要想看到大眾產生同樣程度的憤怒也不實際。然而，現在民眾的意識正在成長覺醒，媒體也意識到，報導 AI 的時候，不該忽視像是偏見、公平與隱私之類的問題。

我開始意識到這些新出現的現象：無法解釋的演算法、整個群體得不到公平的對待、還有一條人命提前離

世，不能再只用簡單的標籤對待。目前就連「失控」這樣
的詞也已經顯得委婉。AI 不是一種現象，不是一種顛覆，
不是一幅拼圖，也不是一種特權。我們面對的是一種自然
的力量，如此龐大、如此強勁、如此反覆無常，既能輕易
帶來毀滅，也能輕易帶來啟示。光是靠企業那些陳腔濫
調，絕對不足以讓我們相信 AI 值得信賴。

此外，由於 AI 其實不是科技界對公共利益唯一的威
脅，也就常常讓情況變得更加複雜。與此同時，還有劍橋
分析（Cambridge Analytica）醜聞，在 2016 年美國總統大選
期間因發出錯誤資訊引起廣泛擔憂，以及有愈來愈多報導
指出社群媒體與新聞推送（news feed）同溫層（filter bubble）
帶來不良影響等種種事件。雖然如此，還是能找到一致的
共通點。全世界都開始體認到，資料數據不但具有價值，
更有影響力，而且是前所未見、堪稱決定性的影響力。

時至 2018 年，相關的利害關係已經毋庸置疑。對於
臉書與 Instagram 這樣的社群媒體應用程式，由於上面都
是極度針對個人量身打造的內容（AI 為了逼出使用者最
高的「參與度」，把量身打造這件事應用到讓人不安的程
度），也就成了青少年憂鬱與焦慮的潛在原因，因此所受
到的監管力道正在加強。亞馬遜的倉庫作業在媒體上飽受
抨擊，原因在於他們用了各式各樣的監控工具（包括監控

手環）來追蹤員工每時每刻的工作效率。微軟則在想要推銷其 AI 臉部辨識技術的時候，遭到公民自由團體與隱私權倡議人士這兩方的批評。就連我也曾捲入爭議核心，當時是 Google Cloud 與美國國防部簽訂了一份合約，公司內部稱為「專家計畫」（Project Maven），並在公司上下引爆廣泛的爭論。這股緊張局勢在幾個月內就蔓延到了媒體，重新點燃幾個長達數個世代的問題，質疑我們的技術在軍事上扮演了什麼角色。民眾對科技業興起一股抵制的情緒，而 AI 再也無法置身事外。

✦　✦　✦

「我們就在這裡等你。」我說。

當時是早上 5 點半。我看著護理師把母親推進手術房，要再做一次開心手術——一種最具侵入性的手術。我遵循中國家庭的傳統保持沉默，只低聲說完剩下的祝福。

媽，我愛你。

我手足無措，無精打采了幾分鐘，站起來在走廊裡來回踱步，直到找到一張安靜的長椅，遠離其他噪音和動靜，頹然跌坐。椅子的金屬表面比想像中涼，我打了個冷顫。那裡就只有我，腦子裡都是我還沒準備好要面對的想法，左手邊的位子空盪盪，要是平常哪個日子，大概母親

就會坐在那。她或許是講話老帶刺、總愛批評,但她一直都在,而且也總是站在我這邊。

又過了一會,我才發現那裡也不是真的沒人。父親找到了我,看起來好像有話要說,又不知道該如何開口。

「飛飛……」他開始說,語氣異常嚴肅。簡直用的是成人的口吻。但我感受到的並非力量或權威,而是脆弱。

「我小時候,所有人都愛我爸,」他最後終於繼續,「尤其是我。我跟你說過他嗎?我們家沒什麼錢,但過得算舒適,特別是在像我們那樣的小鎮。我的成長過程很幸運,我覺得……很特別。」

我不太確定為什麼他會跟我講這些。他很少提他的過去,好比早逝的爺爺、那段他似乎一直沒有真正擺脫的童年、除了母親與我之外的其他家人。但他這次愈講愈深,說了一個我從未聽過的故事。

奶奶在父親的成長過程並不在他身邊,對此父親含糊帶過,只說是因為某些嚴重但不確定的心理問題。雖然如此、或者正是因為如此,他的父親、也就是我爺爺,對他格外寵溺。爺爺並不特別有錢,也不特別有權,就是當了個小官,但在那麼小的鎮上,光是這點地位就能享受一兩點好處。對父親來說,那是一段快樂的時光,既遠離當代複雜的紛紛擾擾,又充滿了種種冒險。我想,他那種性格

的人在成長過程中，肯定會有幾起故事。

等他告訴我他小時候最愛的寵物，我忍不住大笑：是頭**熊**——如假包換的熊！他就這麼親手把牠養大，直到體型實在太大太危險，只好捐給動物園。當然，我其實也不該那麼驚訝；大多數男孩如果有那麼一點特權，就算只是名義上的，大概想的是用來得到更好的教育、找更好的工作，但我父親並不像大多數男孩。他**當然**是會去找頭熊，用鍊子栓了，在鎮上蹓躂。我胃裡那種打結的感覺似乎鬆開了。他一直不是符合傳統標準的那種家長，但在這樣的時刻，還是有他了不起的地方。他就是能在任何場合讓人感覺溫暖。

但隨著爺爺突然生病，故事急轉直下。沒人知道究竟是怎麼回事，當時很多事情都是這樣，而且因為小鎮與世隔絕，情況也就更為嚴重。他們只有彼此相依為命，小鎮資源又如此有限，根本不可能提供足夠的醫療照護。父親束手無策，只能看著爺爺的症狀不斷惡化——疲憊、精神混亂，食慾迅速下降，然後日益憔悴。

得不到適當護理，爺爺的身體就這麼垮了，短短幾個月便再也下不了床。父親只能在床邊看著，一籌莫展，就這樣看著自己世界的中心在眼前消失。等到死亡終於來臨，一切讓人感覺毫無意義、也毫無尊嚴。一位姍姍來遲

的醫師，說著什麼是極度營養不良讓腸胃疾病變得更嚴重，最後身體再也無法承擔。但對一個突然孑然一身的男孩來說，什麼解釋都不重要了，沒有任何意義。

那是 1961 年。父親當時 14 歲。

奇蹟似的是，爺爺有位同僚挺身而出，在沒有其他在世親屬的情況下，當了父親的法定監護人，讓他能繼續上學、基本需求都能滿足，將他一路帶大到畢業。這個人的慷慨讓父親活了下來，沒有在這段時間被生吞活剝。但父親也從此不一樣了。

爺爺過世的時候，父親的某些部分也隨之死去。殘存的只剩這個小男孩的一小部分，證明著曾有那麼一個他曾深愛、而又失去的世界。所以，他決心再也不要變了。就算他成年，讀到了學位，最後還成了一位丈夫、一位父親，日子還是過得就像他記憶中的那個男孩。

但有一點還是確實有所成長。就在他親切的笑容、傻乎乎的文字遊戲、永遠不願擔負責任的背後，有一道拒絕癒合的傷口，多年來仍在隱隱作痛。在這個基礎上，他建構了自己唯一的信念：這個反覆無常的殘酷世界雖然奪走了他的父親，但別想奪走他、別想奪走我母親、也永遠別想奪走我。

就在此時，一切豁然開朗。父親不只是在講我們家的

歷史，也不只是在解釋他和母親一樣渴望逃離的私人原因。這是一個男人，用盡一切心力，急切地想讓女兒為失去母親做好準備。在他幾十年新生活的背後，埋藏著他最古老、最深沉的悲痛，而他現在挖出這些傷痛，為的是讓我們能夠共同面對新的悲傷。他在保護我。多年來，我一直以為是他的青春期永遠沒到盡頭，但事實是他的青春期早已結束——而且結束得太早。他看起來總像是個時間定格的孩子，但在那一刻，我彷彿看到了一點新的什麼。在那一切的背後，是一位父親的心在跳動。

我在 AI 領域的第二個十年即將來到尾聲，在 Google 的第二年也即將結束，但我卻從未感到如此不安。電腦科學領域的混亂籠罩了一切，連我也無法倖免。但我也開始發現，我的生活似乎總有種模式：不管事情變得多麼困難，總會有件事情提醒我在這當中「身而為人」有何意義。而每一次，我都心懷感激。

不管在哪個情境，要談職業倫理都不是簡單的事，但在 2018 年秋季的某一天，這種高空走鋼索的感覺又格外強烈。當時我站在擠滿人的會議室裡，面對手下的工程師

和產品經理團隊，準備回答問題。經歷了這麼多的風風雨雨（不論是業內或業外、從文化到政治），似乎早就該迎來這樣的反思時刻。

「各位知道，」我開始說，中間有著長長的停頓，「幾乎從我有記憶以來，我就熱愛物理。但科學之美，卻與像是曼哈頓計畫這樣的事物密不可分。這就是現實。AI 背後也有自己的惡魔，不管是殺手機器人、無所不在的監控，或者甚至就是用自動化讓我們八十億人都沒了工作。這些事情都很嚇人，也都值得擔心。但這些也都是最極端的狀況，大概不會在明天突然降臨。」

我讓全場又停頓了好一陣子，思考接下來要說的話。

「而我猜，這也正是讓事情**真的**變得麻煩的地方。因為在同一時間，總有那麼多其他事情要考慮。有很多好事，也有很多壞事，當中某一些**可能**真的就在明天發生。所以我希望大家都能好好珍惜我們所面對的機會。不論接下來會是什麼情況，我們都扮演著其中的一個角色。我們**必須**認真以對。正因如此，倫理框架才會如此重要，這能讓我們先做好思考評估，才去真正踏出行動的下一步。」

一時之間，全場一片寂靜。

「呃，我能問個問題嗎？」出聲的是一位我們新聘的研究科學家，坐在房間最遠的角落。她既聰明又懂技術，還

剛從全球頂尖的學校畢業，但聽起來卻似乎有點膽怯。

「這個『倫理框架』……」

「嗯？」

「……究竟是什麼**意思**啊？」

那個問題比我預料的更基本，但也或許是我們都該好好去問的問題。

✦ ✦ ✦

加入團隊，一起運用大數據、資料分析與人工智能幫助地方單身男女找到愛情！熱烈招聘中！

汽車奔馳在 101 號公路上，我從車子的後座瞇著眼睛又看到這麼一塊廣告看板。我開始懷疑，AI 真正的威脅，可能就在於 AI 自己成了**唯一的**賣點。從我和團隊談過我們研究的倫理框架以來，時間已經過了幾個月，但這個問題常常在我腦海縈繞。同事的聲音打斷了我的思緒。

「嘿，你瞧瞧，」他一邊說，一邊遞上幾張印出來的文件，「就是公關團隊給的幾個談話要點，看我們用不用得上。」

車在南向的公路上緩慢前進，我面帶微笑、低頭讀著，但我的好心情並不是因為那些文件。我們正要去山

景城，參加一場我即將第二次體驗的 Google 年度傳統大會，有來自全球各地 Google 分公司的幾百名暑期實習生，在 Google 矽谷總部共聚一堂，與領導團隊見見面，進一步了解他們的職涯可能走向何方。對公司來說，這就是一場招聘活動。而對我來說，則是可以暫時拋下那種上班生活，讓我重新想起身為教育者最美好的時光：全場都是聰明、年輕、肯定在未來將發揮影響力的思想家，而我有這個機會能和他們好好談一談。

我通常很樂意一切照稿唸。相較於當教授時的隨心所欲，在當 Google 發言人的時候，得向許許多多的高層主管、公關顧問、甚至是律師負責，要是不按牌理出牌，後果可能會相當慘重。我的發言通常就是把同一份談 AI 與業務的範本拿來改一改，一切行禮如儀，不管面對的是這位或那位記者、或是一群分析師，就是一些老生常談。我已經幾乎不用看稿，也能背出那些內容。

但當下並非一般時刻，我內心深處渴望有所改變，思緒又回到了那次和團隊的會議上，一次又一次思索著那最後一個問題：**所謂的「倫理框架」，究竟是什麼意思？**真要說起我自己對它的理解，其實我愈想覺得愈模糊。我對所謂「技術倫理」的所知，多半是在這條非傳統職涯上一路走來意外的種種收穫，包括在加州理工學院，和柯霍一

起向 IRB 提出的提案；包括這些年來和米爾斯坦這樣的人在醫院合作研究，加上跟診輪班的醫師，以及傾聽了護理師有怎樣的擔心憂慮；包括家裡有位長輩總讓我放心不下；以及身為青少年移民的那段生活。

明擺在眼前的事實是，像健康照護這樣的領域，都是經過幾百、甚至幾千年的積累，向生與死這項避無可避的現實不斷學習，才發展出其規範、先例與倫理基礎。相較之下，AI 領域如此年輕，所謂的倫理準則幾乎還不存在。我們這個領域，根本就才剛剛要踏上一段理解自我的旅程。所以，缺乏相關倫理框架的並不只是 Google、也不只是像那位提出問題的年輕工程師一樣的個人，而是我們所有人。

我表面上繼續讀著那份公關團隊提供的文件，瀏覽著螢光筆標出的段落，但心裡已經做了決定：無論好壞，這次的演講不會是過往安排好的內容。我要面對的是七百位在未來最有影響力的科技工作者，而我決定，這段演講將完全出於我的真心真意。此外，隨著我的學術休假即將結束，我也感到一種深切的自省。

雖然這段在 Google Cloud 的時光常常讓我極度暈頭轉向，但我也無比感激。這是絕大多數科學家都難得的機會：能見到那些以最大規模受到電腦科學領域研究影響的

人，而且能夠從他們的觀點來看看這些影響（即使只是暫時）。在這兩年，我定期與高層主管、產品設計師或研發人員交談，有的來自新創企業、也有的來自《財星》五百大企業，涵蓋了金融服務、農業、健康照護、能源、娛樂、交通運輸等等產業。這比我想像的令我更懂得要謙遜，澄清了更多疑團，也更直接地提醒了我：AI 不再只是一種智識上的好奇，而是一個社會上的轉捩點，即將改變所有人的生活。最後，我知道不論是任何機構，如果不在某種程度上好好考慮這項技術，都將無法生存。相關的跡象已經無庸置疑。而我會日復一日、週復一週、月復一月地反思我所見的一切，希望能更理解我們所面對的轉捩點、更理解我們該怎樣負責地面對。我很自豪、很樂觀、也依然充滿熱情，但這份責任的負擔卻從未如此沉重。

不論我接下來去哪裡，都會從我要對臺下那些實習生講的話開始。我會放下我使用了長達兩年的那些企業公關講稿，改做一個懺悔。我打算承認——用我還沒組織出來的言語，承認我們將會面對一個非常艱困的未來，而且不論是學生或教授、實習生或執行長，所有人都還不知道是怎樣的困難。我們會面對壞消息，處理棘手的現實問題，而且過程很有可能造成傷害。但也有好消息：我們仍然能攜手面對，為時未晚。

走上臺的時候，我的胃裡又有了古老而熟悉的緊張感。但一看到我最愛的觀眾——學生，就令我感到寬慰。

「各位午安！」我對麥克風說，「很高興能來到這裡。」這是我當天唯一照稿念出的一句。

✦ ✦ ✦

那場開心手術，似乎讓我們全家變得比過去更為親密，一起面對了那不可想像的難關；但才過了兩週，現在母親的聲音恢復往常，就是那種高冷的調調。不管她是健康或是生病，年輕或是年老，自然都是這個樣子。

「這種事我們都談了二十年啦，飛飛。」

我回頭看向螢幕，上面還是那封電子郵件。寄件日期是 2018 年 6 月 7 日，美國眾議院科學與太空暨科技委員會副主席似乎在邀我出席作證。對一個沒作過證的人來說，這項邀請實在讓人有點害怕。聽證會日期定在 26 日，只剩不到三週。我反思著那些最終導致這當下情境的各種事件（民眾對科技業的抵制、帶著偏見的 AI 等等），應邀出席怎麼看都不像是個好主意。而且知道母親有多麼需要我（不管她承不承認），只讓我更難抉擇。老實說，我其實是希望她來阻止我，說我在這種時候走開實在太不負責。但不出所料，她可沒那種心情幫我投機取巧。

「飛飛，你記不記得我們降落在甘迺迪國際機場那時候？我們第一次到這個國家？爸爸沒有來接我們，還記不記得那時候？」

「記得呀，當然。」

「我們在領行李那邊等了好幾個小時，不是很無助嗎？不是很害怕嗎？然後現在過了二十年，你收到這樣的邀請？要去這個國家的首都？要去給你最愛的主題作證？」

「對啦，可是萬一事情沒那麼簡單呢？如果他們以為我也捲進哪件醜聞呢？如果──」

「那你就為自己說話呀！去告訴他們，你有二十年的時間都貢獻給了這個國家！你全家付出了一切，就為了成為這個國家的一份子！他們不能把你當外人！」

要是講這些話的是其他人，肯定要被我笑了。要在國會委員會用這種語調講話，我們大多數人大概只敢想想，並不會去實際行動。但以我對母親的了解，要是有人真敢質疑她的人品，她肯定就會這樣回應。不知道能不能派她去幫我作證。

「你想想，全世界的人有多急切**想要得到**這種機會。公開聽證會。領導者跟公民之間的公開對話。你覺得爸爸跟我為什麼要把你帶來這個國家？」

✦ ✦ ✦

木槌一響，聽證會開始。沒有回頭路了。

「科學與太空暨科技委員會會議正式開始，」委員會主席、維吉尼亞州眾議員康斯托克（Barbara Comstock）輕鬆對麥克風說，「各位早安，歡迎出席本日的聽證會，我們所要討論的題目是『人工智能：能力愈大，責任愈大』。」

至少我還聽懂了那是《蜘蛛人》的臺詞。這算好事吧？雖然如此，我的腦海裡還是盤旋著各種神經兮兮的憂慮。我一邊談著把我帶到這裡的人生旅程，一邊感覺有一千雙目光想鑽進我的後腦勺。我的移民生活；我在一項愈來愈有爭議的技術發展上扮演的角色；民眾對科技業的抵制；這所有一切。

但我愈往下聽，愈意識到我之前對這場聽證會是太過多慮了。代表們的發言個個經過深思熟慮、有求真求善的態度，出乎我的意料。他們的聲音透露著好奇與真誠，而且雖然真實的概念可能非常複雜，但他們願意全力來了解。慢慢地，我意識到原來自己並不是來接受拷問。我甚至有機會談到母親的病情，談到這如何啟發了我，開始研究 AI 與健康照護之間的交集。我本來擔心一切會演變成一場衝突、各方針鋒相對，但結果卻是一場對話，談了一

項更簡單、但也更深刻的議題：在接下來幾十年，美國人的生活會是什麼樣子？

聽我談了母親之後，康斯托克眾議員在回應的時候不是去看她準備的稿子，而是直接與我交談，分享她對美國人口老化後續挑戰的想法。

而輪到其他人發言的時候，德州眾議員韋伯（Randy Weber）也關心我母親的健康狀況。我很高興地向他保證，她的病情穩定到能讓我出席，而且她也在醫院病床上看著這場直播。「嗨，媽媽！」康斯托克眾議員逗趣地插了一句，韋伯眾議員也用他的南方口音送上祝福。這段交流出乎意料地溫馨，就算我心裡本來還殘存什麼恐懼，現在也已煙消雲散。

我把這些好心情都化做一份概要，談著我感覺 AI 可以、也應該變成怎樣的樣貌。我細數啟發 AI4ALL 的經歷，也回顧這項計畫啟動之後我從中學到多少。我談了環境智能，也談到這項議題在我心中有多麼重要。我還談了未來，談到我相信 AI 能夠發揮多大的功能，縮減世界各地的機會落差。

對於 AI 議題，這可說是談起來氣氛最融洽的一次。過程甚至還曾經話鋒一轉，談到一些更偏技術層次的面向，多虧了伊利諾州的眾議員福斯特（Bill Foster）；他有

物理學博士的學位，進入政界之前曾任職於能源部的費米
國立加速器實驗室（Fermi National Accelerator Laboratory）。
他的好問性格讓我感覺精神一振，再次強調 AI 這個領域
有多新，比起像是化學、生物學與物理學這些既有研究領
域，足足晚了好幾個世紀。就算是現代 AI，其實也比較
像是伽利略和第谷（Tycho Brahe）所處的那個前牛頓時代，
人類還在觀察、分類與預測各種現象，尚未形成統一的模
型。我說，我們活在一個令人興奮而正要開始發展的時
刻，等待著我們這個「古典」時代的黎明到來。

「感謝證人的證詞及委員的提問。會議紀錄將開放兩
週。」眾議員韋伯宣布，「本次聽證會到此結束。」木槌再
次敲響，一切結束了。

Okay，我想，眨了幾下眼睛，似乎終於能夠意識到
剛才發生的事。**我又可以呼吸了。**

在我走回旅館的路上，首都街道的氣氛變得完全不
同。腎上腺素濃度慢慢下降，思緒的起伏也變得比較熟
悉，感覺回到了我認識的自己。但我還是沒有個方向，不
知道下一個值得追尋的北極星身在何方。

我重新打開手機，略過那些幾乎是響個不停的訊息通
知，給西爾維奧打了電話。「嘿！她現在怎樣？有沒有什

麼新狀況？」我問。

「你媽沒問題，我才剛打電話給護理師確認過。那你呢？」

「我活下來了，至少在我看來啦。你覺得呢？」

「我覺得一切都很順利啊。」他說，他剛剛看 C-SPAN 頻道的時間，可能已經比他這輩子以來看的都還久了。「看起來你不會很緊張。」

感謝老天，不是只有我這麼覺得。

「可是你知道嗎？我覺得我被電影騙了，因為聽證會真的也沒那麼**刺激**嘛。」他笑著又說。

我笑得比我預期的還要大聲。

聽證會終於過去，我卻開始想像事情本來可能有哪些不同之處。第一，時間可能會長得多。第二，也可能會請來更多證人，涵蓋更廣泛的專業知識。再者，議程有可能納入更多主題，並能以更多形式提供結果。但不知道怎麼回事，光是「長得多」、「更多」這樣的詞，怎樣都還是感覺不夠。值得繼續探討的，實在還有**太多太多**。

此外，當時人類也還像是面臨著一場全球風暴。似乎每天都會出現新的頭條，談到自動化對全世界勞工的威脅。而隨著 AI 在監控的應用日益成熟，將自古以來監控

對隱私與個人尊嚴的威脅現代化，記者與人權活動份子也只會愈來愈擔心。而且，雖然一開始就曾招致強烈抗議，但 AI 的演算法偏見問題依然揮之不去，代表性不足的問題也如影隨形。

我曾經認為 AI 純粹就是一門科學，但面對它新的化身再現，現在我卻已經用了許多不同的詞彙來形容：「現象」、「顛覆」、「拼圖」、「特權」、「自然力量」。但隨著我在首都沿原路往回走，一個新詞跳了出來。AI 現在已經成了一種**責任**。而且是所有人的責任。

我相當肯定，這是個值得面對的挑戰。深度學習發展得如此之快，每過一年，感覺就像是變成一個全新的領域，應用的深度與廣度也迅速增加，就連全心投入的研究生和博士後都很難跟上最新文獻的發展（至於教授就更不用說了）。可能性無窮無盡，但還要面對的挑戰也同樣無窮無盡。即使是在這樣黑暗的時代，AI 也能帶來無與倫比的啟發。想要真正面對這一切——全球性的急迫問題、歷史上的重大契機、以及可能需要好幾代才能解決的開放式問題，所需要的絕對遠遠不是單一企業策略或學術課程所能提供。

矽谷企業為何如此強大？並不只是因為它們有幾十億

美元或幾十億用戶，甚至也不是因為它們有著讓學術實驗室相形見絀的運算能力與資料規模。這些企業之所以強大，是因為有成千上萬的傑出人才在它們的屋簷下攜手合作。然而，企業只會去**運用**人才，而不會去**塑造**人才。我已經一再看到這樣的後果：優秀的技術專家幾乎沒有做不到的事，可一旦有人提出相關的倫理問題，他們就會顯得一臉茫然。

現在時機已到，該去重新評估 AI 在各個教育階段的教法了。在未來幾年，AI 從業人員需要的知識除了技術專業，也必須懂哲學、倫理學、甚至法律。他們需要看到米爾斯坦讓整個環境智能團隊看到的內容，還必須將這些內容整合到各種不同的主題當中。研究也必須與時俱進。在我經歷聽證會那一天，也知道在政策方面該有新的做法：第一步就是為民選官員（正如我方才遇到的那些）提供相關主題的教育。

我們能想像的內容很多，但這項願景需要有一個關鍵做為聯繫，那便是大學。早在任何人運用 AI 來獲利之前，AI 就從大學發源。在這裡，我們最有可能感受到有些意想不到的研究突破，點燃某些火花。過去不論是感知器、神經網路、ImageNet、還有後來的許許多多，都是出自大學。我想打造的一切，其實在大學裡都已經打好了基

礎，只等待我們付諸應用。

　　整體來說，這正是我們的下一顆北極星：從頭開始重新想像 AI，讓 AI 成為一種以人為本的實踐。與其說這是改變了旅程的方向，不如說是擴大了旅程的範圍。AI 一直是為科學服務，但現在也必須讓它為人文服務了。AI 還是應該遵循著優良的學術傳統，願意協作、尊重其他人的意見與專業，但現在還必須勇於面對現實的世界。畢竟，星光也有著多樣的組成，只要將它的白色光分解開，就會顯現出所有可見的顏色。

第 **12** 章

下一個北極星

回到大學的感覺真好。

輝達演講廳（Nvidia Auditorium）採用中性色調與柔和的燈光，但此時充滿活力，全場擠滿了人，位子根本坐不下，想聽課的熱情學生只好坐在地上、樓梯上、或靠在最後面的牆上，筆電則放在膝蓋上、或是盤起腿來放在兩腿間。況且還有幾百個學生遠距上課，讓總人數來到大約六百人。那是 2019 年春天，「CS231n：視覺辨識的卷積神經網路」自從三年前開課以來，修課人數呈現爆炸式成

長，也很快就成了我最愛教的一門課。

我站在講臺前，想起自己剛成為普林斯頓新生的時候，第一次在那個擁擠的教室急急忙忙找空位，感覺大開眼界。我也記得那股期待的衝擊；隨著閒聊聲退去、教授出場，立刻以一種超人般的氣勢征服了全場。而我現在已經意識到，我們這些站在臺上的人其實也完全就是個普通人——或許是有一些成就，但依然脆弱、依然容易犯錯，是我當學生的時候無法想像到的。不論如何，教室對我而言仍然有著特別的意義，這樣的時刻就是讓我熱血沸騰。

對於在場的許多人來說，那天會是他們第一次接觸到這些我鍾愛已久的概念想法，而我也是如此有幸能為他們作介紹。我跟著鮑勃學習的往事如潮水般湧上心頭（當時我對他的稱呼還是薩貝拉先生），提醒著我，一位老師能給一個年輕人的人生留下多麼深刻的印記。我們受到託付，要分享一種特殊的喜悅：知識帶來的悸動，新的可能性在心裡帶來的翻湧。當然，這種感覺無法持續太久，最後總會因為職涯發展、研究發表、工作面試，甚至創業投資與收入預測而變得難以言說。但在當下這個時候，最重要的唯有我們的心靈。而或許這個課堂上的某些人，也即將為自己發現一些值得追尋的東西。

但我還是得承認，從我上次還坐在那些位子裡到現

在，事情已經有了多大的改變，我也在這些年裡又長了多少見識：Google 的那些會議室；規模簡直像是大型倉庫的資料中心；醫院；驚慌失措地走過華盛頓特區。AI 仍然是我最愛的科學，但也已經不再**只是**一門科學。不論這些學生未來將會成為怎樣的人——研究人員、產品設計師、企業高層、制定政策的政府官員、甚至是我無法想像的職位，他們都必須擔負起巨大的責任。

「不管是要解決資料數據中的偏見，或是保障在醫院裡的病患，」我大聲說，「所有這一切的共通點，就在於技術如何對待人，特別是對待他們的尊嚴。這是個我會不斷回頭談到的詞。AI 要怎麼做，才能以尊重人類的尊嚴為首要任務？從這個出發點，後續會有很多的發展。」

這不是我排練最充分的時刻，或許某些聽眾也會覺得這個轉向來得有點突然。但這一切是發自內心，我也知道這不會是我最後一次去談這些議題。

「『以人為本的 AI』（human-centered AI），」我說，終於提出這個我已經思索琢磨好幾個月的詞，「這就是我給這個概念的稱呼，希望它能夠充分描述我往後的職涯。我也希望，這個詞在未來這些年能對在座所有人都有意義。」

每門課第一天都一樣，學生總會排著隊，想問一些後續的問題。但這次的隊伍就像條蛇一樣，從最前面的講臺

一路蜿蜒到了最後面的牆。

「嗨，李教授，」有位學生終於排到了，「我真的對深度學習很感興趣，現在是拿到什麼都讀。」

「我也很喜歡這個領域！你選得好。」

「所以，ImageNet 是您做的對吧？」

「有很多人幫忙，不過是可以這麼說。」我笑著回答。想出名並不是個進入科學領域的好理由，但得到肯定還是很讓人高興。

「那，我只是好奇……在那之後您有沒有，我不知道，像是其他想法？」

哎喲。那些自我感覺良好也就到此為止了。

當然，大學生就是可愛在這裡。他們的講話技巧通常不太高明，但又能直指核心。我本來已經打算分享幾個我的實驗室正在研究的概念，但在最後一刻改變了心意。

「還真的有。現在還在早期階段，可是我覺得很有希望。事實上，我一分鐘前才剛提過。」

「哦，您是說那個，呃……以人為中心的 AI？」

「以人**為本**，」我笑著回應，「我想至少是這樣啦。名稱也還沒完全確定。」

「唔……」那個學生抓了抓頭，「這聽起來是很有意思，但不是我以為會在這種課上聽到的內容。我想這讓我

有點疑惑……倫理跟社會，這跟寫程式碼之類的事有什麼關係？」

＊　＊　＊

　　蓋茲電腦科學大樓給我的感覺既宏偉卻也謙遜。挑高的大廳，大理石地板，聲音的迴響宛若身處博物館，劇院大小的拱頂教室也向思想的力量致敬。但我最熟悉的是上層，走廊雖狹窄，卻也是我的實驗室與史丹佛人工智能實驗室的所在地。此時，這棟建築的一樓有一側建物翻新，搬進了一個新的單位：史丹佛以人為本人工智能研究院（Stanford Institute for Human-Centered Artificial Intelligence），簡稱史丹佛 HAI。

　　這樣的象徵意義令我感到振奮。在全美歷史數一數二悠久的電腦科學院系中心，成立了一個人本定位如此明確的機構組織。而且史丹佛 HAI 的雄心壯志是要成為跨學科合作中心，不只是個詩意的理想，而是已經成為現實。我在這裡每天會遇到的人，就有像是史丹佛大學法學院的何恩文（Dan Ho）、政治學教授瑞赫（Rob Reich）、人文學科教授伊蘭姆（Michele Elam），又或者是從弦論物理學家轉成計算神經科學家的甘古利（Surya Ganguli）。他們都欣然同意成為 HAI 的一員，直接與 AI 領域的學生與研究人員

合作，探索我們領域間的交集，也分享他們在職涯與人生中獲得的專業。HAI 甚至也吸引到完全來自史丹佛以外的合作夥伴，包括著名的麻省理工學院經濟學家布林優夫森（Erik Brynjolfsson），不遠千里跨越全美而來，協助 HAI 更了解 AI 如何影響現代的就業、財富及權力集中。有時候感覺起來，整個 AI 學科似乎是重新誕生了一次，現在的形式比我幾年前想像的更加充滿活力。

特別是有一項合作，深深改變了我對可能性的看法。我在十年前第一次見到艾奇曼迪的時候，他是史丹佛的教務長，而我才剛從東岸移居過來，全心打造著尚未完工的 ImageNet。我們後來成了鄰居和朋友，而他這位學者的學養之深厚，令我對他的尊敬有增無減。艾奇曼迪任職行政多年，深諳高等教育的內部運作，不管是好的、壞的、又或是最官僚的一切，他都了然於心──完全知道該如何下手，才能讓 HAI 最不太可能的願景化為現實。他可不只是去談談以人為本的 AI、也不只是**辯論**其優點何在，而是一磚一瓦地把它打造出來。所以，當他答應和我一起擔任史丹佛 HAI 的聯合院長，我就知道成功在望。

在我們的合作當中，我最喜歡的一項成果是國家研究雲（National Research Cloud, NRC），這是一個 AI 研發平臺，完全使用公共資金與資源，而不靠民間企業來支持。NRC

的目標是讓全球各地的學者、新創企業、非政府組織和政府都能夠進行 AI 研究，確保 AI 領域不會永遠被科技巨擘、甚至像我們這樣的大學壟斷。

NRC 在兩年前還只是一個想法，而且要是沒有史丹佛 HAI，很有可能永遠也只會是個想法。但現在有了更具多樣性的團隊，有法律與公共政策的專家加入，這就成了一項使命。特別是艾奇曼迪，動用了自己整個職涯打造的人脈，讓全美各地大學組成聯盟，陣容之浩蕩是我在學術界前所未見，更讓許多的想法、建議、辯論與跨國飛行開始動了起來，很快就擘畫出一份完整的立法藍圖，送往國會山莊。儘管目前 AI 距離真正的包容性還有很長的路要走，但像 NRC 這樣的成就，都是朝著正確方向邁出的重要一步。

✦　✦　✦

2020 年 9 月，距離米爾斯坦和我第一次討論已經過了將近十年，我們發表了一篇對我們研究的綜合回顧，題目是〈以環境智能照亮健康照護的黑暗空間〉。文中呈現了我們對智能感測器的完整願景，希望用感測器擴大醫師與護理師的感知，達到過去不可能的規模與一致性，能在混亂的健康照護環境當中掌握一切。

　　這篇文章也談到環境智能可以發揮哪些作用，包括改善老年護理、協助慢性病管理、辨識精神疾病症狀、追蹤手術過程當中各項器材的使用情形，或是促使臨床人員在輪班期間保持衛生。這篇文章登上的並不是專注於電腦科學、AI 或資訊處理的期刊，而是《自然》（或許是所有科學領域最頂尖的期刊）。這提醒我們，最優秀的研究常常是將所有科學視為一體，毫不猶豫就展開全球型的合作，舞動穿梭於各種邊界，在不同領域交集的空間內獲取成果，而不只是待在自己的領域泡泡之中。

　　這項研究令我自豪，但前方還有很長的路要走。在那篇《自然》回顧論文之後沒幾個月，12 月的《刺胳針》（*The Lancet*）刊出一篇可說是反駁的文章，題為〈在健康照護環境使用環境智能的倫理問題〉。那篇文章言詞直率、論理透澈、絲毫不談情面，公正且嚴格地檢視我們那些研究可能帶來怎樣的影響。作者認為，環境智能雖然有提升護理服務的潛力，但同時也會帶來「各式各樣的倫理問題」，多半圍繞在大規模的資料蒐集、新的隱私隱患，以及就更哲學的層面而言，在這種使用沉浸式、分散式監控技術的環境中，知情同意在本質上有何意義。雖然要讀別人對自己研究的批評絕不容易，但這篇文章提供的正是 AI 領域需要的倫理討論，而且我同意其中大部分的內容。

環境智能很有可能永遠會是我實驗室研究的中堅項目，只要一看到我父母，就會讓我想起自己為什麼認為它如此重要。也因此，就算到現在，我每天還是會撥出一定比例的時間去了解最新的相關實驗、試驗與法規發展。但當我回想 AI 領域過去幾年的飛快發展（物件辨識技術的突破，開始能夠對照片、甚至是影片生成類似人類的說明文字），卻有一條共通的主線愈來愈難以忽視：雖然這些技術如此複雜先進，但本質上都仍然只是在被動觀察。每項技術都只是以不同的形式，用某套演算法告訴我們它看到了什麼。雖然我們的模型學會了觀察，而且有時候能夠觀察得極為詳細且準確，但似乎也就是這樣了。這些日子以來，我發現自己常常在想：**在這一切的背後，肯定還有些什麼吧？**

✦ ✦ ✦

「嘿，你還記不記得幾年前你第一天上課問過我什麼？我很好奇你還有沒有印象。」

茶點時間結束，一名學生和我正走回實驗室，手裡都還拿著蓋了蓋的紙杯。

「我還真記得，」他微笑著回想當初，「我那時候是問，倫理跟這些事有什麼關係？」

「所以呢？」我也微笑看著他，「你覺得你找到答案了嗎？」

他嘆了口氣，抬頭看向天空，時間從下午逐漸來到傍晚，天空的顏色正在慢慢褪去。

「老實說嗎？其實還沒。而且我是真的認真想過喔。話說怎麼可能沒想過，現在新聞每天都在報。我甚至還修了瑞赫教授的課。」

他講的課是「電腦、倫理與公共政策」，開課的是電腦科學家薩哈米（Mehran Sahami）、政策學者威斯丁（Jeremy Weinstein），以及政治科學家暨倫理學家瑞赫（Rob Reich）；瑞赫到現在還是 HAI 的創始成員之一。我點了點頭。

「我知道這些東西理論上很重要啦。」他啜了一口咖啡。「可是我不知道耶。飛飛，你看喔，我的機器人到現在都還無法自動把烤好的麵包拿出來。研究本身就夠讓人沮喪的了，你知道嗎？好像所有人都在一直發文章。光是下一次研討會、下一個發表出版截止日期就夠我恐慌了！現在這東西感覺都還在發展初期，我到底該花多少腦力去想它的倫理規範？」

這個問題不能說沒道理。雖然 AI 在過去十年有了驚人的進步，但一大部分都還在起步階段。其中，機器人學

（robotics）更是難到出名，即使已經到了深度學習普及的時代，進步依舊十分有限。而在這種時候，就很難說服大家重視以人為本的 AI。

「你知道，」我開始說，「我當學生的時候其實離現在也沒**那麼**久。當時光是要讓電腦去分辨貓狗，就已經幾乎是科幻小說等級的事了。但接著，深度學習改變了這一切，僅僅一夜之間。而大家使用我們演算法的方式，原本我們以為還要等上幾十年。你就想想看，我們現在談臉部辨識談得有多少。記者、政治人物、活動份子……都突然有問題想問，而且都是好問題！這一切是不是會導致更多的監控？更多有偏見的演算法？或許甚至是 AI 武器？這一切不知不覺逼近的速度實在太快了！」

我們到了實驗室。我在讀卡器上刷了門禁卡，我們推開了那扇雙開大門。

「我的重點是，」我總結，「事情的變化有可能比你想像快得多。」

我知道自己並沒有說服他，至少並不完全。然而，雖然他有著諸多疑慮，至少還願意繼續聽下去。而那就是個開始。

新進人員常常抱著懷疑的態度。但在實驗室裡，處處

都能看到以人為本的價值觀。前一天晚上的白板還留著一項計畫的筆記，就是要訓練神經網路在處理敏感資訊的同時保護個人隱私，而另一項類似的計畫則是希望將圖像資料集裡的人臉模糊化、但不影響模型最後的效果。

我們甚至開始批判自己過去的研究成果；透過研究，試著量化 ImageNet 從當初網際網路抓下的幾百萬張照片吸收了哪些關於種族、性別與性取向的偏見。根據這些發現，我們淘汰了大量的圖像，替換的圖像更能平衡呈現人類身分認同，另外也刪除了一些有冒犯意涵的類別標注。

至少對我來說，或許最鼓舞人心的一點在於，我們的研究從未如此貼近現實。除了有位年輕研究員在烤麵包這方面的不幸之外，這十年來機器感知的蓬勃成長已經從根本上改變了機器人學，至今讓這個領域與 AI 密不可分。彷彿是為了說明這一點，有兩隻造型優美、暱稱為「查理」和「艾達」的機械手臂，現在就在一個金屬工作檯上放得好好的，等待下一次練習。這些日子以來，它們對我們實驗室的重要性已經不下於任何演算法。

然而，再怎麼炫目的硬體也只是工具，該看的還是最後的目的。所以我們研究時的指導原則永遠都是人類的福祉，而不光是流程的效率。在這樣的考量下，我們開始與數位經濟實驗室（Digital Economy Lab）合作；這個後來成

立的研究小組隸屬於史丹佛 HAI，運用美國勞工統計局
（Bureau of Labor Statistics）的調查結果，研究勞工如何評價
自己所做的工作：在哪些方面願意擁抱自動化的便利，在
哪些方面又覺得自動化是在威脅入侵、甚至是去人性化。
我最早是在與米爾斯坦合作研究環境智能的時候，意識到
了這樣的區別：AI 該做的，永遠都該是去增強人類的能
力、而不是與之競爭──這現在也成了我們實驗室奉行的
基本價值。

　　這個價值到底意味什麼，每位研究人員都有自己的答
案，但我們可以看到許多讓人振奮的例子。舉例來說，我
們實驗室最煞費苦心的一項工作，就是針對各種日常空間
（例如家庭、辦公室、醫院）進行 3D 建模，各有許多不同
的類型、格局與風格。這麼做的目的，是試著將我們的演
算法融入人們生活與工作的環境，看看智能型機器能夠怎
樣發揮最大作用，特別是協助病殘人士。另一個相關的計
畫則是使用 VR 頭戴式裝置與動作追蹤手套，由研究人員
示範如何完成一些具體、有意義的任務（從摺衣服到準備
食物），程式就能將這些動作加以數位編碼，做為評估機
器人性能的標準。還有另一項計畫，是在探索一種新的機
器學習方法：在數位代理人（digital agent）的設計當中放入
一種天生的好奇心，再把它們放在一個鼓勵它們玩耍的虛

擬環境；有很大一部分，兒童也正是這個樣子與環境建立了直覺的連結。

當中每一個故事，都代表我們對於資料的想法與期待又有了另一次的變化。我們曾經只是希望讓演算法的感知能夠包羅萬象，涵括所有的類別與事物；但我們現在的目標還希望能夠更為豐富，要更深入了解這些事物所嵌入的空間、時間、甚至意義，也就是除了要擴大數量，還要增加細節、加入更多的細微差異。新的資料處理方法不再只是簡單的篩選與編目，而是要模擬整個環境、模擬其中進行的動作。正因如此，隨著我們研究背後的人本主義成長，技術的複雜度也跟著爆炸般成長。想要為世界打造一個比過往任何時候都更真實的**再現**、對現實生活形成全面的觀點，所需要的深度與準確度，我認為就算是目前最先進的技術也還無法做到。所以，好戲再次上演，艱難的挑戰令人心情激動。又一次，我們必須繼續進化。

當然，這種進化的確切形式仍未可知，但目前已經可以看出一些有意思的跡象。近年來一些比較重要的發展中，就包括出現了愈來愈多的替代方案，能夠解決人類在訓練模型時遇到的瓶頸（想要追求進步，所需的資料集愈來愈大，可是要組織相關所需人力，背後的成本、時間、

甚至倫理道德問題也隨之爆炸般成長）。但由於模型處理資料數據的能力大有進步，包括模型的大小、平行作業的能力，以及能夠自行辨識出有用的模式（文獻稱之為「注意力」〔attention〕），現在能夠使用極為龐大的資料集來訓練，有些資料集甚至等同於整個網際網路的一大部分。例如就「文本」而言，這樣的資料集通常代表的是整個維基百科、各種圖書館藏書與學術期刊，甚至還包括 Reddit 之類線上論壇的所有歷史發文。而在分析了所有單詞、空格與標點符號之後，就能得到一個人類語言的統計模型，如此龐大、又如此密集，甚至只要得到短短一句的概念提示（prompt，可以是一個問題、一句陳述或一行對話），就能滔滔不絕產出散文，而且文筆之佳讓人不敢相信是出於機器。這樣產生的模型現在通常稱為「大型語言模型」（large language model, LLM），文字極為流暢、幾乎無異於人類手筆，很容易就讓人忘記這些文字背後並不是個有血有肉的作者。

　　如今，在電腦視覺有所突破的多年以後，大型語言模型也正在推動自然語言處理的復興，很有可能預示 AI 將邁入下一個偉大時代。大型語言模型背後的祕密，在於一種稱為「Transformer」（轉換器）的新型機器學習模型（絕對是神經網路設計領域自 2012 年 AlexNet 以來最大的進

化式飛躍），具備了所有必要的特性，包括巨大的規模，能夠平行處理大量資料數據、進而加速訓練時間，具備極為複雜先進的注意力機制。從任何標準來看，這都是一個里程碑、甚至可說是個轉捩點。在發表之後，Transformer幾乎是立刻就展現了教人印象深刻的能力，就連背後創造這個模型的諸多專家也為之震驚，而且相關的進步至今未曾趨緩。

我第一次接觸到大型語言模型生成的文本，給了我一種超現實的感受，讓我回想起與卡帕西的合作。我還記得，當下光是看到 AI 寫出一個完整的句子來描述它看到的東西（儘管文筆實在不佳），都已經是那麼令人興奮。而短短幾年後，演算法已經成了雄辯滔滔的語言大師，能回答問題、能寫故事，甚至還能解釋笑點。更重要的是，目前新興的「多模態」（multimodal）網路技術在訓練的時候，不僅能處理文本，還能處理照片、音檔、語音、甚至影片，現在也正學著要**生成**這些媒體內容。在實務上，總感覺這樣的發展似乎是比計畫提前了一兩個世代；不過大約短短十年，演算法就從只能勉強辨識照片內容，進步到辨識的準確度打敗人類，再到現在，居然能自己創造全新圖像，看起來完全像是拍攝而成、卻又完全是合成的產物，逼真與細節的程度常常令人感到不安。隨著生成式

AI 時代到來，深度學習時代也似乎正在讓位給一場新的革命。

　　就算在我看來，也覺得生成式 AI 技術宛如魔法一般。但這項技術的核心其實是再一次讓我們看到大規模資料集的威力。而當然，「規模」就是其中的關鍵詞。如果要比一比，AlexNet 初登場的時候擁有六千萬個參數，至少勉強能夠理解 ImageNet 資料集的其中一部分，但各個 Transformer 演算法的規模，則是大到能夠用整個世界的文本、照片、影片等內容來做訓練，正迅速成長到擁有**幾千億個**參數。確實，這帶來了數不盡的工程挑戰，但背後的科學也簡練到讓人驚訝。彷彿這些可能性早就在那裡等著我們，可以追溯到楊立昆的郵遞區號閱讀器、福島邦彥的新認知機、甚至是羅森布拉特的感知器那些時代，也可以追溯到 ImageNet 的時代。這些可能性全都在某個地方等著。我們只是需要讓一個簡單的概念變得夠大。

　　然而，這些解釋也愈來愈讓人感覺只是在玩語義上的文字遊戲。大型語言模型（就算是多模態模型）所做的，可能並不是我們真正、最崇高意義的那種「思考」──而且冷靜一下就會發現，這些模型常常會出現荒謬的概念型錯誤，也常常產出看似合理的胡言亂語，在在提醒我們大型語言模型與真正的思考仍有差異。雖然如此，隨著這些

模型生成出愈來愈複雜而逼真的文本、圖像、聲音與影片，已經有愈來愈多評論者同聲提出警告，我們做為個人、機構甚至社群，愈來愈難區分真實與幻象——而且我們也不總是清楚，區辨這些真實與幻象有多大的意義？而且，一旦我們意識到這**所有一切**都還只是個 1.0 版本，一切實在令人感覺特別警醒。

事情就是這樣一直下去。演算法表達自我的複雜高明程度已經來到人類水準。機器人也逐漸學會如何在真實環境移動來去。訓練視覺模型用的已經不只是照片，而是能夠即時沉浸在全 3D 的世界之中。AI 生成內容的速度，已經與辨識物件一樣流暢。而在我們身邊，似乎正不斷出現各種倫理的問題，每分每秒都更深入各種人類的事務。但科學一向都是如此。踏上一場旅程之後，前途只會不斷延伸、變得愈來愈複雜。眼前岔路無盡，地平線不斷擴張，總有新的發現、新的危機、新的辯論。這個故事，永遠都在第一幕。

我當初決定將一生奉獻給這個曾經沒沒無聞的領域，並沒料想到一切會帶我走得這麼遠。出於歷史的偶然，我這一代人得以見證 AI 從專屬於學界的祕密，搖身一變登上頭條新聞。AI 也讓我走向世界，與全球領導人同桌議

事，近年也在一些最大的平臺發表演說。讓人睜不開眼的燈光、霓虹色彩、一排又一排的觀眾似乎延伸到地平線那一端。這些都是難得的特權，也都是意想不到的榮耀。

　　但我最愛的地方還是我的實驗室。螢光燈管的嗡嗡聲、硬邦邦的椅子、放到走味的咖啡、無盡的點滑鼠和打字聲、在白板上吱吱作響的白板筆。在這裡已經發生了太多太多，可以追溯到 2012 年的 AlexNet，追溯到 2006 年鄧嘉和我開始打造 ImageNet，追溯到佩羅納把索普的腦電圖研究放在我桌上──**相信我，你一定會想讀這玩意。**但就算是現在，北極星仍然在我眼前指引出一條漫長道路。這趟旅程還在召喚著我，還有許許多多值得去追尋的發現。

　　我常常想起自己和佩羅納與柯霍的初次見面，想起他們在我眼中如同巨人一般。很難想像可能有人看我也有那種感覺（光是身型大概就不合格了），但要是說我現在確實有幾分權威，也是他們教了我該如何善用：讓它成為一種邀請，而不是一道阻礙。不論哪位學生，只要願意投入足夠的努力追求在這個領域的成就，我想說：**只要你真的對此充滿熱情，不論是何身分、無論來自何方，你都屬於這裡。請讓我們一起打造未來。**

✦

　　午後天清氣朗，雖然太陽離樹梢愈來愈近，氣溫還是
暖得足以讓我們躲在涼亭的陰影下。母親靜靜坐著，一派
滿足，她的孫子孫女又叫又笑，在草坪上來回踢球。父親
盡全力跟著他們的腳步，和孩子們笑成一團，一派青春。
他當這個外公再適合不過——這個身分唯一需要的，就是
他花了一輩子來培養的那份玩心。

　　我低頭看了看震動的手機，是史丹佛 HAI 政策主任
傳來的簡訊。

　　　國家研究雲剛剛在參議院通過
　　　做為一個更大法案裡的部分內容
　　　正送去總統辦公桌

　　一分鐘後又來了一條簡訊，這次發訊的是琴恩・薩貝
拉。她附了一段影片。我按下播放鍵，看到有兩雙迫不及
待的手在拆包裝紙，等到裡面露出了《星際大戰》的樂高
套裝盒組，更是傳來興奮的尖叫。

　　「小朋友，我們要說什麼呀？」我聽到琴恩在鏡頭外
問。

「謝謝飛飛阿姨和西爾維奧叔叔！」兩個聲音一起講得無比興奮。

就這樣隔了一代，鮑勃的書呆子想像力顯然也傳承到了他的孫輩身上，但看到他們毫無保留的喜悅，讓我知道可說是鮑勃一大特色的內向已經隨他而去。而我可以想像，這會讓他露出怎樣的笑容。

我關了影片，回到影片所在的群組聊天室，有琴恩、她的兒子馬克、和我，現在裡面已經有了我們好幾年來的個人生活更新，例如各個重要的里程碑；生日；膝關節置換手術後的復原；新工作；新寵物；有快樂的消息、悲傷的消息，還有一切其他充滿人生歲月的點點滴滴。

起初在帕西帕尼高中數學課裡一次顫抖的求助，發展出一種連結，改變了我的移民生活，現在更跨越東西兩岸的三個世代。鮑勃是我的老師、知己、朋友，也在我幾乎還無法表達自己的時候成了我的生命線。薩貝拉一家永遠會擺上一盤自製布朗尼的餐桌，到如今仍然是我學會惻隱之心的最重要一課。薩貝拉一家無疑也是我們一家的延伸，我無法想像沒有他們，就像我無法想像沒有我的父母。也因為如此，雖然已經過了十多年，失去鮑勃依然讓我心痛。但我們的對話從未停止，他的記憶仍在傾聽，我也依然全心傾訴。

　　說起我對美國的認識，沒有其他地方讓我學到了更多。可能是早從中學開始，就有種種認識美國的課程：歷史課上講的那種歷史令人嚮往，但移民面對的現實卻如此黯淡、甚至暴力，兩者形成了鮮明的對比；那些課程從來沒能真正打動我的心。即使在這幾十年來，我一直和其他人沉浸感受著同樣的張力，像是黨派之爭、文化斷層、選舉週期等種種，但我對美國最深刻的理解並不是來自新聞，不是來自那些名嘴的評論，甚至也不是什麼教科書。而是來自於認識了薩貝拉一家人的這份榮幸，他們是人性的典範，而這也是我對這個地方最珍視的特質。無論如何，對我來說，這種精神就是最美國的一項特色。

　　聽到玻璃滑門打開時橡皮吱吱作響，我轉過身。西爾維奧兩手空空，朝我們走來。

　　「午飯呢？」我問，有點在逗他、也有點是真餓了。餓的成分多一點。

　　「論文答辯花了很久。」他嘆了口氣，笑得沒半點內疚，知道我懂他這時候是怎樣又累又喜。

　　過去這幾小時，他一直在仔細分析他最新那位博士候選人的論文，挑戰她的論點、再聽取她的解釋，最後授予她學位。不難想像整個答辯時間會嚴重超時；西爾維奧當時就是陷入了一種熟悉的熱情，而只要是講到那些主題，

我們兩個都沒有什麼簡單的開關能把熱情關上。

　　我又再看了手機一眼，眼神逗留了一會，看著許多簡訊裡那些我熟悉的名字。一次最近的對話裡就有鄧嘉與魯薩科夫絲基，兩人現在都在普林斯頓任教，也都還在電腦視覺研究的最前端。特別是魯薩科夫絲基，她成了 AI 公平與透明度的堅定倡導者，也將 AI4ALL 帶到了她新的校園。另一封簡訊來自佩羅納，他還在加州理工學院，向我介紹他一名博士生的研究，想用電腦視覺來協助環保與永續工作。還有一封來自米爾斯坦，我們成了朋友一起做研究已經超過十年，他和我分享了環境智能的最新資訊。

　　不管哪天我到底有沒有覺得自己就是哪種人──中國人、美國人、甚至義大利榮譽國民，我早已擺脫了那種覺得自己不屬於某地的恐懼。我一路走來遇到的人、以及他們對我表現出的善意，都證明了這一點。我的移民之路走得並不平坦，但我永遠感激它帶我來到此時此地。

　　就連我母親健康狀況帶來的挑戰，這個橫跨了如此多年的故事，現在看來也是千絲萬縷、絕對無法簡單說是幸或不幸。畢竟，把無可避免的事情拖久了之後，人就會變得麻木。雖然這段旅程讓人疲累，但過了將近三十年，我不得不承認，如果按照不幸家庭的標準，我們家實在算是幸運。這三十年過得是辛苦，但並不是悲傷、失落或哀悽

的三十年。我們一家得以共度，我不禁對此心懷感激。

　　這些日子，我發現自己常常在反思。我常常想起父母
成長的歲月，想到母親當時被鎖在一種吞噬自己的文化
裡，父親無法擺脫童年留下的創傷。我還記得，我們登上
那班飛機、遠離熟悉的一切時，我瞥見母親顫抖的雙手；
也記得我們到了甘迺迪國際機場的滿腹恐懼，困在行李提
領處孤獨等待，隨著夜幕降臨，卻一直見不到父親的身
影。我也記得乾洗店裡那股沉悶的熱氣，機器嗡嗡作響的
轟鳴。我也想到自己第一次看到普林斯頓大學的情景。

　　回顧職涯，我相信這趟橫越大半個地球的經歷給我留
下的印記，我要到現在才開始理解到它的影響，而且如今
也持續影響著我的研究與思維。我還想起那些緊張的局
面，是怎樣讓我母親，一個被剝奪政治權利的國民黨家庭
的女兒，願意孤注一擲遠走他鄉，而如今晚年竟然能在帕
羅奧圖住家的後院度過。科學家的生活，就像移民、或說
冒險家的生活一樣，「家」從來就沒有一個明確的概念。
最好的研究總出現在邊界上；在那裡，想法永遠困在來去
之間，由陌生的人在陌生的土地上探索，由裡面和外面的
人共同探尋。但這也正是讓我們如此強大的原因。這能讓
我們的觀點獨特，也讓我們得到解放，能夠去挑戰現狀。

　　AI 的未來仍然充滿不確定，我們有許多理由可以感到樂觀，也有許多理由可以為之憂慮。但 AI 絕不只是單純技術的產物，而有著更深層、更重要的源頭：我們該去詢問，在創造事物的時候，是什麼激勵著我們的思想與心靈。我相信，比起其他任何問題，這個問題的答案將會塑造我們的未來。而由誰來回答這個問題，也將至關緊要。隨著 AI 領域慢慢愈來愈多樣、愈包容，也愈來愈能接受其他學科的專業，我對我們正確回答這個問題的機會也愈來愈有信心。

　　在現實世界，北極星只有一顆──現在是勾陳一（Polaris），小熊座最亮的那一顆。但在心靈裡，指引方向的參照可以無窮無盡。每個新的追求、每個新的執著，都像是高掛在地平線上的一片黑暗當中，閃爍著五彩斑斕而向我們招手。正因如此，我最大的快樂來自於知道這段旅程永遠不會畫下句點。而我也不會。總會有新的東西值得追尋。對於科學家來說，只要發揮想像力，就如同看著天空掛滿了北極星。

致謝

　　這本書談的是我所看到的多樣世界，有物質的世界、也有智識的世界。雖然很多是重疊的，也有些仍在展開，但我還是想感謝那些曾在人生的各個層面上幫助、支持、愛著我的人。

　　對我來說最新的一個世界，就是去寫作和出版一本書。在我們訂下出版合約之後，爆發了一場全球疫情，結果就是我花了超過三年時間才完成了手稿。但在這期間，我的寫作夥伴 Alex Michael 和我成了擁有同一個創作精神的兩人合作團隊。我們稱自己為「GAN 小隊」（Team GAN）──這是 AI 宅很熟悉的內部笑話，GAN 這種神經網路就是靠著不斷提出、分析和改善結果來生成圖像。雖然我們在寫作上的關係像夥伴、朋友、也像同事，但真正把我們綁在一起的是我們的人生如此相似：我們兩人都在母親健康欠佳的時候寫這本書，並且她們的健康以令人擔心的速度惡化。而本書最重要的主題，剛好就是 AI 等技

術可以如何幫助人類，特別在醫學和健康照護領域，反映出我們在撰寫本書時的經歷。我很遺憾，雖然 Alex 的母親很想讀到最後的完整成品，但經過多年與癌症對抗，還是在定稿時與世長辭。儘管如此，我很清楚我們都是為了我們的兩位母親而寫。Alex，要是沒有你就不可能有這本書。我對你的感激無以言表，能和你共度這段寫作之旅是我的榮幸。我知道你不准我逗你說要寫續集（永遠別想），但你永遠是我這個世界裡最好的寫作搭檔，要是真的還有另一本書，我們的 GAN 小隊肯定還是要一起上場。

我們身為出版界的新人，很幸運能有 Christy Fletcher 擔任我們的文學經紀人，即使這麼多年過去，她與 Sarah Fuentes 也從未停止對我們的支持和鼓勵。我們也要感謝 Flatiron Books 公司，有 Will Schwalbe 與 Samantha Zukergood 以無比的關心與尊重提供指導，協助我們將熱情的計畫化為現實。當然，多年來也有許多人協助讀過本書各種不同版本的手稿，包括了 Aaron Brindle、鄧嘉、艾奇曼迪、甘古利、格林、Jordan Jacobs、Roberta Katz、Millie Lin、瑞赫、Janet Tan、Paula Tesch、維諾葛拉德，以及 Morgan Mitchell。我們永遠感謝他們提出的見解、反應與想法。

定義我這段職涯的，是科學和科技的世界。我想先感謝那些科學的巨人，他們永遠不會知道，他們的研究不但改變了人類文明，也改變了一個小女孩的生活，她生在中國的一個內陸城市，又來到紐澤西的郊區小鎮長大。牛頓、達爾文、居禮、薛丁格、愛因斯坦等等，各位並不需要我的致謝，但我還是必須感謝各位點亮帶來如此啟發的燈塔，引領我進入神奇的科學世界。

而就更直接的影響而言，是其他許多人把我塑造成了一名科學家。特別值得一提的是我的博士指導教授佩羅納與柯霍，他們讓我從一個對 AI 零知識的物理系大學生變成了嶄露頭角的研究人員暨電腦科學學者。一路走來，還得感謝許多其他的導師與合作者，包括 Diane Beck、達利、格林、John Hennessy、辛頓、柯勒、Kai Li、馬立克、Arnold Milstein、吳恩達、史朗，不及備載。在過去幾年間，我的 AI 世界已經擴展到以人為本的 AI，成立了在史丹佛的機構，也成為我實驗室研究的北極星。感謝那些我有幸共事的密切合作者與同事，包括艾奇曼迪、James Landay、Chris Manning，以及史丹佛 HAI 的所有教職員工。

這本書深受我手下研究生的影響，包括鄧嘉、蓋布魯、Albert Haque、卡帕西、克勞斯、尼爾布雷斯、魯薩

科夫絲基與 Serena Yeung。但除此之外，還必須感謝每一位信任我的修課與指導學生：在加州理工學院、伊利諾大學、普林斯頓大學與史丹佛大學的大學生、碩博士生與博士後研究人員。是各位的研究，繼續定義著我所做的科學研究。

我這輩子要最感謝，是這個充滿愛與支持的世界。我來自一個小家族：只有我、父母和外公外婆。我們雖然人數不如其他家族，卻用了勇敢與堅定的愛來彌補。就算在移民了三十年之後，我還在努力想培養出那股了不起的勇氣，是那股勇氣將我不會講英語的父母（李舜和鄺穎）帶到美國，希望讓我能自由追求我最大膽的夢想。

但要是沒有某些陌生人的支持，我絕不可能得到現在的成就；這些人雖然和我從膚色到語言都不相同，卻成了我的良師益友、甚或家人。而出於充分的理由，全書用了相當的篇幅來介紹了其中的薩貝拉一家人，特別是鮑勃・薩貝拉，我在紐澤西州帕西帕尼高中的數學老師。雖然如此，依然沒有任何文字能充分表達他們的仁善與慷慨。他們教給我的人性、同情與體諒，我永遠不會忘記，而如今的我也有一大部分反映著這些教誨。除了薩貝拉一家，我也要永遠感謝所有的朋友、老師、鄰居與同事，他們的慷慨、正直、智慧與慈愛塑造了我的這趟人生旅程。

　　身為一名母親，一個照顧兩位生病移民父母的獨生女，以及在一個依然由男性主導的領域裡工作的有色人種女性，我今天能走到這裡，唯一的原因就是因為有我最好的朋友、我的 AI 科學家同事、我的靈魂伴侶、我一生的摯愛，西爾維奧‧薩瓦雷斯。在我看來，要判斷 AI 是否已經真正到來，就該以西爾維奧為標準，看看 AI 能否像他一樣，在科學家、烹飪天才、音樂家、慈父、完美生活伴侶這些角色上都表現得一樣出色。

　　我以女兒、科學家、移民，又或是人本主義者的身分，曾經見過許多世界。但最重要的那個世界，是一個我將來不會活在其中的世界，是建立在我目前所做一切之上的世界，是我傾注所有愛與希望的世界，而那也會是我最感激的世界，因為那個世界將為我所做的一切賦予諸多意義——那就是我的孩子與他們的孩子將繼承的世界。在 AI 時代的黎明之際，我要感謝他們讓我有幸成為他們的母親，這是我經歷過最讓人感到謙卑的體驗，而且我認為，這樣的體驗將永遠只有人類得以經歷。

科學文化 233

AI 科學家李飛飛的視界之旅
The Worlds I See: Curiosity, Exploration, and Discovery at the Dawn of AI

原　　著 —— 李飛飛（Fei-Fei Li）
譯　　者 —— 廖月娟、林俊宏
科學叢書顧問群 —— 林和（總策劃）、牟中原、李國偉、周成功

總 編 輯 —— 吳佩穎
編輯顧問 —— 林榮崧
責任編輯 —— 吳育燐
編輯協力 —— 譚加東
美術設計 —— 蕭志文
封面設計 —— 張議文

出 版 者 —— 遠見天下文化出版股份有限公司
創 辦 人 —— 高希均、王力行
遠見‧天下文化 事業群榮譽董事長 —— 高希均
遠見‧天下文化 事業群董事長 —— 王力行
天下文化社長 —— 王力行
天下文化總經理 —— 鄧瑋羚
國際事務開發部兼版權中心總監 —— 潘欣
法律顧問 —— 理律法律事務所陳長文律師
著作權顧問 —— 魏啟翔律師
社　　址 —— 台北市 104 松江路 93 巷 1 號 2 樓
讀者服務專線 —— 02-2662-0012　　　傳真 —— 02-2662-0007；02-2662-0009
電子郵件信箱 —— cwpc@cwgv.com.tw
直接郵撥帳號 —— 1326703-6 號 遠見天下文化出版股份有限公司

電腦排版 —— 蕭志文
製 版 廠 —— 東豪印刷事業有限公司
印 刷 廠 —— 柏晧彩色印刷有限公司
裝 訂 廠 —— 台興印刷裝訂股份有限公司
登 記 證 —— 局版台業字第 2517 號
總 經 銷 —— 大和書報圖書股份有限公司 電話／02-8990-2588
出版日期 —— 2023 年 12 月 20 日第一版第 1 次印行
　　　　　　2024 年 6 月 12 日第一版第 6 次印行

國家圖書館出版品預行編目 (CIP) 資料

AI 科學家李飛飛的視界之旅 / 李飛飛著；廖月
娟, 林俊宏譯 . -- 第一版 . -- 臺北市：遠見天
下文化出版股份有限公司, 2023.12
　面；　公分 . -- (科學文化；233)
譯自：The worlds I see : curiosity, exploration,
and discovery at the dawn of AI.
ISBN 978-626-355-506-8（平裝）

1.CST: 李飛飛 2.CST: 科學家 3.CST: 傳記
4.CST: 人工智慧

785.28　　　　　　　　　　　112018941

定價 —— NTD 600 元
書號 —— BCS233
ISBN —— 978-626-355-506-8｜EISBN 9786263555051（EPUB）；9786263555044（PDF）

天下文化官網 —— bookzone.cwgv.com.tw

本書如有缺頁、破損、裝訂錯誤，請寄回本公司調換。
本書僅代表作者言論，不代表本社立場。